集人文社科之思 刊专业学术之声

刊　　名：重庆大学法律评论
主办单位：中国·重庆·重庆大学法学院
主　　编：陈　锐
学术顾问：陈德敏　陈忠林　许明月

Law Review of ChongQing University (Vol.2)

编辑委员会

主　　任：黄锡生

副 主 任：刘西蓉　程燎原

委　　员（按姓氏笔画为序）：

王本存　齐爱民　李晓秋　刘西蓉　宋宗宇　杨春平

张　舫　张晓蓓　陈伯礼　陈　锐　胡光志　秦　鹏

黄锡生　程燎原　曾文革　靳文辉

编辑部成员

主　　编：陈　锐

学科编辑：任娇娇（刑法）　　　　曹　博（知识产权法）

　　　　　谢　潇（民商法）　　　　胡　斌（国际法）

　　　　　廖　浩（诉讼法）　　　　刘乃梁（经济法）

　　　　　杜　辉（环境法）　　　　雷安军（法律史）

　　　　　程梦婧（宪法行政法）　　杨疏影（经济法）

编辑助理：谢忠州　饶　能　周祖同

英文编辑：刘　哲　樊雪娇

第2辑

集刊序列号：PIJ-2018-271

中国集刊网：http://www.jikan.com.cn/

重庆大学法律评论

LAW REVIEW OF CHONGQING UNIVERSITY (Vol.2)

（第二辑）

中国·重庆·重庆大学法学院 主办

主编 陈 锐

社会科学文献出版社

SOCIAL SCIENCES ACADEMIC PRESS (CHINA)

目　录

【法律哲学】

王政、法律与城邦的黄昏
　　——柏拉图《政治家》的政体理论研究 ……………………… 王　恒 / 3
通古今之变 推陈以出新
　　——黑格尔法哲学的问题、创新与意义 ………………… 朱学平 / 21
康德对理知占有的演绎
　　——基于《道德形而上学》正式本和草稿的比较…………… 王　晨 / 45

【法律科学】

"调解思维"支配下的自由裁量及其困境 ……………………… 王国龙 / 71
法治建设中"人的尊严"概念之检讨
　　——内涵界定与适用界限 ………………………………… 王进文 / 86
死刑犯身体器官捐赠的法律问题 ……………………………… 熊永明 / 101
中美知识产权法定赔偿适用次序比较研究 ………… 张春艳　傅新宇 / 119
Supervenience and DNA Patents：A Preliminary Analysis
………………………………………………… Terrence E. Dean / 137

【法律史学】

大法官法院历史概览：从起源到沃尔西大法官
……… 威廉·林赛·卡内尔著　黄　辛　樊雪娇译　陈　锐校 / 163

1

大法官法院历史概览：从沃尔西大法官到诺丁汉大法官

………… 威廉·林赛·卡内尔 著　黄　辛　周新添 译　陈　锐 校／201

观念与材料之间

——读《牛津英格兰法律史》第 6 卷第 40~42 章献疑 …… 张传玺／237

"道出于二"下的自改革运动

——论清末修律立法的盈缩转化 ……………………… 文　扬／260

重塑与建构：民国农业融资法制化探究

——以南京国民政府时期为中心 ……………………… 毕凌雪／279

Contents

【 Legal Philosophy 】

Kingship, Law and the Nightfall of City-state

  —On Plato's Theory of the Polity in *Statesman*   *Wang Heng* / 3

Connecting Changes of Ancient and Modern, Bring Forth the

  New through the Old

  —the Matters, Innovations and Significances of Hegel's

    Legal Philosophy   *Zhu Xueping* / 21

Kant's Deduction of Intelligible Possession

  —Comparison between the *Metaphysics of Morals* and Its Manuscript

    Wang Chen / 45

【 Legal Science 】

Discretion under the Control of the Thinking Mode of Mediation

  and Its Dilemmas   *Wang Guolong* / 71

"Human Dignity" in Construction of Rule of Law: It's Connotation

  and Limitations of Application   *Wang Jinwen* / 86

On the Legal Problems of Gathering the Condemned Prisoner

    Xiong Yongming / 101

A Comparative Research to Sino-American Legal Compension

  in Intellectual Property   *Zhang Chunyan, Fu Xinyu* / 119

Supervenience and DNA Patents: A Preliminary Analysis

Terrence E. Dean / 137

【 Legal Historiography 】

A Sketch of the History of the High Court of Chancery: From Its
Origin to the Chancellorship of Wolsey

William Lindsay Carne, trans. by Huang Xin and Fan Xuejiao,
proofread by Chen Rui / 163

A Sketch of the History of the High Court of Chancery: From the
Chancellorship of Wolsey to that of Lord Nottingham

William Lindsay Carne, trans. by Huang Xin and Fan Xuejiao,
proofread by Chen Rui / 201

Between the Concepts and Materials: Some Disscussions about
Chapter 40-42 in Vol. 6 of *Oxford Legal History of England*

Zhang Chuanxi / 237

Legal Reform Movement under the Guidance of "Unifying the Ancient
and Modern, Conbining Sino-Western Tradition"
—On the Changes and Transforms in the Amendments to Law
in Late Qing Dynasty

Wen Yang / 260

Remodeling and Constructing: An Investigation to Agricultural
Finance Legislation
—Taking Nanking National Government Times as a Center

Bi Lingxue / 279

法律哲学

王政、法律与城邦的黄昏

——柏拉图《政治家》的政体理论研究

王 恒[*]

内容摘要： 如果说"主权学说"标志着现代国家理论的诞生，前现代的国家理论则为"政体类型学"所主导。在西方政治思想史上，对"政体类型学"做系统、深入研究的当属柏拉图，他的研究为古典政体理论奠定了基础。柏拉图的政体学说集中体现在《理想国》、《政治家》和《法篇》诸篇中，其中，《政治家》恰好处于《理想国》和《法篇》之间，可谓连接《理想国》和《法篇》的桥梁。在《政治家》中，柏拉图借埃利亚陌生人之口，提出了"第七种政体"，意在表明自己在政体问题上的新立场——一种不同于《理想国》中"哲人王"的统治立场。柏拉图开始认为，政治的完美性根本不能建立在超乎常人的统治者这一基础之上，因此，对于人类而言，最好的政体或统治方式就是对"第七种政体"最漂亮的模仿，即王政或依据法律治理的一个人统治。这表明柏拉图的政体理论开始发生转变：从"哲人王"的统治开始转向神圣法律的统治。同时，《政治家》为《法篇》提出或确定了问题意识，整个《法篇》不过是在具体回答《政治家》提出的问题。由此可见，《政治家》在柏拉图的整个理论中占据着重要位置。对于任何研究柏拉图哲学和政治思想的人来说，《政治家》都是一扇必须穿越的门。

关键词： 柏拉图 《政治家》 政体 王政 法律

---

* 王恒，法学博士，西南政法大学行政法学院副教授，硕士生导师，研究方向为西方法哲学，尤善古希腊哲学。

一　王政与城邦的黄昏

黑格尔在《法哲学原理》序言的结尾处说道，"密纳发的猫头鹰要等黄昏到来，才会起飞"。① 正是在希腊城邦风雨飘摇，即将瓦解、崩溃的前夕，希腊哲学在柏拉图和亚里士多德那里才达到了顶峰。亚里士多德的学生亚历山大结束了希腊城邦的古典时代，似乎也并非完全偶然。

在如此的时代，哲学何为？哲学家能做些什么呢？在自传性的《第七封信》中，柏拉图沉重地反思道："现在，当我思考这些事务，比如说从事政治行动的那类人，以及法律和习俗，随着我思考的深入和年龄的增长，越来越清楚地意识到恰当管理政府的艰难。其中，没有朋友和忠诚的同伴，什么事情也办不成。然而，这样的人并不容易在身边找到，因为我们的城邦已不再根据我们父辈们的原则和习俗治理了。而且，这样的人也难以被重新创造出来。此外，成文法和习俗都在以惊人的速度败坏着。结果是，最初曾对政治事务充满热情的我，当我关注政治生活的混乱并看到风气在不停地变换时，感到头晕目眩。另外，尽管我没有停止思考改进这一特殊境况的手段，甚至重建整个政体，然而，关于行动，我却在等候更为合适的时机，并最终清楚地看到，现存的所有城邦毫无例外地都治理得不好。除非通过一些惊人的计划并伴随着好运，否则它们的政体几乎不可能得到改善。"② 这段写于公元前 354 年的话，可谓柏拉图一生思想和行动的总纲，也提示了我们理解柏拉图的恰当线索。

从雅典民主制衰败的痛苦经验中，柏拉图隐约地意识到君主制或许是恰当的解毒剂。两千年之后，维科从柏拉图的启发和罗马史的经验出发对此做了经典的阐述："民众政体的腐化使公民们在他们的政体里掀起了频繁的内战，导致纲纪完全废弛。这样他们就使政体由完全自由堕落到无政府状态下的完全暴政或自由人民的毫无约束的自由，这就是最坏的一种暴政。"对于这种大病，维科认为天意将按照人类民政制度变迁的次第用三种方式来进行医治。第一种是天意安排一位奥古斯都似的独裁君主凭借武力

---

① 〔德〕黑格尔：《法哲学原理》，范扬、张企泰译，商务印书馆，1961，第 14 页。

② 〔古希腊〕柏拉图：《政治家》，洪涛译，上海世纪出版集团，2006。本篇以下所引《政治学》将只注明 Stephanus 标准码。《第七封信》，325c～326b。

把全部制度和法律掌握在自己手里，把拥有无限主权的独裁君主的意志约束在自然秩序之内，能使各族人民对他们的宗教和自然的自由感到心满意足。第二种是天意如果在国内找不到这样的补救办法，它就到国外去找。这些较优秀的民族既已凭武力征服了他们，就把他们放在所管辖的各行省里保存下来。① 苏格拉底的学生亚西比德曾经有可能让雅典走上第一条道路，但亚里士多德的学生亚历山大让希腊走上了第二条道路。②

柏拉图之后的世界历史属于君主制或帝制。事实上，在马其顿征服之前与伯罗奔尼撒战争后期，波斯的活跃表现已经让希腊作家们重新审视波斯君主制的意义。"科林斯战争"以公元前 387 年缔结的"大王和约"（King's Peace）而结束，从名称中即可清晰地看出波斯的影响。

公元前 4 世纪的几个希腊重要作家都以不同的方式触及了君主政体问题。柏拉图在《理想国》和《政治家》中把王政视为最好的政体，故而在《亚希比德前篇》和《法篇》中讨论了波斯和斯巴达君主制。亚里士多德在《政治学》第三卷中也讨论了君主制，尤其需要注意的是，亚里士多德在《政治学》第三卷中关于法治的著名论述被放在了有关君主制的两次讨论中间。色诺芬写作《居鲁士的教育》和《阿格西劳斯颂》，称颂波斯和斯巴达最著名的君主，归于色诺芬名下的《斯巴达政制》也把君主制作为斯巴达政制的顶峰。伊索克拉底为塞浦路斯的君主埃瓦戈拉斯写作了一篇颂辞；在《致尼古拉》中，他告诉一个年轻的统治者，作为一个君主该如何行动；在《尼古拉或塞浦路斯人》中，伊索克拉底讨论君主的职责这一主题。

然而，当希腊城邦从特洛伊战争后黑暗时代的废墟上春笋般地涌现出来时，除斯巴达外，王政或君主制早已成为遥远的回忆。实际上，希腊城邦在古典时期动荡不居，几乎尝试了除王朝君主制之外的所有政体，这构成了政体类型学在希腊繁荣的历史基础。因此，希腊作家只能在对王政非常陌生的政治语境下探讨王政的可能性和可行性，这种探讨尤其被僭政在希腊史上的阴影所笼罩。

---

① 〔意〕维科：《新科学》，朱光潜译，商务印书馆，1997，第 606~607 页。

② 科耶夫认为："亚历山大也许读过色诺芬的对话。他无疑是亚里士多德的一个学生，而亚里士多德是柏拉图的一个学生，柏拉图又是苏格拉底的一个学生。所以，亚历山大无疑也间接地受到了与亚西比德一样的教诲。而他或者是因为在政治上比亚西比德更有天才，或者只是因为他出现得'恰是时候'，亚历山大成功了，而亚西比德失败了。"参见〔美〕施特劳斯、〔法〕科耶夫《论僭政——色诺芬〈希耶罗〉义疏》，何地译，华夏出版社，2006，第 185 页。

此外，对于希腊作家而言，以波斯君主制为代表的东方专制主义与古希腊的自由并不协调，甚至连马其顿的王朝部落君主制也非他们所希冀的。他们的目标是论证一种依据法律治理的君主制的正当性，因此，如何找到一种方法，将僭政改造为王政成为柏拉图、色诺芬和亚里士多德政体研究中最引人注目的部分。

林国华在一篇关于"神权政体"的文章中认为："约瑟夫斯用'神权政体'与希腊哲人提出的三大政体对抗的意图很明显。那么，'神权政体'的优越性体现在哪里？体现在对阶级或党派斗争的终结上面。三大政体，其主权归属没有一个是整体性地归属于所有人民的，要么被一个人占有，要么被少数人占有，要么被多数人占有。古代政体在君主制、寡头制、民主制这三种（算上各自相应的变种，一共六种）模式中无休止地循环往复，政治共同体在统治权的交替嬗变中变得永无宁日，希腊城邦的内战（stasis）成了柏拉图、亚里士多德最头疼的问题。希腊哲人虽然也感知到'一'针对'多'的优势，但在政治学层面，一人统治的'君主政体'仍是他们能达到的最远边界，而在君主政体下面，政治体仍然呈分裂格局。"① 实际上，虽然柏拉图没有能像犹太-基督教那样构想出一种基于启示的神权政体，但柏拉图在《理想国》、《政治家》、《蒂迈欧》、《克里底亚》和《法篇》等对话中构想了一种基于哲学的神权政体，《政治家》中对王政与法律的探讨，则是理解柏拉图式神权政体的关键。

二 《政治家》与王政

尽管《政治家》没有获得如《理想国》那般在柏拉图注疏史上的显赫荣耀，也没能像《理想国》那样广为大众所知，但《政治家》仍然在柏拉图对话中占据着重要位置。对于任何柏拉图哲学和政治思想的研究而言，《政治家》都是一扇必须穿越的门。

法政学界的研究者通常把《理想国》、《政治家》和《法篇》视为柏拉图探讨政治和法律问题的三部曲，并认为《政治家》恰好处于《理想国》和《法篇》之间，可谓连接《理想国》和《法篇》的桥梁。但哲学界并不这样看待《政治家》与其他柏拉图对话的关系。尽管在附带谈及柏拉图的

---

① 林国华：《论神权政体》（未刊稿）。

政治思想时，他们也会将《政治家》与《理想国》和《法篇》并置，但他们通常将《政治家》与《泰阿泰德》以及《智者》这两篇对话放在一起，作为柏拉图关于知识问题或认识论问题的三部曲。

《泰阿泰德》、《智者》和《政治家》三篇对话在一些细节上明显证明了它们之间的相互关联。在《泰阿泰德》中，苏格拉底与塞奥多洛和泰阿泰德一起，探讨"什么是知识"这一问题。塞奥多洛是一个颇为年长的杰出数学家，泰阿泰德是塞奥多洛的学生，聪明而富有教养。尤其有意思的是，泰阿泰德和苏格拉底在相貌上极其相似，似乎就是青年时期的苏格拉底。当然，《泰阿泰德》在对话情节上是一次追忆，由于泰阿泰德的战死引发了对他的评价和追忆，并由此追忆了发生在多年以前的那场在苏格拉底、塞奥多洛和泰阿泰德之间发生的对话。

《智者》发生在《泰阿泰德》之后，塞奥多洛向苏格拉底引荐了两位朋友，一个名叫苏格拉底的年轻人和一个不知名的年迈的埃利亚哲学家。在《泰阿泰德》中，苏格拉底像《理想国》一样是对话的主角，但是在《智者》中，苏格拉底仅仅在开场白时做了发言，随后就保持了沉默，对话由泰阿泰德和埃利亚陌生人构成。对话的主题延续了《泰阿泰德》，继续讨论"什么是知识"这一问题，探讨了据说拥有知识或者智慧的那一类人，即智者的本性。

《政治家》发生在关于智者本性的那场讨论后的第二天，对话的人物依然是苏格拉底、塞奥多洛、泰阿泰德以及同样名叫苏格拉底的年轻人和埃利亚陌生人。对话的主题是政治家或政治家的技艺，苏格拉底问埃利亚陌生人：智者、政治家和哲学家是同一类人，还是不同类型的人？埃利亚陌生人认为，当然是不同类型的人。如同《智者》中一样，苏格拉底也是在简短的开场白后就保持了沉默，小苏格拉底则取代泰阿泰德成了埃利亚陌生人的对话伙伴。同样值得注意的是，小苏格拉底和苏格拉底拥有同样的名字，但与泰阿泰德相比，小苏格拉底似乎显得呆头呆脑，反应迟钝，以致很多时候让埃利亚陌生人甚不满意。

实际上，通过对对话的情节进行更精细的阅读会发现，《政治家》不仅与《泰阿泰德》及《智者》构成了三部曲，而且与其他几篇柏拉图的对话一起构成了一个更大的系列。在《泰阿泰德》的结尾，苏格拉底对塞奥多洛说：明天在此地再会，此时他得到法庭去，因为美勒托已经对他提出了指控。通过这样的方式，柏拉图将《泰阿泰德》、《智者》和《政治家》置于公元前 399 年苏格拉底审判的语境，从而将这组关于知识论的三部曲与关于苏格拉底之死的四篇对话——《游叙弗伦》、《苏格拉底的申辩》、《克力同》和《斐多》——结合在了一起。[①] 苏格拉底的哲学探究可谓求知的典范，但柏拉图似乎意图以这样的方式告诉我们苏格拉底求知的后果，从而提醒我们，注意哲人与城邦——或者说，知识的政治意义和后果——这一至关重要的问题。苏格拉底在《智者》和《政治家》中都保持了沉默，并由一个在相貌上和自己相似的年轻人和一个在名字上和自己一样的年轻人取代了自己通常在对话中的角色，不知道是否与此相关?[②]

柏拉图对对话场景的这些精心安排，暗示了《政治家》的意图和主题。尽管没有《理想国》那样宏大的篇幅，但《政治家》却有着《理想国》所没有的清晰的篇章结构，我们大体上可以把《政治家》分为三个部分。[③] 从 257a 到 287b 为第一部分，埃利亚陌生人从三个不同的角度，即二分法、反向运动的宇宙神话以及编织依次探讨了政治家的技艺，以便得出关于政治

---

① 〔美〕列奥·施特劳斯、约瑟夫·克罗波西：《政治哲学史》，李天然等译，河北人民出版社，1998，第 66~67 页。另参见〔美〕罗森《诗与哲学之争》，张辉译，华夏出版社 2004，第 62 页。

② 一般的柏拉图研究者都注意到了苏格拉底在《智者》和《政治家》中角色的转变，但是，他们把苏格拉底在对话中角色的转变作为将柏拉图对话分为早期、中期和晚期的一个最重要的证据，认为柏拉图早期和中期的对话深受苏格拉底的影响，尤其是辩证法，但柏拉图在晚期的对话中超越了苏格拉底，形成了自己独特的思想。辩证法不仅在对话中的重要性大大降低了，甚至还在某种程度上遭到了批判，比如说在《巴门尼德》中，老迈的巴门尼德就教育了年轻的苏格拉底，以存在论问题取代了辩证法问题。有的学者则认为苏格拉底在柏拉图后期对话中角色的转变是缘于柏拉图的叙拉古之行，并把《智者》和《政治家》的写作时间确定在公元前 367~362 年，即柏拉图的第二次叙拉古之行和第三次叙拉古之行期间。认为柏拉图在叙拉古的失败导致柏拉图放弃了《理想国》中的关于哲人王的理想，转而强调法律对于城邦和政治的重要性，这种转变在《政治家》中最清晰地体现了出来。但是，这样的两种观点都无法解释《政治家》的一些重要对话细节，比如说柏拉图为什么要把对话的时间设置在苏格拉底遭到指控和审判期间呢？又为什么要以一个和苏格拉底相似的年轻人和一个与苏格拉底同名的年轻人取代了苏格拉底，而且要把苏格拉底一分为二？在青年苏格拉底和成熟的苏格拉底之间，以及苏格拉底的身体和名称之间，究竟隐含着什么样的秘密？这种秘密是否就是苏格拉底之死的最终秘密所在？而苏格拉底的沉默，是否意味着柏拉图试图在此对话中探讨某种与苏格拉底相关但却不适合由苏格拉底来讲授的东西？

③ 程志敏提出了一种更细致的划分方式，认为《政治家》可以分为以下几个部分：序曲（257a1~258b2），二分法（258b2~268d4），神话（268d5~277a2），范式（277a3~278e11），编织（279a1~283a9），尺度（283b1~287b3），城邦（287b4~292a4），法律（292a5~302b4），官职（303d4~305e7），德性（305e8~307d5），联合（307d6~311c8）。参看程志敏《宫墙之门》，华夏出版社，2005，第 116 页。

家的定义。第二部分从 287b 到 303b，主要探讨了政体问题，尤其是政体分类问题，并探讨了有法的统治和无法的统治的优劣问题。第三部分从 303c 到 311c，主要探讨了政治家如何将男子气概和节制这两种美德编织在一起，从而成为一个和谐的整体。

从《政治家》的篇章结构中，我们发现，尽管从表面上看，《政治家》的首要问题是寻求政治家的定义和探讨政治家的技艺本性，但对话的高潮却是有关政体的讨论部分，尤其是关于有法的统治和无法的统治的优劣的讨论。笔者认为，柏拉图写作《政治家》的真正意图，乃是探讨王政与法律的关系，或者说，一种依据法律治理的王政是否可能、如何可能以及意义和价值何在？此外，柏拉图将《政治家》以及《泰阿泰德》和《智者》的对话时间安排在苏格拉底审判期间，一方面暗示了我们的哲人与城邦之间的冲突，另一方面却暗示了城邦民主制的败坏。民主制败坏之后，如何寻求解救之道？法治能保障民主吗，尤其当民主已经败坏时？在《政治家》中，埃利亚陌生人认为，依据法律的一人之治是最好的政体；并且，《政治家》的标题是"statesman"，我们由此可以猜想：柏拉图把君主视为政治家的典范，尤其是民主制度的修复者和保卫者。

尽管从表面上看来，《政治家》比《理想国》赋予了民主制更高的地位，[①] 然而《政治家》却同《理想国》一样，没有考虑王政或君主制与民主制的混合，这种混合政体后来成为《法篇》的主旋律。笔者认为，柏拉图没有考虑这种混合，并不是由于柏拉图在《理想国》和《政治家》中还没有这样深刻的洞察，而是由于《理想国》、《政治家》以及《法篇》有着不同的写作意图，如施特劳斯洞察到的，前两篇对话都以某种既有区别而又相似的方式超越了城邦，[②] 而《法篇》没有这样的意图。笔者将通过对《政治家》对话情节和内容的分析，更深入地探究这一问题。

---

① 可以比较苏格拉底在《理想国》和《政治家》中角色的变化，苏格拉底在《理想国》中对民主制进行了猛烈的批判，而《政治家》的对话语境则预设了民主制的雅典对苏格拉底的批判。

② 〔美〕列奥·施特劳斯、约瑟夫·克罗波西：《政治哲学史》，李天然等译，河北人民出版社，1998，第 75 页。

三　王政与《政治家》中的
"第七种政体"

在对话伊始，埃利亚陌生人延续了《智者》中探究智者定义的方法，即运用二分法探求政治家的定义；同时，埃利亚陌生人还认为，政治家与智者一样，都属于有知识的人。于是，从关于政治家定义的探讨转变为关于知识分类的探讨。埃利亚的陌生人首先把知识区分为"实践的知识"和"认知（gnostics）的知识"，并认为，政治家的知识属于后者。其后，他又把认知的知识分为"分辨的知识"和"指导的知识"，"指导的知识"又分为"传令官式的未定之类"和"自我指导"两种，"自我指导"则分为"无生命的"和"有生命的"，"有生命的"又进一步划分为"个体养育的"和"牧群养育的"，"牧群养育的"则可分为"驯养兽"和"驯养人"。这样，经过一系列二分法，终于把政治家的技艺和知识定义为"对某一种特殊牧群的某一特殊的照料"（267d）。

但埃利亚陌生人对如此的定义并不满意，那么，究竟是什么原因导致"政治家"定义失败的呢？我认为，原因在于定义的方法。与关于智者的探讨不同，将二分法用于探究政治家的定义似乎不恰当。我们尤其应注意到，用二分法探讨政治家定义的这部分内容，与《理想国》第五卷一样充满了喜剧色彩。如果说苏格拉底本身是一个喜剧性人物，他的话具有反讽的特征，那么，老迈的埃利亚陌生人在对话中显示出的这种喜剧性，就显得更加不同寻常。罗森深刻地观察到了这点："我希望大家注意到，在《政治家》中，为完成对真正君王的定义，对二分法作出了不合适、滑稽的运用。如果《政治家》的主要目的是对二分法的运用作技术上的尝试，那么，对话就是一个喜剧。二分法对人的政治特性是盲目的，对令人敬畏的或神圣的东西以及其反面也是如此。在寻找政治家的过程中，这似乎是柏拉图式的玩笑。"[1]

对话于是重新开始，转向新的关于政治家定义的探讨。埃利亚陌生人向小苏格拉底讲述了一个关于宇宙反向运动的神话。埃利亚陌生人在神话故事中区分了两个不同的时代，即克洛诺斯时代和宙斯时代。在克洛诺斯

---

[1]　〔美〕罗森：《诗与哲学之争》，张辉译，华夏出版社，2004，第68页。

时代，神统治着万物，每一种动物都有一个守护神（daimones）负责照看，以满足其需求。由于有守护神的照看，在克洛诺斯时代，既没有战争和内讧，也没有政体、家庭和财产，更没有关于过去的回忆。但由于宇宙的反向运动，宙斯时代取代了克洛诺斯时代。宙斯时代的最大特征在于：每一种动物不再有守护神照看，它们必须自己照看自己。由于缺乏守护神的照看，动物和人都变得野蛮化，直到诸神将各种技艺传给人类，人类才避免了毁灭。

反向运动的宇宙神话不仅将人和其他动物区分开来，而且区分了两种不同类型的统治，即更高级物种对低级物种的统治和同等级物种自己的统治。人对动物的统治显得就像以前守护神对人的统治一样，但在守护神隐退之后，人将如何统治自己呢？人凭什么统治自己的同类？

反向运动的宇宙神话尽管将人和动物区分开来了，却没有找到人自我统治的方式和标准，因而也没能发现关于政治家的定义。埃利亚陌生人于是转向第三种探讨方式，即通过范例来定义政治家。埃利亚陌生人找到的范例是编织的技艺，他认为，这是与政治家的技艺最相似的技艺。如同很多技艺与编织有关一样，有很多技艺看起来与政治家的技艺有关，为了寻找真正的政治家的技艺，埃利亚陌生人转向了探讨政体问题。

在《政治家》中，埃利亚陌生人两次探讨了政体问题，但其探讨的方式和结论并不相同，这一点非常值得我们注意。在第一次探讨中，埃利亚陌生人把政体分为五种。首先，他按照统治人数的多少，分为一个人的统治、少数人的统治和多数人的统治三种。其次，他根据强迫和自愿、贫穷和富裕以及有法和无法，又将每种政体进一步划分为两种不同的政体，即将一个人的统治分为君主政体和僭主政体，将少数人的统治分为贵族政体和寡头政体。但埃利亚陌生人认为，多数人的统治，不论强迫还是自愿，也不管是否依据法律治理，都可称为民主政体。这样，就可以把政体分为君主政体、僭主政体、贵族政体、寡头政体和民主政体五种。我们看到，这样的分类方式与《理想国》中的分类大体吻合，唯一的区别在于：《理想国》把王政和贵族政治划为一类，并增加了斯巴达那样的荣誉至上的政体。

埃利亚陌生人并不满足于这样的讨论结果，他提出了"正当的政体"这一概念，并认为分辨政体正当性的标志，既不是统治者的多少，也不是自愿和强迫，更不是贫富差别，而是知识（292c）。① 由于只有极少数人，甚至只有一个人才能获得完美的知识，因此，埃利亚陌生人最终认为，在各种政体中，凭借知识统治的政体是唯一正当的政体，其他政体都是对这种政体的模仿。

但小苏格拉底对"没有法律进行统治"感到困惑不解，于是埃利亚陌生人转而讨论知识和法律的关系。埃利亚陌生人认为，有智慧国王的统治比法治好（294a），因为人与人之间存在差异，人与人的行动之间也存在差异，并且，人事瞬息万变，因此，无法对人事作不变的规划，而法律则要求整齐划一，并保持稳定。但埃利亚陌生人也认可法律的必要性，并把"对法律的服从"称为"第二次起航"。

对知识和法律关系的探讨产生了区分政体的真正标准，埃利亚陌生人由此开始了对政体分类的第二次探讨，并把政体分为七种。其中，根据知识进行统治的政体是真正正当的政体，其他政体都是对这一政体的模仿。根据统治人数的多少以及是否依据法律进行治理，可以将模仿分为六种。一个人依据法律进行治理的是王政，不依据法律治理的是僭政；少数人依据法律进行治理的是贵族政体，不依据法律治理的是寡头政体；多数人依据法律进行治理的是民主政体，不依据法律治理的是暴民政治。在将政体分为七种之后，埃利亚陌生人却认为，必须将"依据知识进行治理"的那种政体与其他六种政体区分开来，因为这种政体与其他政体的区别如同神与人的区别（303b），埃利亚陌生人把这种政体称为"第七种政体"。就其他六种政体而言，王政是最好的，僭政是最坏的，民主政体居中。在依法治理的三种政体中，民主政体是最差的，但在不依据法律治理的三种政体中，民主政体却是最好的。

学界对《政治家》的误解大都由此产生，他们误解了"第七种政体"的性质，以及柏拉图在《政治家》中对这一种政体的理解。埃利亚陌生人已经明确宣称，"第七种政体"与其他政体的区别就如同神和人之间的区别，其他政体都不过是对这一政体的模仿。然而，我们必须注意的是，在之前的"反向运动的宇宙神话"中，埃利亚陌生人已经明确地告诉我们，

---

① 值得注意的是，埃利亚陌生人在言及政体的正当性标准时提及了刚才关于政体分类的几种标准，但不动声色地忽视了有法和无法这一分类标准，或者对这一标准故意保持了沉默。实际上，在关于政体的第二次探讨中，自愿与否和贫富差异都没有再被谈及，有法和无法成了政体分类最重要的标准。

克洛诺斯时代已经一去不返了，守护神已经隐退，人必须学会照看自己，必须寻求自我统治的恰当方式。因此，可以认为，"第七种政体"乃是对克洛诺斯时代的模仿或追忆，在"第七种政体"中，拥有知识的君王对臣民的统治，就如同克洛诺斯时代守护神对人类的照看。"反向运动的宇宙神话"的目的是区分不同种的统治和同种的统治，而"第七种政体"的提出则是为了论证城邦或政治事务的本性，"第七种政体"表明：政治的完美依赖于一种超乎常人的统治者，而这是不可能的。因此，对于人类而言，最好的政体或统治方式就是对"第七种政体"最漂亮的模仿：王政或依据法律治理的一个人统治。

此外，《政治家》将对话的时间安排在苏格拉底审判期间，这也非常值得探究。在《苏格拉底的申辩》中，苏格拉底自己显得像一个"精灵"（daimon），是雅典城邦的守护神，但审判的最终结果是雅典城邦处死了苏格拉底，而不是苏格拉底统治雅典。在《政治家》中，苏格拉底已感觉到了城邦的权威，因此保持了沉默，不像《理想国》中那样将城邦当作儿戏。①"第七种政体"的实现需要苏格拉底这样的"精灵"成为城邦真正的"守护神"，但《政治家》以苏格拉底的审判为对话背景，提醒我们注意审判的现实结果，从而表明了"第七种政体"的不可能性以及"第二次起航"的必要性。苏格拉底在《政治家》中的出场和沉默，暗示了《政治家》与《理想国》、《法篇》的关系，这种关系决定了《政治家》的真正写作意图。与《理想国》中的"哲人王"（philosopher-king）构想一样，"第七种政体"的真正目的不在于实现拥有完美知识的君主专制，而是试图阐明城邦或政治事务的本性。依据法律治理的一个人的统治，即王政才是《政治家》最终的核心主题。

四 "第七种政体"与"哲人王"

《理想国》与《政治家》的关系一直是柏拉图研究尤其是柏拉图政治和法律思想研究中的重点和难点。研究者们通常把《理想国》视为柏拉图中期的对话，而把《政治家》视为柏拉图晚期的对话，这样的分期决定了他

---

① 〔美〕列奥·施特劳斯、约瑟夫·克罗波西：《政治哲学史》，李天然等译，河北人民出版社，1998，第 67 页。

们对《理想国》和《政治家》以及二者关系的理解。尤其是，他们将《政治家》确定为在柏拉图的第二次叙拉古之行和第三次叙拉古之行中间，这样就将对这两篇对话的解释和柏拉图自身的行动联系了起来，并最终把《政治家》作为柏拉图从《理想国》转向《法篇》的一种过渡。

汪子嵩先生注意到，柏拉图在《政治家》中对于政体的分类和评论与《理想国》中存在较大的差异：除了没有提及斯巴达为代表的荣誉至上型政体外，对民主和法制的评价也大大地提升。他认为，这可能是柏拉图在叙拉古的政治实践中遭遇了挫折而产生的转变，并由此得出结论："我们可以说《政治家》中对民主制和法制的看法是《理想国》向《法篇》的过渡阶段，它标志着柏拉图的政治思想已经开始转变。"[①] 恩斯特·巴克也认为："在《政治家》的结尾部分，可能在他大约 70 岁时，他开始意识到流行观念和保守原则的价值。因此在晚年，柏拉图离弃了《理想国》中纯粹理想的国家，转而研究和欣赏现实的人的国家，并认可现实的国家——尽管它有法律、选举和各种不完美处——作为理想国家的近似物和影像仍然可能具有的价值。"[②]

但是，也有学者对此提出了异议。程志敏在《宫墙之门》中批判了这种广为流传的观点，他认为，《政治家》对知识、技艺、理智以及法律之关系的看法，证明了柏拉图的思想是"一以贯之"的，只是由于语境和谈话对象的不同，才导致了论述的侧重点存在差异。《政治家》的目的在于论证"政治的创世纪与法律的必然性"，即只有当人追随神明的踪迹而为人类社会确立法律时，人回归神圣之旅，才真正开始起航。[③] 由此，程志敏认为，《政治家》为《法篇》提出或确定了问题意识："整个《法篇》就是具体回答《政治家》提出的问题，而在《政治家》中，只是粗略地提出了一个两步走的方案，一是神明重新操起船舵，二是人类通过法律来摹仿神明、回归神圣。"[④]

汪子嵩和巴克看到了《政治家》与《理想国》在政体分类和评价方面的差异，但却误解了"第七种政体"的性质以及柏拉图在《政治家》中谈论"第七种政体"的目的。这种误解的原因在于他们没有注意到苏格拉底

---

① 汪子嵩等：《希腊哲学史》（第 2 卷），人民出版社，1997，第 1107 页。
② 〔英〕恩斯特·巴克：《希腊政治理论》，卢华萍译，吉林人民出版社，2003，第 396 页。
③ 程志敏：《宫墙之门》，华夏出版社，2005，第 135 页。
④ 程志敏：《宫墙之门》，华夏出版社，2005，第 139 页。

在两篇对话中的角色转变以及对话发生的时间背景。此外，他们也没有注意到两篇对话在主题方面的变化和差异。《理想国》的目的是讨论正义，从而为雅典对苏格拉底的不正义审判申辩，因此，从有关正义的探讨转向了对"最好政体"的探讨，反思了政治事务的本性和局限，以及哲人与政治共同体的关系，故而《理想国》同时是苏格拉底对雅典城邦的道歉及拯救方法的探索。

程志敏的批判具有非常重要的意义。首先，他注意到了《政治家》与《理想国》在政治和哲学关系上的一贯性，即《政治家》和《理想国》一样，探究了政治事务的本性和局限，"第七种政体"和"哲人王"一样表明了政治事务的本性和局限。[1] 此外，他还注意到了建立神圣的法律与"第二次起航"的关系，为我们思考"第七种政体"和《法篇》中"次好的政体"之间的关系提供了重要启示。但是，由于程志敏没有探究《政治家》中政体的分类问题，因此，他没有注意到《政治家》中对于"法律必然性"的探讨，以及其后《法篇》中对于神圣法律探索的真正意图所在，即柏拉图试图思考，依据法律治理的王政在希腊语境中是否可能及意义何在。

实际上，《政治家》和《理想国》在柏拉图对话体系中的分类和地位为我们思考这些问题提供了"阿里娅德涅线团"。在对柏拉图对话进行的古典分类中，人们将《政治家》与《泰阿泰德》及《智者》组成三部曲，而将《理想国》与《蒂迈欧》和《克里底亚》组成三部曲。在《政治家》的开篇，苏格拉底问埃利亚陌生人：智者、政治家和哲人是一种人，还是三种人？埃利亚陌生人回答是：他们是三种不同类型的人。但让我们感到惊奇的是，埃利亚陌生人只探讨了智者和政治家，却没有探讨哲人，柏拉图让此成为残篇并留下了悬念。[2] 与此相似，在《蒂迈欧》和《克里底亚》中，

---

[1] 值得注意的是，"哲人王"的构想在《理想国》中呈现出更多的喜剧色彩，而"第七种政体"在《政治家》中则呈现出更多的严肃的特征，这种差异与苏格拉底在两篇对话中的角色和地位也相吻合。这或许暗示了我们，柏拉图更为严肃地看待"第七种政体"的政治意义，这就是为什么柏拉图在《法篇》中重述了克洛诺斯时代的统治，并把神圣法律的建立视为对克洛诺斯时代的模仿的原因，《法篇》中关于"次好的政体"的观点，应该放在这样的背景下，才能获得恰当的理解。

[2] 施特劳斯认为："如此看来，一旦我们理解了什么是智者和政治家，也就理解了什么是哲学家？治国才能不只是哲学的补充，像《理想国》所显示的那样，而是哲学的要素？"〔美〕列奥·施特劳斯、约瑟夫·克罗波西：《政治哲学史》，李天然等译，河北人民出版社，1998，第67页。

柏拉图向赫莫克拉底承诺，会在蒂迈欧和克里底亚之后发言，但柏拉图最终并没有写出题为《赫莫克拉底》的对话。为什么会出现这样的情况？柏拉图如此精心地安排对话的场景和情节，意图究竟何在？

这促使我们更深入地理解《政治家》与《理想国》之间的差异，尤其是"第七种政体"与"哲人王"之间的实质差异。实际上，严格说来，在《政治家》中并没有出现《理想国》中的"哲人王"观念，尽管"第七种政体"同样由拥有知识的人即完美的政治家统治，并且，这种统治把法律的存在视为一种束缚和局限，但《政治家》并没有把拥有知识的政治家视为哲人，《政治家》开篇关于智者、政治家和哲人的区分已清楚地表明了这点，由此，我们就理解了，为什么在《政治家》中，柏拉图没有像《理想国》那样讨论哲人的本质和教育，尤其是哲人与城邦的关系。"第七种政体"是在"反向运动的宇宙神话"语境中提出的，"反向运动的宇宙神话"并没有提及"哲人王"的统治，而是强调了"精灵"的统治，哲人和王都属于人，属于同一种类，而"精灵"和人属于不同的种类。因此，"第七种政体"强调的是诸神和精灵的智慧而不是人的智慧，而"哲人王"强调的则是人的智慧。但是，在诸神和精灵与人之间存在不可化约的根本区别，尽管苏格拉底在《苏格拉底的申辩》中自称为精灵，但作为"精灵"的苏格拉底和作为"人"的苏格拉底存在根本性的差异。

甚至在《理想国》中，哲人和王也是根本不同的，施特劳斯就注意到了这一点："哲人不同于君王这一事实在《理想国》的核心命题中已被承认，根据这一命题，哲人与王权的符合、一致是拯救城邦和人类的条件：如果是同一事物，则没有必要符合。"① 正是对这种符合、一致的不可能性的探索和强调，成了《理想国》中关于"哲人王"的实质所在。

我们对《蒂迈欧》和《克里底亚》的匆匆一瞥，有助于进一步理解"第七种政体"与"哲人王"的差异，并理解《政治家》中有关王政探讨的意义所在。

《蒂迈欧》的开篇重述了《理想国》第二卷至第五卷中第二个浪头的内容，然而，令人感到惊讶的是，《蒂迈欧》中关于《理想国》里"完美城邦或最好的政体"的重述，恰好隐去了至关重要和激动人心的问题，即关于

---

① 〔美〕列奥·施特劳斯、约瑟夫·克罗波西：《政治哲学史》，李天然等译，河北人民出版社，1998，第66页。

"哲人王"的讨论。而且，与《政治家》中一样，苏格拉底在《蒂迈欧》和《克里底亚》中也是在简短的开场白之后，就保持了沉默。为什么会出现这样的情况呢？《蒂迈欧》和《克里底亚》与《政治家》又是什么样的关系？

我们发现，在柏拉图的对话中，有一个非常重要的细节，即凡在苏格拉底充当主角的对话中，喜剧色彩都比较浓厚，除了苏格拉底说话时带着特有的反讽之外，苏格拉底本人的喜剧性也增强了这种印象。但在苏格拉底沉默乃至缺席的对话中，就显得严肃得多，有的甚至具有悲剧色彩，比如《蒂迈欧》和《法篇》。在《蒂迈欧》中，作为政治家和哲学家双重身份的蒂迈欧讲述了宇宙创世的神话（mythos），与《政治家》中的"反向运动的宇宙神话"遥相呼应。在蒂迈欧之后，克里底亚在发言中认为九千年前的雅典政体与苏格拉底描述的最好政体极其相似。在《理想国》中，苏格拉底认为，这一最好政体的实现条件是"哲人王"，而克里底亚却以雅典娜取代了"哲人王"，作为九千年前雅典政体的创建者，雅典娜的智慧取代了苏格拉底的智慧。实际上，早在蒂迈欧的发言中，就已经保留了奥林匹斯诸神的存在（40d-e），尽管他对宇宙神更有兴趣，而在《理想国》中，苏格拉底却以"理念论"取代了奥林匹斯诸神。

由此，我们看到，《政治家》与《蒂迈欧》和《克里底亚》之间存在一个重要的类似，即以诸神的智慧代替了哲人的智慧，对于政治而言，诸神的智慧要比哲人的智慧重要得多，民众能理解和接受诸神的智慧而难以理解和接受哲人的智慧，这就是"公民宗教"对于政治共同体而言如此重要的真正原因。[①]

"第七种政体"中政治家的智慧是对诸神智慧的模仿，从而与"哲人王"的智慧存在根本性差异。《政治家》通过暗示我们这种模仿的不可能性，从而揭示了政治的本性和局限。在《法篇》中，柏拉图告诉我们这种模仿的可能性，这种可能性依赖于苏格拉底式哲学的彻底转变，柏拉图对话即是这种转变的典范，即从"哲人王"转向神圣法律的创制。

此外，更深入地理解"第七种政体"与"哲人王"之间的实质差异，还需要注意《政治家》和《理想国》中探讨王政和僭政的不同方式。在

---

① 关于"公民宗教"与《法篇》的关系，参看王恒的《柏拉图的"克里特远征"》一书中，尤其是第三章第 5 节的讨论。

《理想国》中，苏格拉底把王政和僭政截然对立，哲人王是最正义的人，而僭主是最不正义的人。在探讨政体的衰败和变迁时，他把僭政视为民主政体衰败的产物。但如同其后亚里士多德批判的那样，柏拉图并没有探讨僭政的衰败和演变，尽管苏格拉底认为，每一种政体都不可避免地衰败和演变。亚里士多德还批判了柏拉图关于政体变迁的错误，在希腊史中，并非只有民主政体的衰败才产生僭政。① 实际上，柏拉图并非对希腊史毫无所知，《理想国》中关于政体演变的这种安排，是服务于整篇对话的主题而有意为之的，柏拉图在《法篇》中的思考表明，他对亚里士多德在《政治学》第五卷中关于僭政如何转化为王政了然于心。《理想国》中没有讨论僭政向王政的转化，可能出于两个原因。第一，如果僭政可转化为王政，那么，必然会削弱王政与僭政的对比，从而无法阐明最正义的人和最不正义的人，也无法阐明正义的本性。柏拉图在《理想国》中对于哲学的探讨不同于《斐德诺》、《会饮》和《斐多》，与此应有一定的关联。② 第二，苏格拉底没有阐明法律本性的能力，因而无法阐明从僭政向王政转变的最关键性因素，即法律与诸神的关联。③《政治家》和《蒂迈欧》指出了这一点，在苏格拉底保持沉默的这两篇对话中，埃利亚陌生人、蒂迈欧和克里底亚表明了诸神对于法律的重要意义。

从表面上看，《政治家》也区分了王政和僭政，但与《理想国》存在重要的差异。实际上，在希腊史上，存在两种类型的僭政，即早期僭政和晚期僭政。早期僭政的目标是推翻贵族政体，而晚期僭政的目标是推翻民主政体。此外，早期僭政大体能依据法律治理，而晚期僭政则不依赖法律。《理想国》中将僭政视为民主政体败坏的产物，其实处理的是晚期僭政。《政治家》中，埃利亚陌生人把不依据法律治理的一个人统治视为僭政，主要是指晚期僭政，但埃利亚陌生人将依据法律治理的一个人统治视为王政，从根本上说，是忽视了早期僭政与王政的区别，这种忽视是《政治家》最重要的贡献，甚至是《政治家》写作意图之所在。

---

① 〔古希腊〕亚里士多德：《政治学》，吴寿彭译，商务印书馆，1997，第305~306页。

② 在《会饮》中，柏拉图暗示了哲人和僭主的亲缘关系或类似。

③ 关于 nomos 与 gods 的联系，可以参看伯纳德特在《发现存在》一书中的解释，尤其还可以参看修昔底德《伯罗奔尼撒战争史》第六卷关于庇西斯特拉图僭政以及亚里士多德《政治学》第五卷关于僭政的讨论。

柏拉图之所以要在《政治家》中模糊早期僭政与王政①的区别，原因在于：希腊的早期僭政给城邦留下了巨大阴影，这种阴影对希腊城邦尤其是雅典的政治命运产生了很大影响，柏拉图对此有刻骨铭心的记忆，并将此记忆写入了自己的对话中。此外，自公元前 8 世纪以来，希腊关于王政的记忆几乎仅存留于荷马的史诗中，柏拉图需要重新论证王政的优越性和必要性，这种论证包括了消除僭政的阴影。在雅典丧失了政治天命之后，柏拉图将目光转向与雅典相似、但却比雅典具有更好的地缘政治条件的西西里，试图在叙拉古建立王政，统一西西里，保卫和扩展希腊文明，《第七封信》和《第八封信》向我们表明了这一意图，②《政治家》不过是柏拉图对这一问题的理论反思和建构。

Kingship, Law and the Nightfall of City-state
—On Plato's Theory of the Polity in *Statesman*

Wang Heng

Abstract：If we say that the doctrine of sovereignty marks the birth of the modern theory of state, then the pre-modern theory of state is dominated by polity typology. In western political thoughts history, Plato is the earliest thinker who had made systematic and intensive researches to the polity typology, and which had laid a foundation for classic polity theory. Plato's polity doctrine is particularly reflected in his important literatures, such as *the Republic*, *Statesman* and *De legibus*. Among them, *Statesman* is just between *the Repulic* and *De Legibus*, so we had better treat it as a bridge which connects *the Repulic* with *De Legibus*. In *Statesman*, Plato had put forward "the Seventh Polity" through the mouth of Elia stranger, and aimed to express his new standpoints in the doctrine of the polity, which is different from

---

① 关于这一问题，参看修昔底德在《伯罗奔尼撒战争史》第六卷中关于庇西斯特拉图家族僭政的"离题话"，以及笔者在《柏拉图的"克里特远征"：〈法篇〉与希腊帝国》第二章中对此问题的详尽解释。

② 对柏拉图书信更细致的解释，参看王恒《柏拉图〈书简〉中的政治与哲学问题》，载林国华主编《古代世界的自由与和平》，上海人民出版社，2010，第 180~207 页。

the standpoint of "philosopher-king" in *the Republic*. Plato began to think that the perfection of the politics can't be built on the basis that the ruler is a superman, so from the viewpoint of human being, the best polity or the governance is a smart imitation to "the Seventh polity", that is, governance only by one man who is amenable to law. That manifests that Plato's polity theory began to change from the governance of philosopher-king to the saint law. At the same time, we can say that *Statesman* propose some questions which will be answered by *De Legibus*, so the whole of *De Legibus* is trying to answer these questions. In sum, *Statesman* took up an important position in Plato's works, and for any people who study Plato's legal and political philosophy, *Statesman* is a door any researchers must pass through. As we know, *Statesman* was written in the eve of the corruption of Athens city-state system, so we can think *Statesman* as a respond to the dilemma of city-state.

Keywords: Plato; *Statesman*; Polity; City-state; Kingship; Law

通古今之变，推陈以出新

——黑格尔法哲学的问题、创新与意义

朱学平[*]

内容摘要：黑格尔法哲学自诞生之日起一直是学界聚讼纷纭的对象。黑格尔法哲学的目的在于，从理论上克服西方近代自然法理论之不足，在实践上解决因时代巨变而带给德国现实社会和政治的课题，在通达西方古今精神巨变的基础上，通过对现代主体性原则的最终肯认，在广泛吸纳西方古今思想资源的基础上，完成了如下三方面的重大理论革新：第一，通过将现代自然法理论与古典政治经济学内在地结合起来，创建起了著名的市民社会理论；第二，通过严格地区分市民社会和政治国家，从而突破了亚里士多德创建的古典政治哲学传统，将亚里士多德首倡的"家庭"——"国家"二元伦理结构改造为"家庭"——"市民社会"——"国家"的三分体系，同时使市民社会与国家的分离在人类思想史上首次得以正式确立，并成为其后法哲学和政治哲学的基本前提和出发点；第三，黑格尔在创建自己的伦理体系过程中，为克服现代主体性法律理论之不足，将制度作为其伦理体系的核心，目的是达致理论思考和现实实践的内在统一。概言之，黑格尔法哲学的目的是建立一个制度伦理体系，它开启了法哲学思考的全新路向。黑格尔法哲学的高明之处在于：他将制度作为伦理法哲学之核心，实现了其一直追求的超越康德、费希特主观哲学的目标，进而真正实现了个人自由与普遍自由的具体统一。

关键词：黑格尔　法哲学　主观哲学　制度伦理体系　古典政治哲学传统

---

* 朱学平，哲学博士，西南政法大学行政法学院教授，研究方向为西方法哲学，专攻黑格尔哲学。

在德国观念论哲学中，黑格尔法哲学自诞生之日起，一直是学界热烈关注并聚讼纷纭的对象。黑格尔法哲学与西方法哲学传统的关联何在？其问题意识与理论宗旨究竟为何？它对当今世界（尤其是当下中国）的法哲学思考到底有无助益？本文旨在通过对黑格尔法哲学基本立场、问题意识及其解答的分析，指明其实质在于，为了从理论上克服西方近代自然法理论（黑格尔把康德、费希特的法哲学和道德哲学一并纳入近代自然法理论之下）之不足，在实践上解决因时代巨变而带给德国现实社会和政治的课题，在通达西方古今精神巨变的基础上，通过对现代主体性原则的最终肯认，在广泛吸纳西方古今思想资源的基础上，完成了如下三方面的重大理论革新：第一，通过将现代自然法理论与古典政治经济学内在地结合起来，创建起了著名的市民社会理论；第二，通过严格地区分市民社会和政治国家，从而突破了亚里士多德创建的古典政治哲学传统，将亚里士多德首倡的"家庭"—"国家"二元伦理结构改造为"家庭"—"市民社会"—"国家"的三分体系，同时使市民社会与国家的分离在人类思想史上首次得以正式确立，并成为其后法哲学和政治哲学的基本前提和出发点；第三，黑格尔在创建自己的伦理体系过程中，为了克服现代主体性法律理论之不足，将制度作为其伦理体系的核心，目的是达致理论思考和现实实践的内在统一。概言之，黑格尔法哲学的实质即建立了一个制度伦理的体系，开启了法哲学思考的全新路向。

一 黑格尔法哲学的根本使命：从人的解放到现代制度伦理体系的建构

正如在青年马克思那里，从政治解放到人的解放的转变，标志着其社会政治哲学的根本转向和终生使命的底定一样，在青年黑格尔这里，从隐藏在宗教改革之下人的解放向现代制度伦理体系建构的转变具有同等重要的意义。不过，与青年马克思于1844年迅速完成这种转向相比，黑格尔实现这种转向的时间却漫长得多，过程也艰难曲折得多。

黑格尔法哲学的起源可追溯到早年的法兰克福时期。随着康德《道德形而上学》的出版，黑格尔就开始思考，如何克服在康德（以及费希特）哲学中达到顶峰的西方近代自然法理论的法律与道德分离。对此，罗森克兰茨曾这样报道：

当康德 1797 年出版了他的法学和德性学说时，黑格尔从 1798 年 8 月 10 日起，就把这两部著作同道德形而上学一道进行了严格研究。当他在摘要中从导论进入到具体部分后，就到处将他自己的概念同康德的那些概念对立起来。在此他已力求在一个更高的概念中将实定法的合法性与知其自身为善或为恶的内在道德统一起来。他在评论中常把这个概念叫做生命，后来又称之为伦理。他抗议康德压制自然，抗议将人肢解为由义务概念的专制主义所产生的决疑论。

……现在他试图摆脱国家和教会的二元对立，他用如下的话总结了康德的意见："国家和教会两者应相安无事，互不相涉。"对此黑格尔写道："这种分离何以以及在何种程度上是可能的？如果国家掌握的是所有制原则，那么，教会的法律就是与国家法律相抵触的。国家法律涉及的是完全特定的权利，把人极不完全地当作具有财产的人；反之，在教会内人却是一个整体，教会作为行动着的并且创有设施的可见的教会，其目的是企求给人提供并维持这种整体感。以教会精神行动，人不只是对个别国家法律是作为整体而行动，而是对国家法律的全部精神，对国家法律整体也是如此。如果公民在国家和教会两者内能够保持平静，那就表明，他不是没有认真对待他同国家的关系，就是没有认真对待他同教会的关系。……但如果国家的原则是个完全的整体，教会和国家就不可能是相异的。在国家方面是加以思考的、进行统治的东西，在宗教方面也是同一的、有生命的、通过想象表现出来的整体。只有在人整个已支离成特殊的国家的人和教会的人时，教会整体才是残缺不全的片段。"①

罗森克兰茨摘录的这一大段话很有意思。它表明，此时的黑格尔与 1843 年写作《论犹太人问题》时的马克思对人的本质及其解放的看法是内在一致的。在《论犹太人问题》中，马克思批判鲍威尔对犹太人问题的共和主义解决方案，他指出，这种解答不仅不能消除，反而必然会导致现代世界的政治国家和市民社会的分离，以及后者在现代世界中处于核心和基础性的地位。由此可见，青年黑格尔和青年马克思同样反对现代政治国家

---

① Karl Rosenkranz, *G. W. F. Hegels Leben* (Berlin 1844), p. 87. 《黑格尔政治著作选》，薛华译，中国法制出版社，2008，第 16~18 页。

和市民社会的二分，反对将人划分为国家的个人和社会的人，而是力图实现人的完整性和内在的统一。黑格尔反对的是康德提出的法律和道德分离（亦即政治国家与宗教分离）学说，马克思则通过对法国和美国宪法的考察，反对现代国家中的国家和市民社会的分离。两人（用马克思的话说）都追求人的解放，而不仅仅是政治解放。

黑格尔的《基督教的精神及其命运》一文大部分思路与罗森克兰茨上述摘录基本一致，他试图借助宗教，克服康德法律和道德学说的固有缺陷。然而，非常有意思的是，在此文中，黑格尔运用自己构想的"爱"和"生命"学说，对基督教教义进行了重新解释，并结合基督教的历史考察，他发现，这种以人的全面解放为宗旨的爱和生命的宗教，会完全堕入毫无内容的空虚之中，进而与以财产权为核心的现实领域（即国家和法律）必然处于分离和对立状态。"教会与国家、崇拜与生活、虔诚与道德、精神活动与世间活动决不能融合为——这就是基督教的命运。"① "命运"即宿命，是一种必然性。这种必然性在于：无论以何种名义出现的、所有的人的全面解放都是不可能的，在强大的尘俗生活面前，基督教弘扬的"爱"并没有足够的威力，以致能克服尘俗生活对大众的影响。相反，在耶稣之"爱"教导之下建立起来的基督教团体因脱离了具体、鲜活的现实生活，而成了一个抽象、空洞的精神团体，与尘俗生活完全隔绝开来。在这种理解下，黑格尔放弃了"消除国家和教会的分离、实现人的全面解放"的思想，让政治（国家）重新回归人类生活的核心。

隐藏在这种转变背后的是黑格尔对人的本性（自然）的看法基本形成。此前，由于他一方面深受卢梭、孟德斯鸠的共和主义以及古典希腊图景的影响，另一方面又逐渐地接受了康德、费希特等人的观念论哲学的基本立场，因此，他在人的本性（自然）问题上一直摇摆不定（尽管更偏向人性的古典理解）。而到了法兰克福后期，黑格尔毅然地抛弃了从现代之中抽象出的人性概念，转向对人性的具体理解：

> 人性的一般概念可以容许无限多的变化，用不着借口引证经验来作掩饰，说人性的改变是必不可少的，人性永远也不是纯粹的，而这

---

① 〔德〕黑格尔：《黑格尔早期神学著作》，贺麟译，世纪出版集团、上海人民出版社，2012，第 383 页。

是可以严格证明的。现在只消明确这一点就够了，即究竟什么是纯粹的人性？所谓"纯粹的人性"不外指符合于人的一般概念。但是人的活生生的本性是永远不同于人性的概念，因此那对概念来说只是一种改变、纯粹的偶然性或多余的东西，成为一种必要的东西、有生命的东西，也许是唯一自然的和美丽的东西。①

这里所说的"人的活生生的本性"是指个人在一族人民（volk）之中具有的特性。脱离了特定"人民"的个人是完全抽象的，只有在作为整体的特定人民之中，人民才是真实的存在。从普遍的人的立场到人民、国家的立场这一重大转变，决定了黑格尔法哲学此后的根本旨趣和走向。这一转变使黑格尔法哲学能很好地同政治和社会生活等各方面的内容内在地结合起来，而不必如近代自然法理论家们那样，纯然以抽象、空洞的个体作为出发点，建构起一个共同体。正因如此，黑格尔就能很好地响应时代需要，进而产生巨大影响。

二 黑格尔法哲学的问题意识：
两大时代课题

在现实层面，黑格尔法哲学的根本问题一方面来自当时最重大的政治和历史事件即法国大革命的激发。与远隔重洋的美国革命相比，法国大革命对欧洲的影响直接而深刻，它标志着欧洲历史翻开了全新的一页。对此，黑格尔自然感同身受。他在1806年的《精神现象学》"序言"中将法国大革命比作"日出"，并将那一时代标明为"一个新时期的降生和过渡的时代"。② 自1789年起，直到1831年去世时为止，黑格尔一直都生活在这种"过渡时期"的深刻感受与体验之中。法国大革命的历史一方面是法国内部斗争和革命的历史，另一方面又是由抵御外部入侵转变为入侵外国、并侵占外国领土的霸权主义历史。与法国比邻而居、内部四分五裂、孱弱不堪的德国自然是首当其冲，深受其害。

---

① 〔德〕黑格尔：《黑格尔早期神学著作》，贺麟译，世纪出版集团、上海人民出版社，2012，第154页。
② 〔德〕黑格尔：《精神现象学》（上），贺麟译，商务印书馆，1961，第7页。

　　与法国革命的胜利进军相比，这一时期的德国尽管一方面受法国大革命的强烈影响，在法国的军事打击和政治压迫下，被迫走向政治改革的道路。但另一方面，这种在外力逼迫之下，而非完全发自内心的改革总给人半心半意、犹疑不决之感（这在19世纪一二十年代的普鲁士改革中表现得非常明显），加之保守的奥地利哈布斯堡王朝在普鲁士统一德国之前一直左右着德意志帝国的政局，使德国根本无法在短期内改变其内部长期分裂的基本状况。

　　因此，法国大革命的冲击对德国造成了双重影响。一方面，旧制度的废除、新的统一的民族主权国家的出现，为德国及其他欧洲国家指明了未来的发展方向。就此而言，黑格尔所说的"日出""新时代的降生"非常恰当。另一方面，在国际层面，新生的法国奉行霸权政治。这种做法固然有助于新时代的原则和理想在欧洲大陆的传播扩张，但其攻城略地、纳贿求偿的行径也激起了全欧洲的联合反抗。由此，明智的德国精英对法国既爱又恨，黑格尔可谓其中的典型。一方面，他们亲法，因为法国的原则就是德国未来的发展方向；另一方面，他们仇恨法国，因为法国的民族主义对德国造成了最大的伤害。法国既侵占德国的土地，又尽力阻止德国的统一。对德国的现状，黑格尔是"哀其不幸，怒其不争"。在从法兰克福时期末期到耶拿初期数年间反复修改的《德国宪法》一文的开头，黑格尔沉痛地指出，"德国已不再是个国家"。① 在10多年后的《评1815年和1816年符腾堡王国邦等级议会的讨论》一文中，他旧话重提："德意志帝国曾被人民称做（作）荒唐的设施，这个荒唐设施的特征曾被一位至少堪称机敏的历史学家极其正确而恰当地描绘作无政府状态的宪法。"②显然，这是他对德国现状的一以贯之的基本判断。对于那些在改变德国旧制度及其现状方面无所作为，甚至抱残守缺的德国人（符腾堡人），黑格尔辛辣地讽刺道："我们可以把曾说法国逃亡者的话，用在符腾堡邦等级议员身上：他们什么也不曾忘记，什么也不曾学到。最近这25年是世界史上确实内容极其丰富的25年，对我们来说是最有教益的25年，因为我们的世界和我们的观念就是属于这25年的，而符腾堡邦等级议员们却好像是在沉睡中度过这25年

---

① 《黑格尔政治著作选》，薛华译，中国法制出版社，2008，第19、113、117页。

② 《黑格尔政治著作选》，薛华译，中国法制出版社，2008，第122页。

似的。"①

是故，黑格尔法哲学的问题意识非常明显，那就是：德国如何从旧制度中走出来，建成统一的民族国家。在耶拿时期的《德国宪法》和1817年的关于符腾堡邦等级议会的论文中明确地表达了这一点。他在《德国宪法》中明言：如果德国要避免意大利的命运，不受外国势力的支配，"德国就必须重新组织为一个国家"。②在其后关于符腾堡邦等级议会的文章中，他重申了这一观点，只不过将"全德国统一"变成了"德国各邦各自成为一个现代意义上的国家"："时代给符腾堡带来了一个新课题，也带来了解决这一课题的要求。这个课题就是要把符腾堡地区建成一个国家。"③

实际上，除了追求使德国整体或各邦政治上统一以外，黑格尔法哲学还面临另一同样重大的时代课题，即由工业革命在英法等国引发的社会、经济领域的全面革新。在欧洲大陆，这场社会革命的重大后果直到黑格尔去世后的19世纪三四十年代才完全显露出来。然而，青年黑格尔却以敏锐的洞察力，早在1799年甚至以前即已关注英国的社会状况，并开始阅读英国古典政治经济学著作。"黑格尔有关市民社会的本质、有关需要和劳动，有关劳动分工和各等级职能，警察、济贫制度和赋税等等问题的所有思想终于都在对斯图亚特政治经济学德译本所作的评释内集中地表达出来，这一评释是从1799年2月19日到5月16日写成的，并完好地保存了下来。"④罗森克兰茨的这一报道表明，"市民社会"问题老早就是黑格尔关注的一个重大问题。在之后的耶拿时期，他对这一问题的关注和思考从未消减，这一时期的众多文本（如《论自然法》⑤《伦理体系》以及1804～1805年和1805～1806年《耶拿精神哲学》）全都清楚地记录了黑格尔对市民社会诸问题日益深入的思考与回答。显然，对黑格尔来说，市民社会问题的重要性绝不亚于前述政治上的德国统一问题。

概言之，黑格尔法哲学面临的时代课题可以归结为：如何在法国政治革命和英国工业革命的时代背景下，在理论上弥补康德法律和道德学说的内在缺陷，构建一个合乎时代需要的、统一的、将新生的市民社会理论纳

---

① 《黑格尔政治著作选》，薛华译，中国法制出版社，2008，第155页。
② 《黑格尔政治著作选》，薛华译，中国法制出版社，2008，第109页。
③ 《黑格尔政治著作选》，薛华译，中国法制出版社，2008，第122页。
④ 《黑格尔政治著作选》，薛华译，中国法制出版社，2008，第16页。
⑤ 该文全名为《论自然法的科学研究方式，它在实践科学中的地位及其与实证法学的关系》。

入自己的、新的国家与法的理论体系。

三　黑格尔的解决之道（一）：古典路径

在理论上，黑格尔想回应并超越康德（和费希特）的观念论哲学的现代筹划；在实践上，他又要立足德国现状，因应时代巨变，提出切实可行的解决方案。如何熔理论与实践、观念与现实于一炉，提出一个全面、综贯的解决之道，为黑格尔法哲学的实质与关键之所系。

实际上，黑格尔经历了一个漫长的求索过程。就当下处境而言，探究这一思路历程也许比单纯考察黑格尔法哲学的基本观点更有意义。

从政治哲学的角度看，黑格尔最初是一名古典共和主义者，其在图宾根时期对"人民宗教"（volksregion）的构思暗示了思想的这一维度。在伯尔尼时期的一个片段中，他同样以共和主义观念，刻画古典希腊、罗马时代的公共政治生活。[①]因此，在实现从人的解放到政治解放的根本转变后，他更是明确地倒向了古典自然法的基本观念。在耶拿前期发表的、最早明确地表达其政治哲学的长文《论自然法》中，柏拉图和亚里士多德是最大的权威。他不吝篇幅，大量摘抄他们的重要政治论著（柏拉图的《理想国》、《政治家》和亚里士多德的《政治学》），为自己的观点张目。[②]黑格尔最后甚至声称，要全然颠覆当代对自然法的理解，恢复自然法的古典内涵。他写道："绝对伦理本质上是所有人的伦理"，"是一个普遍物和一族人民的纯粹精神"，因此：

> 当伦理自身表达于个人身上时，它是设定在否定的形式之下的，换言之，它是普遍精神的可能性，而属于个人的那些伦理特性，诸如勇敢、节制、节俭或者慷慨等等，都是否定的伦理（即在个人的特殊性中，个别性并不能真正固定下来，也不能进行实际的抽象）和存在于普遍伦理之中的可能性或能力。那些自身为可能性而带有否定含义的德性，乃是道德学的对象。我们看到，自然法和道德学的关系便以

---

① 〔德〕黑格尔：《黑格尔早期神学著作》，贺麟译，世纪出版集团、上海人民出版社，2012，第252~253页。

② 《黑格尔全集》（第2卷），朱光潜译，商务印书馆，1979，第490、492~493页。

这种方式颠倒过来了，即是说，自身否定之物的领域仅属于道德学，而真正的肯定物则属于自然法；按其名称，自然法应该建构出名副其实的伦理自然。相反，当自然法的规定由否定物（既作为其自身，也作为外在性、形式的德性法则、纯粹意志以及个人意志的抽象物）以及诸如强制、通过普遍的自由概念对个人进行限制等等抽象物的综合表达出来时，就只是一种自然的非法，因为当这些作为实在性的否定物为［自然法］奠基时，伦理的自然即已处于彻底的败坏和不幸之中了。①

由此，在《论自然法》以及同时期的《伦理体系》中，黑格尔按照古典政治共同体的模式构想伦理体系（即他理解的自然法体系）：人民先于个人；人民由自由人和非自由人构成；自由人等级由战士（即职业军人）构成，非自由人则分为市民等级（法律界和工商等级）和农民等级。三个等级各自拥有不同的德性，即勇敢、诚信、信赖等。

从这一简单勾勒可看出，他的这一最初解决方案尽管承袭了古典希腊政治的基本模式，实则已开始将西方现代的政治和社会元素融入其中，以因应时变。他将战士等级规定为自由人等级，将奔赴沙场、勇敢战斗、自我牺牲视为自由的标志，这实际上是为了满足通过武力实现国家统一的时代需要。在1799年即已开始撰写的《德国宪法》一文中，黑格尔明确地说，军政力量构成了一国存在的根本标志：

> 一群人要形成个国家，为此必不可少的是他们能形成共同防御和国家权力。②

在德国未统一的语境下，这句话的含义不言自明。很显然，尽管在《论自然法》一文中，黑格尔用西方古典自然法颠覆了近代自然法，强调作为整体的人民之优先性，但他对自己所称的"作为伦理总体的政治共同体"的理解显然与古人的观念有别。他将"自由"寄托在士兵等级身上，实际上隐含了由马基雅维利开启的现代共和政治观念，其根本要义在于：现代

① 《黑格尔全集》（第2卷），朱光潜译，商务印书馆，1979，第505~506页。
② 《黑格尔政治著作选》，薛华译，中国法制出版社，2008，第29页。另见第25页："国家要求有一个普遍的中心，一个君主和一些等级，各种权力、外交事务、军事力量、与此有关的财政等等都结合于这一中心。"

西方基于军事力量建立统一的民族主权国家理念已经形成。①因此，他在《德国宪法》中为马基雅维利辩护便不足为奇，其辩护的理由恰好是：马基雅维利的《君主论》根本宗旨是追求意大利的统一，马基雅维利为取得并维持国家的政治统一而不顾道德，这一做法是正确的。②同时，黑格尔还与马基雅维利的下一观点一致，即认为统一的根本在于君王拥有自己的军队。另外，正如我们在《论自然法》一文中看到的，战士等级并不只是为了实现并维持国家的统一，而且，还应使国家位于以财产权为核心的个人私利之上，实现人民（或国家）的真正自由：

> 因为在战争中存在着自由的可能性，也就是说，不仅各个个别的规定性，而且作为生命的全部规定性，都被战争消灭了，并且是为了绝对本身或是为了人民而被消灭。正如风的激荡使湖水不至于成为一池腐臭的死水一样，战争也在各族人民反对各种规定性、反对这些规定性的惯习和僵化的无差异中维持各族人民的伦理健康，俾使它们免于因长期、永久的和平而导致的腐臭。③

由此，黑格尔一方面承认了西方近代随着民族主权国家的出现而产生

---

① 黑格尔经考察《威斯特伐利亚和约》，明确指出，在德国，意图通过协议而创建一个共同的国家是不可能的："这次缔和的经验告诉我们，每个人仅仅出于自己的自由意志和赞同为集体而行动的时代已经过去，时代精神已经完全改变，甚至在最紧迫的情况下，在急切关乎所有部分的利益上，也不能期望有什么共同诚挚的合作了。"见《黑格尔政治著作选》，薛华译，中国法制出版社，2008，第85页。同时参看接下来的以及后面的论述。他最后总结道："德意志民族的普通民众连同他们这些邦等级代表，必得有一位征服者的强力才会聚为一体，他们必定要被迫把自己看作是属于德国的。"见《黑格尔政治著作选》，薛华译，中国法制出版社，2008，第112页。其后的德国历史证实了青年黑格尔的这一见解。1848年德国宪法无法付诸实施，证明德国无法通过协商实现统一。1871年，俾斯麦通过铁血政治实现了德国的最终统一。

② 《黑格尔政治著作选》，薛华译，中国法制出版社，2008，第93~94页。珀格勒（Pöggeler）亦如是理解黑格尔在《德国宪法》中对马基雅维利的引用："引证马基雅维利绝不意味着马基雅维利主义：在赫尔德代表的传统下，马基雅维利乃是主张意大利统一、反对外来征服者的志士。"见 Otto Pöggeler, "Hegel und die Französische Revolution", in E. Weisser-Lohmann und DietemarKöhler（Hg.）, *Verfassung und Revolution*, Hamburg: Felix Meiner Verlag, 2000, p. 222。

③ 《黑格尔全集》（第2卷），朱光潜译，商务印书馆，1979，第482页。

的国与国之间的自然状态和霸权秩序,①另一方面又赋予其自由与精神的含义，并将其合法化。当然，正如成熟时期的黑格尔法哲学显示的，黑格尔将实现国家、人民自由的希望寄托在新君主及其领导的军政集团（其阶级基础为土地贵族等级）身上，而非新兴的市民等级身上。由此，他在古典伦理政治的名义之下，用个别人民自由的伦理体系取代了以新兴的市民阶级为基础的现代自由主义的个人自由权利体系，用国与国之间的战争体系取代了康德的永久和平规划。

然而，黑格尔也并非全然否定市民社会。在《论自然法》中，黑格尔指出，英国政治经济学体系所阐述的需要和劳动——以及相应的法权——领域，尽管相对于前述的维持国家存在和自由的军事和政治领域，仅仅只构成伦理总体的否定方面，但作为必然性领域，又绝对不可或缺。同时，通过将法权解释为需要领域的形式，黑格尔又将康德、费希特的观念论哲学纳入其体系建构之中。同样地，他在《德国宪法》中论证了市民自由的必要性，反对法国、普鲁士的自上而下、一管到底的集权体系。他认为，政府的事务仅限于"组织和维持权力"，以保证"内外安全"，其余事情则由公民自由地处置，由此，他严格地区分（采用后来的基本说法）了国家和市民社会：

> 我们在一国不只区分了那种必须在国家权力之手直接由国家权力规定的必要方面，和那种在一个民族社会结合上确实完全必要、但对国家权力本身是偶然的东西，而且认为那种在较次要的普遍行动上国家让其多多自由插手的民族是幸运的。同时我们也认为能够得到自己人民自由活跃精神支持的国家权力是无限强大的。②

这样，黑格尔以其超强的综合能力，以古典自然法为原则，紧密结合现代政治和社会的实际状况，为其面临的时代课题做出了自己的独特解答：在古典自然法的基本框架下，政治和社会基于现代社会的具体情况得到了

---

① 黑格尔对国家间战争状态的进一步确认，参见《黑格尔政治著作选》，薛华译，中国法制出版社，2008，第80页。
② 《黑格尔政治著作选》，薛华译，中国法制出版社，2008，第35页。黑格尔对集权体制的批判，参见《黑格尔政治著作选》，薛华译，中国法制出版社，2008，第34~35、37页。

重构，康德和费希特的观念论哲学的基本原则也作为形式的法权被他纳入市民社会领域之中。从后来的观点看，尽管他在这个最初的解决中充分地考虑了现代社会政治、经济、法律等的基本情况，但其整个体系的核心仍然是古典希腊政治哲学的基本观念，在这个以整体和德性为核心的体系中，作为康德、费希特观念论哲学核心的个体性原则并未得到充分承认，而是消失在作为整体的伦理体系中。在这个体系中，个人只是偶然性的，伦理总体才是真正的实体。然而，即使在这个取法古典政治的解决中，其内容完全来自时代的政治、社会现实，还有现代自然法理论也被他纳入其中，从而实际上是在内容上对古典自然法理论做出了一个根本的改造，而非简单地照搬照抄。换言之，在重提古典自然法的背后，黑格尔伦理体系的内容实际上已经发生了根本变化。

四 黑格尔的解决之道（二）：超越古典政治哲学，创建新的制度性伦理体系

从耶拿后期开始，黑格尔开始重新审视康德、费希特等人的意识哲学，及其阐发的现代主体性原则。在 1805～1806 年的《精神哲学》中，黑格尔完全肯定了现代主体性原则的正当性，并最终从对古典城邦伦理政治的沉迷中醒悟过来。其法哲学也由此再次发生了重大转变，即从对古典城邦的回归开始转向新伦理制度体系的重建，开创了西方法哲学的新路径。①

黑格尔的这一剧烈转向，在他对基督教和罗马世界评价的变化上面表现得最为明显。在转向之前，黑格尔对罗马世界和基督教的评价是纯然否定的。他很早就明确地指出："基督教能取异教而代之是惊人的革命之一。"并认为，基督教乃是随罗马征服而导致的原有的古典共和自由沦丧的必然后果，是失去了自由的罗马的产物：

> 自由的罗马征服了一大批国家，一些亚洲国家较早，一些西方国家较晚，先后丧失了它们的自由，另外还有少数自由的国家却遭到彻

---

① 德国著名学者珀格勒也曾指出："黑格尔已经在 1805/06 年达到其法哲学诸原则，只是在海德堡和柏林才达到了制度理论。"见 E. Weisser-Lohmann und DietemarKöhler（Hg.），*Verfassung und Revolution*，Hamburg：Felix MeinerVerlag，2000，p. 223 注释 23。

底的破坏，因为它们不屈服于罗马的奴役。于是剩下给这个世界征服者的，就只有作为最后一个失掉其自由的国家的荣誉。希腊人和罗马人的宗教只是为了自由民族的宗教，随着自由的丧失，也就同时丧失了自由的意义、力量及其对于人们需要的适合。①

到了耶拿时期，黑格尔在从宗教转向政法领域之后，同样把现代世界的问题归咎于罗马帝国时代自由的沦丧。他将希腊城邦作为自由的绝对伦理原型，并认为：

（这种原型）在罗马帝国普遍性的经验现象中消失了；在绝对伦理的丧失中，并且随着高贵等级的堕落，以前的两个不同的等级成为平等的了，随着自由的消失，奴隶制也必然消失。当形式的自由和平等的原则必然有效时，一般说来，它就会抛弃等级之间的真正的内在区分，首先不会产生上面提出的等级的分离，更不会产生以这些等级为前提的等级的分离的形式……普遍性和平等的原则首先必须如此占领整体，以至于两个等级不是分别开来，而是混杂起来。在形式统一性法则之下的这种混杂中，第一等级实际上完全毁弃了，第二等级成为普遍的人民。②

显然，此时的黑格尔看来，正是罗马人消弭了人与人之间的所有差异，主人和奴隶、自由人和非自由人之间的根本区分不再存在。由此，罗马人遗留下来的抽象的形式平等就构成了现代世界一切问题的根源。到了成熟时期，黑格尔的观念发生了根本的改变。现在，他开始攻击古代社会，认为其缺少个体自由和主观性维度，并承认这正是基督教和罗马世界留给现代世界最重要的遗产：

单个人独立的本身无限的人格这一原则，即主观自由的原则，以内在的形式在基督教中出现，而以外在的从而同抽象普遍性相结合的形式在罗马世界中出现，它在现实精神的那个纯粹实体性形式中却没

① 〔德〕黑格尔：《黑格尔早期神学著作》，贺麟译，商务印书馆，2016，第252页。
② 〔德〕《黑格尔全集》（第2卷），朱光潜译，商务印书馆，1979，第491页。

有得到应有的地位。这个原则在历史上较希腊世界为晚，同样，深入到这种程度的哲学反思也晚于希腊哲学的实体性理念。①

成年黑格尔与青年黑格尔在关于主体性原则问题上面的根本差异在这一段话中直接表达了出来。对成熟时期的黑格尔来说，与古典时期的实体性原则相比，罗马帝国时期发展出来的、抽象的人格平等形式原则居于精神发展的更高逻辑和历史阶段。因此，未来伦理体系的建构，就不再是回到罗马帝国时代之前的古典伦理，而是要在由罗马世界发展起来的主体性原则的基础上进行重构。

在肯定现代主体性原则的前提下，黑格尔成熟时期的法哲学体系与耶拿时期的伦理体系已经完全不同。他最初遵循的是亚里士多德在《政治学》中确立的从家庭过渡到城邦的古典伦理模式。随着现代主体性原则的承认和接纳，康德的《道德形而上学》所阐发的"法律与道德的二分"便成为黑格尔思考政治和法律体系的直接前提和出发点。但与他在青年时代的《基督教的精神及其命运》一文中试图用"生命"完全置换、消融"法律和道德的二分"这一构想不同，现在，他一方面承认康德等人的建立在主体哲学基础上的法律和道德理论具有一定的正当性，进而构成其法哲学体系的前两个基本组成部分，另一方面又认为这种建立在普遍的个人立场之上的法律和道德理论仍只是抽象、主观的，而非具体而客观的，因而需要进一步改造和提升。这就是他在《法哲学原理》第三部分（"伦理"部分）所做的创造性工作，目的是要用新的伦理体系，克服和补救现代抽象的个体主义理论之不足。

黑格尔法哲学的"伦理"部分超越古典伦理理论之处有二：其一，在伦理理论的体系上，突破了亚里士多德所阐述的"家"—"国"二元的古典伦理模式，在工业迅猛发展的时代背景下，代之以"家庭"—"市民社会"—"国家"的三元伦理体系模式；其二，在伦理的本质上，他用客观的"制度"代替了古代伦理所强调的主观德性，从而使"制度"成为其伦理体系的核心。由此，他不仅一举超越了古典德性伦理，同时也通过制度的构建克服了现代抽象的、个体主义的法律和道德理论的内在缺陷，从而

---

① 〔德〕黑格尔：《法哲学原理》，范扬、张企泰译，商务印书馆，1979，第200页。

完成了独特的制度伦理体系构建，开创了西方法哲学和伦理学的新境界。①

毋庸置疑，市民社会理论的提出，是黑格尔法哲学的一个伟大创举，也是他对现代法哲学做出的独特贡献。众所周知，在国家的范围内，传统的法哲学和政治哲学体系主要是"家"—"国"二元模式。亚里士多德的《政治学》尽管在"家庭"和"国家"之外，提到了"村落"，但实际上并未对其进行论述。我国传统的儒家学说将"修身、齐家、治国、平天下"四者并举，但实际上，居于核心地位的同样是"家"—"国"二元结构。在西方，这种"家"—"国"二元结构的叙事模式一直流传到黑格尔之时。黑格尔在耶拿时期的 1802~1803 年写作的《伦理体系》中，仍将需要、劳动等国民经济学内容放在作为"自然伦理"的"家庭"部分加以论述，而他成熟时期的法哲学则将经济、法律等方面的内容与警察和同业公会等放在一起，称之为"市民社会"，使之成为与传统的"家""国"并列的一个相对独立的存在领域。于是，"家"—"国"二元的古典模式被全新的"家庭"—"市民社会"—"国家"的三元体系模式取代。

黑格尔的市民社会理论具有重大的意义，这一意义在其身后不久即开始显露出来。在德国，正是在青年黑格尔派中，社会学作为一门独立的科学迅速地成长起来。其中最重要的两个人物分别是马克思和冯·施泰因（Lorenz von Stein）。众所周知，马克思正是通过对黑格尔法哲学进行批判从而转向市民社会批判和政治经济学研究的。几乎与马克思同时（实则要稍早一些）的冯·施泰因则开辟了社会学研究的另一路向，成为德国社会学发展的源头，并奠定了今日德国社会国家理论和实践的基础。

就黑格尔的市民社会理论本身而言，其成熟时期的法哲学一方面遵循了耶拿时期《伦理体系》《精神哲学》的基本思路，将康德、费希特的主体性哲学与政治经济学内在地结合起来，以克服其认为的主体性哲学存在的形式主义不足，进而实现形式和内容的内在统一；另一方面，黑格尔还将市民社会提高到伦理高度，由此，市民社会就不仅仅是一个霍布斯意义上的人与人之间为利益而展开争夺的战争状态，也不仅仅是一个在法律的调整下（所谓"法治状态"下）达到的个人利益与他人利益的普遍、外在的

---

① 关于黑格尔法哲学用伦理制度理论取代西方近代的法律与道德二分的理论传统，参见〔德〕G. Lübbe-Wolff：《黑格尔法哲学的现实意义》，载《南京大学法律评论》（2016 年秋季卷），法律出版社，2017，第 29~45 页。

统一；相反，对黑格尔来说，市民社会乃是一个"普遍家庭"（《法哲学原理》，第 239 节）：

> 当然，家庭应该照料个人的生活，但它在市民社会中是从属的东西，它只构成基础，它的活动基础还不这末广泛。反之，市民社会才是惊人的权力，它把人扯到它自身一边来，要求他替它工作，要求他的一切都要通过它，并且依赖它而活动。如果人在市民社会中是这样一个成员，他对市民社会所得主张的权利和提出的请求，就应同他以往对家庭所主张的和提出的一样。市民社会必须保护它的成员，防卫他的权利；同样，个人也应尊重市民社会的权利，而受其约束。①

作为"普遍家庭"，市民社会有义务监管那些不合格的父母对子女的教育，对没有自律能力的父母或成年人进行监管，承担起扶贫的责任等。黑格尔尤其关注现代社会的贫困问题，他强调，社会应通过建立相应的制度，根治贫困，不应让贫困的解决停留在主观道德层面：

> 贫困的主观方面，以及一般说来，一切种类的匮乏——每个人在他一生的自然循环中都要遭遇到匮乏——的主观方面，要求同样一种主观的援助，无论其出于特殊情况或来自同情和爱都好。这里尽管有一切普遍的设施，道德仍然大有用场。但是，因为这种援助自身并在它的作用上依存于偶然性，所以社会竭力从贫困和它的救济中找出普遍物，并把它举办起来，使那种主观援助越来越没有必要。②

显然，黑格尔此处所言的贫困问题，就是后来的青年黑格尔派——无论是马克思，还是冯·施泰因——所面临且试图解决的无产阶级问题。施泰因提出的解决办法在很大程度上同黑格尔的看法一致，两人都希望通过建立普遍有效的救助制度，解决这一严峻的社会问题。

不仅如此，在黑格尔这里，市民社会作为"普遍家庭"，具有同"家

---

① 〔德〕黑格尔：《法哲学原理》，范扬、张企泰译，商务印书馆，1979，第 241 页。
② 〔德〕黑格尔：《法哲学原理》，范扬、张企泰译，商务印书馆，1979，第 243 页。在该页"附释"中，黑格尔指出："相反地，如果留给个人独立地依照他的特殊意见去做的事比之以普遍方式组织起来做的事愈是少，公共状况应认为愈是完美。"

庭"一样的伦理属性。换言之，在他看来，市民社会应是一种伦理组织。这一点主要体现在其所设想的"同业公会"上面。与作为一个庞大的"普遍家庭"的市民社会相比，同业公会构成了一个真正意义上的家庭，故而黑格尔称之为"第二家庭"（《法哲学》，第 252 节），它有权接纳会员，鉴定其职业技能，并照看其利益，等等，市民家庭的财富和生活不仅由此而获得了坚实的保证，而且市民社会的成员由此也获得了职业尊严。因此，正如农民等级在家庭中拥有其实体性的东西一样，作为同业公会的一员，市民在同业公会内可以获得相应的实体性权利。"他属于一个其本身构成普遍社会的一个环节的整体，并且有志于并致力于这个整体的无私目的：由此，他就在他的等级中具有他的尊严。"（《法哲学》，第 253 节）显然，黑格尔试图通过同业公会制度的设立以及市民的参与，改变市民社会中个体间的疏离状态，使生活在利益领域的市民们在其劳动和生活中获得一种家园和归属之感。他明言："同业公会自在自为地不是封闭的行会，而是孤立的工商业的伦理化，并且上升到一个获得力量和尊严的领域。"（《法哲学》，第 255 节"附释"）

与其他伦理领域一样，黑格尔的市民社会理论旨在通过相关制度（主要是"同业公会"）的设立，化解现代市民社会因原子化、疏离化而导致的一系列问题，实现个人和社会的内在统一。黑格尔明确地指出了市民社会的制度性维度。在《法哲学》第 263 节，黑格尔明言家庭和市民社会的"理性之物的力量"，就是"前面考察过的诸制度"，[1]并称"这些制度构成了特殊领域的宪法"，[2] 并声称，通过这些制度，个人便在市民社会这个特殊领域中实现了个别性和普遍性（实体性）的统一（《法哲学》，第 264 节）。显然，正如他在论述贫困问题时所言的一样，解决社会问题的根本在于这些理性的制度，而不是诉诸个人的怜悯、同情等主观情感。由此，他就在市民社会中部分地构建起了一种全新的社会制度伦理。

与市民社会部分相似，黑格尔成熟时期的法哲学在论及国家部分时，同样致力于通过建构理性的宪法制度，超越青年时代的古典德性伦理。因

---

[1] 参见〔德〕黑格尔《法哲学原理》，范扬、张企泰译，商务印书馆，1979，第 264 页。在该页"附释"中，黑格尔指出："支配家庭和市民社会的法律，是映现在它们当中的理性东西的制度。而这些制度的根据和最后真理是精神，精神就是它们的普遍目的和知晓到的对象。"

[2] 〔德〕黑格尔：《法哲学原理》，范扬、张企泰译，商务印书馆，1979，第 265 页。

此，我们在黑格尔晚期的《法哲学》（以及历次法哲学讲座）中很少看到对构成古典伦理核心的"德性"的强调，更不能指望他会用古典自然法去颠覆现代自然权利。相反，他将论述的中心放到了政治制度（verfassung）上面。在谈到孟德斯鸠所言的"德性构成了民主制的原则"时，黑格尔指出："如所周知，他指出德性是民主制的原则，因为，事实上这种宪制是建立在仅仅是实体性形式的情感上……关于孟德斯鸠的这种见解，必须指出，在一个经过了教化的社会状态，在特殊性力量已经发展起来并且成为自由的情况下，国家首脑们的德性是不够的，所需要的是另一种形式，即理性的法律的形式，而不是情感的形式。"①因此，黑格尔在《法哲学》第267节谈到理念的主观方面和客观方面，即政治情感（爱国主义）和国家制度时，强调后者而非前者更为根本，并且，唯有后者才是理性的体现。"政治情感……只是国家中的各种现存制度的结果，因为合理性现实地出现在国家之中。"在批判宗教狂热的主观主义时，黑格尔更是明确指出，国家制度（以及法律）作为理性的此在，乃是世界历史和教化的根本目的："然而，与这种裹藏在感受和表象之中的真实相对的真实，乃是内在之物到外在之物、理性的想象到实在性的巨大迈进，全部的世界历史都在从事这一劳作，通过这一劳作，经过教化的人类便赢得了理性的此在——国家制度和法律——的现实性及其意识。"②由此，理性的制度建构也就理所当然地构成黑格尔成熟时期法哲学的核心和本质所在。

在宪制观念上，随着对现代主体性的认同，成熟时期的黑格尔明确地提到，古典宪制已不适于刻画现代宪制：

> 古代宪制划分为君主制、贵族制和民主制。这种划分以尚未分化的实体性统一为基础。这种统一尚未达到其内在区分（一个自身展开了的机体），因此也就不够深入，没有达到具体的合理性。从那种古代世界的立场来看，这种划分是真实的和正确的，因为在那种还是实体性的、自身尚未进至绝对展开的统一那里，差别本质上是一种外在的差别，并且首先表现为人们数量的差别，那种实体性统一应当是内在于这些人之中的。……但是如人所言，这种单纯数量上的差别是完全

---

① 参见〔德〕黑格尔《法哲学原理》，范扬、张企泰译，商务印书馆，1979，第289页。
② 参见〔德〕黑格尔《法哲学原理》，范扬、张企泰译，商务印书馆，1979，第272页。

肤浅的，并不表示事情［本身］的概念。现代有许多人谈到君主制中的民主要素和贵族要素，这同样是不恰当的；因为当此时所谓的这些规定出现于君主制之中时，就已经不再是民主和贵族的东西了。①

此处，黑格尔着重强调了古今宪制在精神方面存在的根本差异，不容混淆。古典宪制，不论是君主制，还是贵族制或民主制，均以实体性统一为基础，彼此之间不存在本质的差别，而只有外在的数量之别。反之，现代宪制则以主体性为前提，因此，就不能拿古代宪制来衡量现代宪制：

> 一般说来，现代世界的原则是主体性的自由，这就是说，存在于精神整体之中的所有方面都发展出来，达到了它们的权利。从这一观点出发，我们就不能提出这种无聊的问题：那种形式的宪制——君主制还是民主制——更好一些？我们应当说，一切自身无法容忍自由主体性原则、同时也不知道去适应一种经过教化的理性的国家制度形式，都是片面的。②

黑格尔的意思很明确，即现代国家的宪制应以承认主体自由为前提；换言之，应以承认市民社会的存在为前提；现代国家对于国家制度的理解不应回到市民社会尚未发展起来的状态，因为如前所述，在主体自由原则确立之前，无论是君主制，还是民主制，都是以实体性统一为原则的。在这样的国家制度下，个体自由没有容身之地。③因此，如何在承认市民社会的前提下，构建合理的政治制度体系，便构成了黑格尔国家学的根本内容。

诚如马克思在《黑格尔法哲学批判》中指出的，黑格尔的国家学说根本之处在于市民社会和国家的严格区分。黑格尔本人也特别地强调了这一点："如果把国家和市民社会混淆起来，并把它的使命规定为保证和保护所

---

① 〔德〕黑格尔：《法哲学原理》，范扬、张企泰译，商务印书馆，1979，第273页。
② 〔德〕黑格尔：《法哲学原理》，范扬、张企泰译，商务印书馆，1979，第273页。
③ 这里可以顺便提一下马克思对黑格尔法哲学的批判。在《黑格尔哲学批判》中，马克思正是以古代雅典的民主制为典范，严厉批判黑格尔的宪制观念，说它以市民社会和国家的二分为前提，是二元论的，是矛盾的，等等，进而要求消除这种二元分裂，实现国家和市民社会的内在统一。从前面的论述看，对黑格尔来说，马克思的批判是无效的，因为马克思的观念还完全停留以实体性统一为本质的古典宪制阶段，而他自己的宪制则完全超越了这一阶段，以承认现代的主体性原则为前提。

有权和个人自由，那么，单个人本身的利益就成了这些人统一的最终目的。由此产生的结果是，成为国家成员是任意的事情。但是，国家对个人的关系完全不是这样。由于国家是客观精神，所以，个人本身只有成为国家成员才具有客观性、真理和伦理。统一本身是真实的内容和目的，而人的规定是要过普遍生活的；他们进一步的特殊满足、活动、行动方式，都以这个实体性的和普遍有效的东西为出发点和结果。"①

黑格尔坚持私法和公法的传统划分，从而与自由主义区分开来。当然，他并不反对自由主义，只是反对自由主义一统天下与僭越；他要将自由主义严格地限制在市民社会（即"知性国家"）的领域之内，并认为，国家具有更加普遍的目的和利益，而非个人利益的简单相加。

基于同样的考虑，他很早就反对自由主义国家观。在耶拿时期，他主要批判费希特的国家制度设计，并主张在古典德性伦理的基础上对之进行建构。随着古典立场的抛弃，黑格尔基于现代君主立宪制构建其宪制体系，对孟德斯鸠等人倡导的现代分权体制进行了批判。黑格尔本人并不反对分权，反倒对它非常重视，认为它是"公共自由的保障"（《法哲学》，第 272 节 "附释"），但他反对权力绝对分离的观点，认为这纯然是一种知性的见解：

> 抽象知性对这一原则的理解在于，一方面是各个权力彼此绝对独立的错误规定，一方面是将它们相互之间的关系理解为否定的、彼此限制的片面关系。依据这一观点，每一权力都敌视和畏惧其他权力，反对它们像反对邪恶一样，彼此相互抗衡，通过这种制衡造成一种普遍均势，而不是一种活生生的统一。唯有概念在自身中的自我规定，而非其他任何目的和功利，才是各个不同权力的绝对起源，并且正因为如此，国家组织方为自身理性之物和永恒理性的摹本。②

这段话道明了黑格尔与自由主义之间的根本区别所在。他接下来更加明确地指出："把仅仅否定的东西作为出发点，把恶的意志和对这种意志的猜疑提到首位，然后依照这个前提狡猾地筑起一道道堤坝，以对抗那些相反的堤坝，这些在思想上就是否定性的知性的特征，而在情感上就是贱民

---

① 参见〔德〕黑格尔《法哲学原理》，范扬、张企泰译，商务印书馆，1979，第 253～254 页。
② 参见〔德〕黑格尔《法哲学原理》，范扬、张企泰译，商务印书馆，1979，第 284～285 页。

的特征。"（《法哲学》，第 272 节 "附释"）

换言之，孟德斯鸠分权理论的前提为 "性恶论"，按照这一理论，如果不对掌权者的权力进行划分和限制，掌权者就会将手中的公权力挪作私用；黑格尔则认为，由于有国家制度这一根本保障，因此，国家权力绝对不会沦为私人利益的手段和工具。"政府好像是受邪恶的或不大善良的意志所支配这一假设是出于贱民的见解和否定的观点。如果要以同样的形式来反驳这种假设，首先就应该责难各等级，因为它们都是由单一性、私人观点和特殊利益产生的，所以它们总想利用自己的活动来达到牺牲普遍利益以维护特殊利益的目的。相反，国家权力的其他环节从来就为国家着想，并献身于普遍的目的。这样说来，全部保障都似乎是专门由各等级来提供的，其实国家的其他任何一种制度都和各等级一起来保障公共的福利和合乎理性的自由，其中的一些制度，如君主主权、王位世袭制、审判制度等所提供的保障甚至还要大得多。"①

不是市民等级议会的监督，而主要是由于其他的国家制度，保障了国家公权力的正确行使。不论人们对黑格尔的这一观点持何种看法，他将政治伦理的根本寄托于理性的制度而非个人的德性，这一尝试一清二楚。

综上所述，成熟时期的黑格尔一方面肯定了现代的主体性的自由的根本原则，由此从对古典德性政治伦理的沉迷中超拔出来；另一方面，他仍然和青年时期一样，坚持认为现代主体自由的领域仅限于市民社会领域，而不能将其扩展到政治领域，因而主张，市民社会和政治国家应严格区分，从而维持了超越自由主义的一贯信念。只不过这种超越再也不是借助古典的德性政治，而是通过全新的伦理制度体系的构建。于是，黑格尔便在新的时代精神和时代状况之下，通过制度伦理的设计，在超越古典德性伦理的同时，保持了超越私人利益、追求国家普遍利益的根本诉求。

五 结语

黑格尔在其所处的时代环境下，殚精竭虑，在探索西方古今精神与现实巨变的基础上，提出了独树一帜的、以制度为中心的伦理法体系，其见解卓越，意义深远，值得玩味。

---

① 〔德〕黑格尔：《法哲学原理》，范扬、张企泰译，商务印书馆，1979，第 320 页。

　　首先，与青年马克思从政治解放到人类解放的重大转折不同，青年黑格尔恰恰相反，是从人类解放转向以市民社会和政治国家为基础的制度伦理体系的建构，将其法哲学思考的基础设立在一个国家、一族人民之上。黑格尔的转向固然有其现实政治的具体考虑，但从根本上讲，确实比马克思所言的政治解放（或者康德的永久和平）赖以立基的人类立场更加真实一些。无论是倡导马克思主义的社会主义国家，还是鼓吹自由主义的国家，在现实利益的考量中，最终必然是国家和民族利益优先，而非人类利益优先。因此，人类哲学的立场最多只能是一个次要选择，而不会成为现实的政治思考和行动的首要选项。对于18世纪末、19世纪初的黑格尔来说，国家统一显得尤为迫切，将民族国家摆在首位更为必要。当然，另一方面，将国家和民族立场绝对化，完全将自己与其他国家置于一种霍布斯意义上的自然状态之中，突出国与国之间、民族与民族之间的绝对对立，也是完全不可取的。问题的根本还在于，在国家立场优先的情况下，促进世界各国、各个地区之间的和平交往和相互理解，逐渐趋向人类大同之境，或许是更佳之选。

　　其次，在今天的语境下，黑格尔对西方古今之争的态度尤其值得重视。黑格尔从青年时代回归古典到成熟时期超越古典、肯定现代主体自由原则，对国人尤其重要。我国国民精神一向处于传统实体性原则（家长制）的支配之下，主体自由原则尚未得到充分发展。个人的基本权利（人身权、财产权）得不到保障，每个人的人格尊严得不到尊重，莫不与此密切相关。因此，今日中国的首要任务绝不是到所谓的古典政治（或施特劳斯所言的古典自然法）当中去寻找答案，而是应促进普遍的自由、平等的个体意识养成，使得对每一个个人尊严和权利的尊重成为全社会的普遍共识。

　　在现实层面，黑格尔揭示了市民社会与个人自由之间的内在关系，他指出，市场经济的形成离不开对以抽象的人格和财产权利为核心的各种权利的承认，以及对根本的个人自由权利的保障；同时，黑格尔通过对近代形式主义的批判，指明了个人自由只有在市民社会中方能得到真正的实现。就此而言，市民经济和市民社会实为个人自由成长的坚实基础。因此，可以认为，黑格尔法哲学所构建的"家庭"—"市民社会"—"国家"（实际上还应补上我国传统伦理中的"天下"一环）伦理结构模式不仅反映了现代社会人类生存的基本状况，而且为国人走出传统"家"—"国"二元的实体性伦理结构模式、实现个体自由提供了理论基石。实际上，近代西方人也正是在市民社会和国家分离的基础上获得对个人自由基本保障的。①
可以预料，市场经济的健康发展，市民社会的良好培植，必将成为国人赢
得个人自由和尊严的物质前提，当然，其先决条件是黑格尔所言的市民社
会和政治国家能得到适当、合理的界分。

最后，黑格尔法哲学的高明之处在于：他将制度作为其伦理法哲学之
核心，从而实现了其一向追求的，超越康德、费希特主观哲学将"应当"
与"是"割裂开来，实际上停留在抽象的"应当"之中的尴尬处境，进而
真正地实现了个人自由与普遍自由的具体统一。黑格尔此举不仅克服了主
观观念论哲学的内在不足，而且将法哲学从主观的道德层面转向了客观的
制度，这一点尤其值得我们高度重视。"鼓吹德行和高弹英勇献身的理想，
这样的风气并不意味着完美无瑕的伦理，相反，它只是一个与现实的伦理
关系相距甚远的社会和共同体的未开化状态的表现形式。"②理性法秩序的根
本在于建立理性的制度和法律，只有它们才是一国人民自由和权利的根本
保障，也只有它们才能使国民真正拥有良风美俗，过一种合乎伦理的生活。
将思考优良的伦理制度置于法哲学思考的核心，是黑格尔法哲学留给后世
的、弥足珍贵的财富，也是我国当代从事法哲学和伦理学思考的学者们的
首要任务。德国当代著名学者沃尔夫（G. Lübbe-Wolff）明确指出"黑格尔
为制度思考的奠基人"，③此言无论怎么重视也不为过。

Connecting Changes of Ancient and Modern,
Bring Forth the New through the Old
——the Matters, Innovations and Significances
of Hegel's Legal Philosophy

Zhu Xueping

Abstract：Hegel's legal philosophy had brought forth a lot of debates from

---

① 参见 Ernst-Wolfgang Böckenförde, *Die VerfassungstheorischeUnterschiedung von Staat und Gesellschaft als Bedingung der individuellen Freiheit* (Opladen：Westdeutscher Verlag, 1973)。

② 〔德〕G. Lübbe-Wolff：《黑格尔法哲学的现实意义》，载《南京大学法律评论》（2016 年秋季卷），2017，第 40 页。

③ 〔德〕G. Lübbe-Wolff：《黑格尔法哲学的现实意义》，载《南京大学法律评论》（2016 年秋季卷），2017，第 45 页。

it's birth. The aims of Hegel's legal philosophy are: on one hand, to overcome theoretically the deficiency of modern classic natural law theory, on the other hand, to solve practically the actual political and social problems in German which were introduced by the great change of ages. In the end , on the basis of uniting the spiritual great changes of ancient and modern, and absorbing the western thought resources from ancient to modern ages, and through confirming the modern subjectivity principle, Hegal had achieved three important theoretical innovations. Firstly, Hegel set up famous civil society theory through connecting inherently modern natural law theory to classic political economy. Secondly, Through differing strictly civil society from state, Hegel broke through Aristotle's tradition of political philosophy, and changed traditional dual family-state ethic structure which was proposed by Aristotle, and substituted by a kind of ternary family-civil society-state structure, which made the separation of civil society and state firstly established in human ideological history, and became the basic premise and starting point of later legal philosophy and political philosophy. Thirdly, in order to overcome the deficiency of modrn subjectivity legal philosophy, Hegel set up the institution as the core of his ethical system in the process of building his ethical system., and had achieved the intrinsic unity of theoretical thought and actual practice. In sum, The aim of Hegel legal philosophy is to build up a instituitional ethic system, which had opened a new road to legal philosophy study. The superiority of Hegal legal philosophy is that he set up the institution as the core of his ethical system and achieved really the concrete unity of personal freedom and universal freedom, which had transcended the subjective philosophy of Kant and Fichte.

Keywords: Georg Wilhelm Friedrich Hegel; Legal Philosophy; Subjective Philosophy; Theoritical Ethic System; Classic Political Philosophy Tradition

康德对理知占有的演绎

——基于《道德形而上学》正式本和草稿的比较

王　晨[*]

内容摘要：财产权不以主体的现实控制为必要条件，但脱离了主体控制的物品如何还能够被称为"我的"，这一问题在传统的财产权理论中并没有论证得非常清楚。康德在其法权学说中，试图通过对理知占有的演绎来解决这个问题。该演绎是法权学说中一个最具原创性的内容，但如何准确地理解这一演绎，学界仍存在很大分歧，解释上也存在一些混乱之处。之所以如此，重要原因在于：解释者往往忽略了理知占有和取得的区分，甚至把占有等同于财产权。为澄清康德的论证，必须以正式本中占有和取得的区分为基础，同时批判性地对照法权学说的草稿。康德所做的这一区分最明显地表现在正式本对"决断的对象"的定义上，该定义改变了草稿中的定义。鉴于在草稿的论证中，占有和取得并未形成明显区分，因此，在借鉴草稿解释正式本中的演绎时，必须非常谨慎。通过对照草稿和正式本可以发现，一些在草稿中用于论证理知占有的方案，在正式本中实际上已被修正，这是由于草稿论证中存在某些内在的困难。这意味着，正式本的演绎是建立在对草稿加以修正的基础上的，该演绎已构成了一个前后融贯的完整论证。

关键词：康德　理知占有　取得　财产权

---

[*]　王晨，法学博士，贵州师范大学法学院讲师，主要研究方向为西方法哲学，专攻康德法哲学。

一　引言

关于财产权的产生，存在两种相互竞争的观点：先占和劳动，前者源自古老的罗马法传统，后者则由洛克首次做出经典论述。无论哪一种观点，关心的都是"财产权的取得如何可能"，而作为一种事实，占有（possessio）并不需要在理论上加以论证。①"占有如何可能？"的问题还没有提出就已经有了权威答案，人对外在事物的占有和使用，要么是通过自然法，要么是通过上帝的授权而得到保证的。就此而言，传统财产权学说并不怎么关心占有如何可能，反而关心如何判断占有在事实上成立以及取得财产权的方式。② 只有当占有所预设的前提受到了质疑，"占有如何可能"才能重新成为一个问题。③

把占有和取得加以区分，并在不同的理论层面上展开论证，是康德法权学说的一个特点。在《道德形而上学》中，私人法权第一篇被命名为"将某种外在的东西作为自己的来拥有（haben）的方式"，第二篇被命名为"取得（erwerben）某种外在的东西的方式"，④ 两部分的核心分

---

① 在罗马法传统中，占有作为一种事实而被视为"权利的外观"。参见彭梵特《罗马法教科书》，黄风译，中国政法大学出版社，2005，第205页。

② 以先占的方式取得无主物（res nullius），这在罗马法传统中被认为符合自然法，如果同时具备占有的心素和体素，即可判断占有在事实上成立。这里的先占行动是取得的近因，自然法法则作为取得的资格（titulus）（titel）则是远因。参见 J. S. Pütter und G. Achenwall. *Anfangsgründe des Naturrechts*（herausgegeben von Hans Maier und Michael Stolleis, 1995）, p. 101. 另参见休谟《人性论》（下），关文运译，商务印书馆，2004，第547页。

③ 近代一个典型例子是罗伯特·菲尔默对传统发起的攻击，他以父权的名义质疑上帝对每个人使用外在事物的授权，因而迫使洛克在《政府论》上篇占有的可能性做出辩护。尽管洛克的财产权学说在许多方面与传统对立，但在占有如何可能的问题上，洛克分享着传统的基本前提（参见詹姆斯·塔利《论财产权：约翰·洛克和他的对手》，王涛译，商务印书馆，2014，第82～90页）。

④ 在法权学说的草稿中，"取得"（erwerben）也被写作 acquiriren。Immanuel Kant, *Kant's gesammelte Schriften*. ⅩⅩⅢ, herausgegeben von der königlich preussischen Akademie der Wissenschaften（Berlin: Druck und Verlag von Georg Reimer）, p. 215. 19. 学院版全集在下文中简写为 AA，其后数字依次按卷、页码、行数标注。《纯粹理性批判》简称 KrV., 《判断力批判》简称 KU.。中译文参考邓晓芒和李秋零译本。

别是对占有和取得进行演绎。① 导致康德做出这一区分的原因首先当然是先验哲学的基本立场，它从"现象"（phänomen）和"物自体"两个意义上对事物进行划分，从而使"理知占有如何可能"成为问题。但我们不能因此而把该问题视为康德哲学的一个内部问题，鉴于其批判、瓦解了传统理论预设的"占有"的自然法和神学基础，因此，在法权学说中，康德便需重新面对"占有如何可能"这一问题，该问题需要在先验哲学的基础上加以解决。促使康德做出这一区分的另一个原因是他对传统财产权理论的批评。② 传统财产权理论把占有视为一种经验事实，但主体经验地占有一个对象，或者主体通过劳动的方式改造这个对象，都不能证明它能成为法权意义上的"我的"，这种"我的"恰恰要求对对象的占有能超越经验条件的限制。也就是说，即使某物完全脱离了我的

---

① 可以参照中世纪关于 dominium 和 ius 之间关系的争论，以及 dominium 与 possessio 的区别来理解康德的这个划分。这场争论的问题是，ius 是否需要预设主体对对象的一种支配和控制，抑或仅仅取决于他人对主体主张的认可。此外，传统自然法并不认为possessio 等同于 dominium（参见理查德·塔克《自然权利诸理论——起源与发展》，杨利敏、朱刚圣译，吉林出版集团有限责任公司，2014，第6~10页、第24~27页）。这些争论涉及的问题和康德的问题有相似之处，通过区分占有和取得，康德表明财产权必须预设自由存在者与外在对象的一种结合（理知占有），这种结合体现的是主体对外在对象的支配能力，但仅仅这种结合还不能等同于财产权。近代自然权利论早已明确，自然状态下人对事物的占有和使用"权利"，这并非真正的财产权，为此普芬多夫区分了"消极共有"和"积极共有"，阿亨瓦尔则沿用了这个区分。"一种共有，其中共有物都是无主物，这就被称为消极共有。因此初始共有曾经是一种消极共有。""但对于某物，排除任何他人的法权属于更多的人，这种共有就被称为积极共有"（参见 J. S. Pütter und G. Achenwall, *Anfangsgründe des Naturrechts*（herausgegeben von Hans Maier und Michael Stolleis, 1995），pp. 93-95）。两者的区别在于，积极共有是真正的财产权，具有排他性，而消极共有及其内部个体的所谓权利，则根本不是财产权（参见斯蒂芬·巴克勒《自然法与财产权理论——从格劳秀斯到休谟》，周清林译，法律出版社，2014，第73~75页）。对于阿亨瓦尔的学说康德非常熟悉，通过引入经验性持有和理知占有的区别，以及引入占有和取得的区别，康德以先验哲学为基础，重新刻画了近代自然权利论的上述区分。阿亨瓦尔并未做出相应的区分，占有在阿亨瓦尔那里仍然延续罗马法传统而被视为一种经验事实。参见 J. S. Pütter und G. Achenwall, *Anfangsgründe des Naturrechts*（herausgegeben von Hans Maier und Michael Stolleis, 1995），S. 97. § 287。

② 参见汤沛丰《康德论所有权的合法性》，《中国社会科学报》2016 年 5 月 25 日，第 4版。另参见 Katrin Flikshuh, *Kant and Modern Political Philosophy*（Cambridge University Press, 2003），p. 118。由于洛克在《政府论》下篇实际上是在论证取得，而占有的资格问题是在《政府论》上篇通过驳斥菲尔默得到解决，因此把康德的这个批评用在洛克身上其实不太公正。参见詹姆斯·塔利《论财产权：约翰·洛克和他的对手》，王涛译，商务印书馆，2014，第78~90页。

物理控制，我依然能对抗他人对该物的擅自使用，如此的物才能被称为我的财产。"财产权"最常见的这层含义在传统财产权理论中并没有得到解释，它忽略了这样一个事实，即财产权预设的占有并不是经验性的占有，而是根本不考虑任何经验条件的理知占有。这一忽略进而导致传统财产权理论总是把"法权得以认识的条件"和"法权得以产生的根据"混为一谈。①

循着"占有"和"取得"的区分思考问题，对于理解康德的法权学说尤为重要。在面对类似于《道德形而上学》之类的困难文本时，从文本之外寻求脱困之路始终是一种巨大的诱惑，尤其是在文本的内容和形式都存在某些缺陷时，② 这种诱惑更难抵御。可以选择的一个路径是把文本的基本问题带到思想传统中去，以便间接地对某些疑难做出澄清和解释。③ 这一路径大大地拓展了解释的视野，对于深化文本的理解非常有利。然而，文本的作者越是具有原创性，采取这一路径所要承受的风险就越大，尤其是在试图通过术语勾连文本和传统时，解释者可能会忽略作者对传统术语的细微修正，从而忽略文本思想与传统的关键差异。与上述路径相反，另一种做法是不过多地考虑传统，仅仅通过对照康德的草稿和反思来澄清正式本中的问题和疑难。④ 在澄清基本概念和厘清论证思路上，这一路径收获颇丰，但正如路德维希（Bernd Ludwig）所指出的，对草稿和反思的过分依赖也可能使正式本中的某些思想和论证成为解释的"牺牲品"。⑤ 有鉴于此，本文基于正式本对"占有"和"取得"的区分，首先通过对照草稿中的论证分析康德做出这一区分的原因，以便获得运用草稿解释正式本的合理尺度，然后在此基础上，澄清正式本对"理知占有"的演绎。

---

① 在康德的法权论草稿中可以找到相关的评论，参见 AA23. p. 229. 24；273. 20；274. 20。

② 关于法权学说的文本和出版情况，参见 Bernd Ludwig, *Kants Rechtslehre*（Hamburg：Felix Meiner Verlag, 1988）。

③ 例如 Brian Tierney, *Liberty and Law, the Idea of Permissive Natural Law, 1100－1800*（the Catholic University of America Press, 2014）；Byrd B. Sharon and Hruschka Joachim, *Kant's Doctrine of Right, A Commentary*（Cambridge：Cambridge University Press, 2010）。

④ 例如 Wolfgang Kersting, *Wohlgeordnete Freiheit, Immanuel Kant's Rechts-und Staatphilosophie*（Mentis Verlag Gmbh, 2004）. Gerhard Lehmann, *Kants Besitzlehre*（Akademie-Verlag Gmbh., Berlin, 1956）. Christian Müller, *Wille und Gegenstand*（Berlin, Walter de Gruyter, 2006）。

⑤ Bernd Ludwig, *Kants Rechtslehre*（Hamburg：Felix Meiner Verlag, 1988）, p. 121。

二 草稿对"理知占有"的论证

"财产"是一种即使脱离了主体的物理控制也能被称为"我的"的事物，这是日常语言中关于"财产"的一个基本含义，对此，康德用"理知占有"这一术语加以表达。它意味着，财产权作为一种外在法权，必须在主客体之间预设一种超越时空的"关系"（verhältnis），① 而对这种关系加以演绎，亦即证明这种关系并非子虚乌有，而是具有客观实在性，便成为财产权论证中的一个基本环节。在法权学说的草稿中，这一演绎与法权实践理性（die rechtlich-praktische vernunft）的一个二律背反有关，对它的讨论占据了草稿的大量篇幅，其中的反题基于经验论立场否认外在法权，而正题则通过主张"理知占有的必然性"来为外在法权进行辩护。

（一）反题

"外在于我的某物成为'我的'，是不可能的；也就是说，他人通过对外在于我的一个对象的使用，其决断（willkür）对我的自由造成伤害，是不可能的。"②

对此一反题，草稿按如下步骤进行了证明。第一步，该反题基于"法权普遍原则"而正确地认识到，③ 他人的行动要对主体的自由造成伤害，只有在该行动对主体自身产生影响时才是可能的。④ 但在第二步中，该反题却把自身限制在经验论立场上，进而把外在的对象理解为：由于这些对象是外在的，⑤ 因

---

① "占有就是决断的一个客体和主体之间的这样一种关系，由此只要客体被改变，同时主体就会被改变。"AA23.307.10-12. 这种关系就是法权上的"我的"所预设的那种"结合"（Verbindung）。"法权上的'我的'就是这样的东西，我与它如此结合在一起，以至于他人未经我的同意想要对它加以使用，就会伤害我。"AA6.245.
② AA23.231.15. 草稿对正反命题的表达每次都有些许差异，但命题的内容却并无根本区别，这里选择其中表达最清楚正反命题作为例子。
③ 参见 AA6.230。
④ AA23.231.23.
⑤ 参见 AA6.245。"一个对象在我之外，这个表述可能要么只是意味着：它是一个仅仅与我（主体）有别的对象；要么也意味着：它是处于空间或者时间中另一个位置（Stelle）（positus）的对象。从第一种意义上看，占有才能被设想为理性占有。但在第二种意义上，占有就必须叫作经验性占有。"

此，它们不像身体和灵魂那样必然和主体结合在一起（被主体占有）。① 这是因为：所谓"外在的"，恰恰是指它们与主体处于不同的时空位置，因而并未与主体结合在一起（不被持有），② 于是，他人对这些事物所施加的影响就根本不会影响到主体。③ 如此一来，该反题便得出结论：外在的事物不可能成为"我的"。因为要把一个事物称为"我的"，必须以主体和该事物之间存在某种结合为前提条件，但这种结合在主体和外在对象之间并不存在。④ 由此可见，从经验论立场看，把外在对象称为"我的"，根本就是一种自相矛盾。如果一定要在外在对象上设想一种法权，就只有两种选择：要么必须设想一种"天赋"（genius），⑤ 借此把主体和外在对象结合在一起；要么必须设想主体的人格（person）既在主体这里，同时又存在于外在事物中。⑥ 这两种情况当然都是荒谬的。

该反题论证的第一个前提也被正题所共享，两者都承认自由存在者的内在法权，这种建基于自由的法权首先表现为对他人决断的独立性，⑦ 而对自由的伤害必须以"法权普遍原则"为判断标准。但该反题却从内在法权出发，基于"法权普遍原则"，对外在法权的可能性加以否定。该反题的否定是基于上述论证的第二步，它主张"外在的"只能在经验意义上加以理解，以致任何外在事物和主体之间均不存在结合。但对于正题来说，什么是"外在的"，只能在理知的意义上理解。正反命题在此产生了根本的分歧，这一分歧在先验哲学中的对应物就是"现象"和"物自体"的划分。⑧ 反题拒绝在"物自体"意义上看待事物，如果确实只能在现象上谈论占有，那么，反题的正确性就可以直接从它的表达中得到保证，⑨ 但反题的经验论立场却与其第一个前提不相容。因为第一个前提是建基于实践理性的，且实践理性要求超越经验的限制；第二个前提却反过来要求自由被经验条件

---

① 参见 AA23.224.9-11。

② 参见 AA23.324.35。

③ AA23.326.33-35."这里的'外在的'不多不少意味着，对它的改变并不是对我的改变。"参见 AA23.231.15-17；AA23.333.13。

④ 当主体持有外在对象，比如拿着一个苹果，这时对象和主体处于相同的时空位置，从经验论立场看，该对象已经不是严格意义的外在对象。

⑤ AA23.224.28.

⑥ AA23.224.

⑦ AA6.237-238.

⑧ 参见 AA23.282.1-6。

⑨ AA23.231.17.

限制，也就是说，我只能对我持有的对象主张法权。这种立场上的不一致导致了：当反题试图同时坚持两个前提时，就会造成自相矛盾，正题正是抓住了这一点对反题展开了反驳。

（二）正题

"外在的某物，也就是说一切可用物，都必须能够是'我的'或者'你的'。"① 草稿对这一命题的表述不仅在内容上与正式本中的实践理性法权公设一致，而且在论证方式上同样采取了反证法，甚至在论证的组织和语言表达上都存在明显的相似性。② 正题的论证是按照下述步骤展开的。首先假设该命题的反面是真的，然后从该假设出发，推出一个与其前提相矛盾的结果，该结果就是："如果按照法权概念（也即理知占有——本文作者注）这是不可能的，那么，按照普遍法则，这决断通过它的自由概念，就会剥夺对外在于主体的一切可用物的使用。"③ 也就是说，如果决断采纳一条与正题相反的准则，例如采纳反题，并把它提升为普遍法则，那么，就会把一切外在对象排除在使用的可能性之外。这样做的结果就是：从实践上取消了决断的客体，同时也毁灭了决断的自由。值得注意的是，对正题的否定实际上会导致两种可能的情况，"要么对决断的一个外在客体的占有在物理上是不可能的，要么按照自由法则对它的使用在实践上是不可能的"。④ 在第一种情况下，外在事物绝对不能成为占有的对象，包括成为以内在法权为基础的经验性持有的对象。占有是使用的主观条件，因此，这一绝对禁令将使主体对外在事物的使用成为完全不可能的事。由此可见，一旦决断把绝对禁止占有的准则提升为法则，就会导致一切外在事物变成"客观的无主物"（res obiective nullius），⑤ 从而彻底取消决断的客体。这就仿佛使这些外在事物自身具有了一种法权，基于该法权，它们能拒绝人对它们的使用。⑥ 但由于外在事物并非自由存在者，因此，它们对人不可能有任何法权。如此一来，使外在事物成为无主物，就与"决断的客体"这一概念发

---

① AA23. 225. 16.
② 参见 AA6. 246。
③ AA23. 225. 17.
④ AA 23. 294. 7. 这个区分仅仅在草稿中为数不多的地方见到（参见 23. 225. 20 - 25；23. 278. 30），大多数正题论证都只是涉及第二种情况，只有第二种情况才直接涉及反题。
⑤ AA23. 294. 25.
⑥ AA23. 225. 24.

生了矛盾，后者恰恰被定义为处于主体的管领中（in gewalt）并能被主体随意加以使用的事物。①

在第二种情况下，对外在事物的占有被完全地限制在经验条件上，这正是反题的主张。根据反题，只有被主体持有的对象（与主体经验地结合起来），才能被主体正当地加以使用；反过来，主体若要使用一个未被其持有的对象，他人对其加以阻止就是正当的。② 从表面上看，在对外在事物的使用上，反题将主体从财产权所对应的消极义务中解脱出来，以致一切脱离他人物理控制的事物都重新向主体的使用开放，从而大大地扩展了主体自由的范围，这一情况和传统自然法所假定的自然状态中的情况完全一样。在自然状态中，人对事物的正当使用被限制在持有上，但这种状态并不能持续存在，其结束被认为是建立在人性基础上的必然结果。③ 但为了给财产权提供一个先验的演绎，康德拒绝从人类学事实和目的论角度对之加以论证，这实际上就为财产权的论证提供了一个全新的方案。在康德看来，将反题提升为法则的结果就是：决断的外在运用必须依赖它的客体，④ 而这一结果却与自由的概念相矛盾。例如，为了把一块木柴称为"我的"，我不得不一直把它拿在手中；为了把一块土地作为"我的"来使用，我必须持续地处于其上。⑤ 这恰恰导致了对决断外在自由的否定，因为这种自由在于：决断在对他人和对事物两个方面均是独立的。⑥ 有鉴于此，决断对反题的采纳事实上并未扩大自己的自由，反而取消了自身的自由。

在草稿中，采纳反题的结果有时也被表述为：它使得"一切外在于我们的可用物，通过自由的这条原则，按照普遍法则，对于每个人来说，都变成了不可用的"，⑦ 决断的对象因此成了"使用上的无主物"（res nullius vsus）。⑧ 如果有人认为，取消理知占有，就会把可用物置于使用的一切可能

---

① AA23. 294. 9-11.

② AA23. 309. 30.

③ 参见 J. S. Pütter und G. Achenwall. *Anfangsgründe des Naturrechts* (herausgegeben von Hans Maier und Michael Stolleis, 1995), S. 93. §276。

④ AA23. 213. 16-18. 参见 23. 230. 17-25。另参见 Wolfgang Kersting, *Wohlgeordnete Freiheit, Immanuel Kant's Rechts-und Staatphilosophie* (Mentis Verlag Gmbh, 2004), S. 183-190。

⑤ 参见 AA23. 230. 26. -231. 2。

⑥ AA23. 289. 25; 23. 302. 5.

⑦ AA23. 309. 32.

⑧ AA23. 310. 1.

性之外，这一论断初看上去不能成立，因为把对外在对象的使用限制在持有上，并没有完全取消对物的使用，以持有为条件的使用仍是可能的，这不同于对占有的绝对禁止。但实际上，这一论断乃是草稿中的一个更激进的论证，比起"取消理知占有将使决断依赖于客体"这一主张，这一论证走得更远，因为它在主张取消外在法权的同时，也就取消了内在法权，以致如果把"占有"限制在持有上，一方面会因为违背理性而毁灭了作为"能力"（vermögen）的自由（该自由就在于在与他人的法权关系中按照理性法则使用外在事物），另一方面又会毁灭单纯作为"独立性"（unabhängigkeit）的与生俱来的自由。①

从来源看，该论证是《纯粹理性批判》中"驳斥唯心论"的一个"类比"，②后者正是通过证明，只有通过外部经验，内部经验才是可能的，从而实现了对笛卡尔"存疑式唯心论"的批判。在《纯粹理性批判》第一版中，该论证出现在论及纯粹理性的第四谬误推理中。③按照康德的分析，存疑式唯心论的论证建立在两个前提下：其一，只有直接知觉到的对象，其实存（existenz）才是不可怀疑的；其二，只有内感官的对象（我自身连同我的一切表象）才能被直接知觉到，一切外感官的对象并不能被直接知觉，其存有（dasein）只有在作为被给予的知觉的原因时才能被推论出来。但作为原因，它们可能来自我们内部，以至于一切外部知觉也许不过是内感官的一种"游戏"。④于是结论是：外感官对象的实存总是可疑的。在第一版

---

① 对自由的这种划分，根据的是质的范畴：实在性和否定性。根据前者，自由是一种使用外在事物的能力，根据后者，自由是在这种使用中对他人的独立性（参见AA23.274.10）。例如，我能在大地上按照自己的意志随意取得一个位置（platz），只要该位置没有被他人占据，这是我作为独立性的自由。但这块土地并不因此就是我的财产，除非我能和他人按照理性法则建立外在法权关系，我作为能力的自由就表现为在这种关系中使用外在对象（参见 AA23.276.5-14）。正因为如此，康德有时也赋予主体该能力的公设称为"能力公设"（AA23.249.32；参见 AA6.246.30；258.25.），该公设属于取得的条件之一（AA6.258）。由此也可以看出，占有和取得是不同的。在法权学说的解释中，最容易出现的错误是不知不觉将占有等同于取得，甚至等同于财产权。在草稿中，两种自由相应地区分为 die Gesetzmaßige Freiheit（legitima）和 die Gesetzliche Freiheit（legalis）（AA23.276.13）。主张取消第二种自由就会取消第一种自由，这个观点的正确性并非一目了然，除非能够证明前者是后者的条件，这与通常的观点正好相反，通常认为外在法权应该以内在法权为条件。

② AA23.309. 参见 KrV. B274。

③ Krv. A366-381.

④ Krv. A368.

中，康德通过否定存疑式唯心论的第二个前提来瓦解其论证。对于第一个前提，康德在加入一个限制条件后承认其正确性，这个条件就是：外在对象确实不可能被直接知觉，但此处所说的"不能直接知觉到的外在对象"并不是指经验对象，而是指先验对象。① 相反，一切经验性外部表象的对象，"只有通过这些表象才是某种东西，抽掉这些表象就什么也不是"。② 也就是说，经验性的外在对象必定是知觉的对象，由于空间是外直观的纯形式，因此，知觉必然是对空间中某物的知觉（外部表象）。于是，当我知觉到某物时，这个正在知觉的我，以及被知觉到的对象，其现实性都通过这一知觉而被直接证实了。③ 由此可见，经验性的外在对象是被直接知觉到的，这就否定了存疑式唯心论的第二个前提。因此，外在对象的现实性并不像存疑式唯心论认为的那样，需要通过推理的方式证明。

《纯粹理性批判》第二版补充的那个"驳斥"，④ 紧承着第一版已得出的结论，亦即外部经验本身是直接的，但它进一步指出，内部经验只有借助外部经验才是可能的。⑤ 康德的论证包括两个关键步骤：第一步表明，我意识到我作为时间中被规定了的存有，必须以知觉中某种持存的东西为前提，因为一切时间规定都是以知觉中某种持存之物为前提的;⑥ 第二步表明，这种持存之物不可能是我内部的一个直观，而只能是外感官的对象。因为在我内部遇到的都是表象，表象是对某物的表象，其本身需要一个持存之物。因此，作为内部经验，我要意识到表象在其中变化的我（我的存有），就必然同时意识到空间中的持存之物，我的表象是对该物的表象，"在与该物的关系中，这些表象的变化，且表象在其中变化的那个时间中的我的存有才能得到规定"。⑦ 由此可见，对我自己在时空中存有的意识和对外部对象存有的意识，两者具有不可分裂的统一性。这种统一性建立在如下事实之上：对自我的知觉其实并没有自身给予的质料，内部经验的质料

---

① KrV. A373.

② KrV. A371.

③ KrV. A375.

④ KrV. B274.

⑤ 这一论证非常复杂，这里不能展开，只能选择其与理知占有可类比的要点来做简要说明。对该证明的详细分析，参见亨利·阿利森《康德的先验观念论——一种解读与辩护》，丁三东、陈虎平译，商务印书馆，2014，第10章。

⑥ KrV. B275.

⑦ KrV. B275. Fn.

来自外知觉。① 因此如果抽掉一切外部经验，内部经验就是空的，没有对外部对象的知觉，我也不可能意识到我自己在时间中的存有。就此而言，那种在存疑式唯心论看来不可怀疑的内部经验，其实也必须以外部经验为前提才是可能的。

在认识中，内部经验对外部经验的这种依赖性，从根本上讲，是因为内外经验的内在统一性。作为现象的我和外在对象之间尽管存在区分，但并不存在关于我自己和关于外在对象的两种根本不同的经验。这种认识中的内外经验的统一性在实践中也展现了相似的一面。尽管存在独立性和能力两种意义上的自由，但并不存在两种根本不同的自由。如果取消对外在事物的理知占有，也即取消能力意义上的自由，"留下的就只是主体的这种权能，即排他性地利用内在于自身的诸规定"。② 但由于"在主体与客体的关系中，这些内在规定也依赖于外在事物，如果没有这些外在事物，内在规定也不可能实存"。③ 因此，"如果没有决断的外在客体，我们就不能意识到我们自己诸规定的占有，不能意识到我们对自身使用的与生俱来的法权"。④ 初看上去，否定理知占有会取消决断的外在客体，这是一个荒谬的论断，因为空间中的外部对象并没有因此被取消，被取消的仅仅是对它们理知占有的可能性。只有在区分"外在的"双重意义的基础上，也即只有区分为现象和物自体，这一表面上的荒谬才能被消除。在认识中，"外在的"必须被理解为空间中的显现，而不是物自体；⑤ 但在实践中，"外在的"必须反过来抽掉一切时空条件，仅仅理解为"与我有别的"物自体。⑥ 于是"没有决断的外在客体"，也就只能理解为没有理知占有的对象。物理上持有的对象虽在认识上是外在的（时空上与我有别），但在实践中，它并不是法权意义上的外在对象，因为在持有中，对象和我结合在一起，以致对它的影响就是对我的直接影响，因而对我的自由造成了侵犯。鉴于作为能力的自由是作为独立性自由的前提条件，因此，这一论证就把内在法权和外

---

① 在这一点上，康德和休谟保持一致，用休谟的话说，对于自我这个对象，我们根本没有直接印象。当然，康德并不认为，对于自身（selbst）我们完全没有任何意识，只不过这种自身意识并不是知觉。

② AA23.310.1.

③ AA23.310.4.

④ AA23.311.5.

⑤ 参见 KrV. A373。

⑥ AA6.245.

在法权统一起来，并把决断的外在运用看作意识到我们自身内在法权的条件，如果该论证能成立，那么，它无疑将是对财产权最有原创性、同时也是最有分量的一次论证。①

（三）两个疑难

鉴于法权实践理性的二律背反在草稿中拥有重要的地位，本应期望它在正式本中起到同样重要的作用，然而，在正式本中，该二律背反并没有出现在理知占有的演绎部分，而是有些突兀地出现在私人法权第一篇第七节的末尾。该节的内容与理知占有的演绎毫无关系，仅仅涉及法权占有的理念在经验中的运用，这一运用只有在证明了理知占有理念的客观实在性之后才有意义。也就是说，只有在对理知占有的理念做出先验演绎以后，才会涉及该理念在经验世界的运用问题。不仅如此，正式本对二律背反的表述也和草稿中的表述有所区别，尽管这种区别并不是根本性的。② 最让人困惑的是，草稿中那一最具原创性的主张，即基于与内外经验统一性的类比来主张内外法权的统一性，进而主张外在法权是内在法权的可能性条件，在正式本中并未发现任何表述。而在草稿中，正式本诉诸纯粹实践理性形式法则的论证也从未出现过。对此，当然不能排除这样一种可能性，即文本的缺陷造成了相关论证的缺失，而这种缺失恰恰能通过补充草稿的论证而得到修复。但人们也不能轻易排除下述可能，即这种缺失并非文本缺陷所致，而是因为该论证本身存在疑难，从而导致康德在正式本中修正甚至放弃了它。这里至少有两个疑难需要思考。

第一，在草稿二律背反的论证中，占有和取得的区分并不明显，两者事实上混在了一起。一个典型的表现是草稿并没有区分 in gewalt 和 in macht，③ 而这一区分对正式本理知占有的演绎具有根本的重要性。在草稿

---

① 参见 Wolfgang Kersting, Wohlgeordnete Freiheit, *Immanuel Kant's Rechts-und Staatphilosophie* (Mentis Verlag Gmbh, 2004)，S. 188。

② 参见 Gerhard Lehmann, *Kants Besitzlehre* (Berlin：Akademie-Verlag Gmbh.，1956)，S. 7。

③ 两者在德语中基本上是同义的表达，Macht 和 Gewalt 都有力量、强力的意思，in Gewalt 和 in Macht 都可译为控制、支配或者管领，但在康德的术语系统中两者却有重要的区别。为了表意清楚，突出差别，不至于产生混乱，本文中 in Gewalt 和 in Macht 均不译。

中，决断的客体被界定为 in gewalt 的对象，① 而 in gewalt 预设了一个行动（handlung）。"把某物带入 in Gewalt 中的行动，就是对客体的占取（apprehesion）。"② 这一行动是取得的条件之一，③ 但 in Macht 却未预设任何行动，④ 在正式本中，决断的客体恰恰不是被界定为 in Gewalt，而是被界定为 in Macht。这一细微的术语修正，暗示了正式本思想和论证的进一步清晰化，原本纠缠在一起的占有和取得，已经被明确地区别开来，以至于如果站在正式本的立场看，草稿对二律背反的论证和解决，实际上也同时指向了取得的演绎，而这种混淆在论证上是不可接受的。

在草稿中，这种混淆的另一个表现是，草稿曾这样总结导致法权实践理性二律背反的原因：归根结底，"只要人们把我的和你的之展示（darstellung）的诸经验性条件（借助这些条件人们才能辨识我的和你的之区别）认作法权占有自身的诸条件，那么法权的一种二律背反就会产生"。⑤ 这里的"经验性条件"，正是把外在事物纳入 in gewalt 中的行动，通过这种行动，外在法权的对象才能在经验中得到认识。然而，导致二律背反产生的这个原因，在理知占有演绎中并不需要被考虑，理知占有作为一种基于纯粹实践理性的能力，它与这种经验行动毫无关系。

明确了占有和取得的区别，我们就不难理解，为什么在正式本中，"统一的意志"理念会被排除在理知占有的演绎之外。使得先天综合法权命题成为可能的，并不是统一的意志，而是实践理性的法权公设。但在草稿中，解决二律背反的关键正是统一的意志，它使先天综合的法权命题成为可能。⑥ 统一的意志必须涉及经验的对象，其指向的问题是如何对"我的""你的"做出"界限规定"（grentzbestimmung），⑦ 也就是说，在感性世界

---

① AA23. 217. 12. "决断的诸客体都是在我们的 Gewalt 中。"参见 AA23. 213. 19. –20；326. 16；332. 32。

② AA23. 212. 15.

③ 参见 AA6. 258，外在取得的三个原则。

④ AA6. 246.

⑤ AA23. 229. 24. 参见 23. 274. 20。"就决断的外在对象而言，法权原则中的这个争论是基于人们把法权的图型认作法权本身，而法权仅仅是一种按照自由法则的决断的理知关系。" AA23. 273. 20。

⑥ AA23. 276. 15–19. "先天综合的法权命题都是如何可能的（就经验的诸对象来说，因为就一种自由决断的对象来说，这些命题是分析的）？答：作为自由的原则，作为独立于自然的能力的原则，通过在共同意志理念中的命令（Geboth）。"参见 AA23. 235. 17–26。

⑦ AA23. 214. 18.

中，人们能取得什么和取得多少，① 这就必须考虑决断的质料。在正式本中，这是取得演绎需要解决的问题，它们在理知占有演绎中并不存在，因为理知占有演绎必须抽掉决断的质料和一切经验条件。除此之外，草稿解决二律背反的途径是通过诉诸图型法，而图型法同样需要涉及经验性行动。当然，我们不能因此就贸然断定，对于草稿的论证，正式本已有了根本的变化，但至少可以看出，草稿中曾经纠缠在一起的占有和取得，在正式本中已经得到了清楚的划分。正因为如此，一旦人们试图用草稿中二律背反的论证去替代正式本对理知占有的演绎，正式本做出的区分就会消失在视野中。

第二，草稿中关于外在法权和内在法权之间的关系，存在两个并不相同的表述。其一是外在法权（把外在对象提供给我）是决断内在运用的可能性条件，② 其二是决断的外在客体是我们意识到自身内在法权的条件。③ 显然，意识到内在法权的条件，这和内在法权本身的可能性条件，两者并不是一回事。正如在认识中，知觉是我意识到我自己存有的条件，但我自身（selbst）（作为统觉）才是一切经验的可能性条件。意识到我的存有的条件，这和我的存有之可能性条件，两者并不相同。为了支持正题，就必须认为外在法权是内在法权的可能性条件，但这样一来就会产生一个必然结果，即人对于外在事物也拥有了与生俱来的法权，这个结果与正式本的基本立场无法相容。因为"没有任何外在的东西原始的就是'我的'"，④ 只有内在法权才是与生俱来的，一切外在法权都是"取得的"。⑤ 一旦承认外在法权是内在法权的可能性条件这一主张，那么把外在法权表述为"取得的"法权，就会是一种自相矛盾。这一点恰恰和认识中的情况相反，在认识中，对外在对象的经验并不是从内在经验推出的间接经验，因为对外在对象的知觉本身就是直接意识，以至于取消知觉也就取消了内在经验。但在实践中，理知占有虽然是基于理性的能力，但却是对物理占有（自由的独立性）加以拓展的结果，以至于取消该能力，并不会取消作为独立性的自由本身，这种独立性仍然能够表现在对持有物的排他性使用中，以至

---

① AA23. 214. 26.

② AA23. 311. 5.

③ AA23. 311. 7.

④ AA6. 258.

⑤ AA6. 237.

于人们可以说，取消理知占有虽然违背理性，限制了自由的能力，但并不会因此取消与生俱来的自由。

导致草稿做出这一论证的根本原因，仍然是它没有清楚地区分占有和取得，对外在事物的理知占有是直接的，但对外在事物的法权却是取得的。外在法权是以法权行为、能力公设和统一意志为条件，它本身并不像内在法权那样是一种直接的法权。在内外两种法权之间，内外经验上的那种直接统一性并不存在。如果外在法权是内在法权的可能性条件，那么外在法权的命题何以是先天综合命题，这一点就无法得到解释，它完全可以分析地从内在法权中得出。草稿正是因此才认为，就自由决断的对象来说，外在法权命题是分析的,① 但在正式本中，外在法权命题却是先天综合命题。

三　正式本对"理知占有"的演绎

在正式本中，对外在对象的"拥有"（haben）与"取得"（erwerbung）被明确地区分开。为了取得外在对象，需要满足三个条件：第一，主体按照法权普遍原则，通过一个法权行动把外在对象置于其管领中（in Gewalt）；第二，主体按照实践理性的法权公设，有能力把该对象作为自己决断的客体来使用；第三，主体按照统一的意志之理念，使得该对象成为自己的。② 对外在对象的拥有，作为理性的实践能力，仅仅涉及第二个条件。只有拥有外在对象本身是可能的，才能进而通过一种法权行动（占取Apprehension）取得外在对象,③ 使之成为现实的"我的"。

在先验哲学中，"拥有"作为因果范畴的宾位词（prädicabilie）是一个纯粹知性范畴。④ 当它（内在地）运用于现象时，便是经验性占有（持有）

---

① AA23. 276. 17；23. 333. 17-19. 参见 23. 331. 5-7. "把决断的一个外在的对象作为自己的来拥有，这是可能的。这是一个同一性命题"。23. 278. 29-30. "外在于我的决断的每一个对象都必须是可取得的，这是一个同一性命题。"

② AA6. 258.

③ AA6. 258.

④ AA6. 253. 参见 AA23. 325. "占有是亚里士多德的第十个范畴，habere；但在批判系统中它是因果范畴的一个宾位词。"

（inhalbung），而（超验地）运用于物自体时，便是理知占有。① 无论取何种意义，占有都是主体能够正当使用对象的主观条件。② 但这并不是说，占有某物就等于取得了财产权，使其成为真正的法权上的"我的"，③ 而是因为只有在占有的关系中，主体才与客体结合在一起，某物才能在此基础上成为法权上的"我的"。在康德的法权学说中，并不存在主体对外在对象直接的法权，④ 法权预设了主体的共存，正因为如此，法权上的"我的"才必须从他人"伤害"的可能性来加以解释。但理知占有却不预设这种主体间性，它纯粹是主体和客体之间的结合（关系），从根本上讲乃是自由存

---

① AA23.332.

② AA6.245.

③ 如何从自然的使用权产生财产权，其中社会契约发挥了怎样的作用，这是近代自然权利论的一个基本问题，康德也需要解决这个问题。二律背反的反题所坚持的立场，正是把对外在对象的正当使用限制在持有上，这实际上等同于自然状态里的人对于事物自然的使用权。问题是这种使用权如何最终变成了财产权？康德引导读者去注意两种权利的根本区别：财产权预设的是理知占有，也即要把自然使用权所预设的持有加以"拓展"，使之超出经验条件之外。在康德看来，理知占有的可能性并不是来自社会契约，而是基于纯粹实践理性，如果人们认为，财产权的全部根据就在于社会契约，那么这就是一个错误。但与此同时，康德并不否认社会契约之于财产权的重要性，因为它是取得财产权的一个前提条件。此处一个常见的困惑是，为什么在实践理性保证了理知占有以后，仍然有必要引入社会契约呢？这岂非是论证上的一种重复和多余？绝非如此。因为理知占有是每一个理性存在者都拥有的能力，但这种能力必然会产生下述矛盾：对同一个外在对象，既然一切理性存在者处于对它的理知占有中，那么当 A 通过语言或者行动把这个外在对象宣布为"他的"，也就是说，要求其他理性存在者放弃该对象，那么 A 就提出了一个"非分要求"（anmaßung）（AA6.255.30）。就此而言，康德所说的理知占有，其实非常接近霍布斯所说的无限制的自然权利。试想遭遇海难的两个人，面对一块漂来的木板，该木板只能承载一个人的重量。基于理知占有，两人都可以正确地主张自己与它的理知结合，但由此也就没有任何现实的法权存在，双方只能凭借自然（强制力）来赢得法权。对于霍布斯来说这是无可厚非的，但康德则试图由这一矛盾发展出一种法权限制。单靠纯粹实践理性公设并不能解释财产权的排他性，除非凭借交互施加责任，否则那种"非分要求"就无法正当化。由此，康德就从理知占有概念中引出了一个矛盾，而统一的意志正是对该矛盾的先天解决。通过这一解决，理知占有才可能发展为现实的财产权，理性存在者因其单方意志与统一的意志相一致，通过先占行动现实地取得了财产，至此理知占有才被赋予真正的法权意义（法权上的排他性和可强制性）。由此可见，绝不能把理知占有混淆于财产权，虽然在实在性上两者并无差异，但正如一百个可能的塔勒和一百个现实的塔勒，概念和其对象虽然在实在性上毫无区别，但在我的财产状况中绝不是没有差异的（参见 KrV. B627）。

④ AA6.230. 法权"只涉及一个人格对另一个人格外在的、确切地说实践的关系。"参见 AA23.281."在诸物中不能存在直接的法权（因为它们不能与我们联系起来），而是只存在对诸人格的法权。"

在者和外在对象之间的源始关系，以至于关于理知占有的命题原本是一个理论命题。① 仅仅从法权上的"我的"的概念上看，它并不必然基于主体和客体之间的理知占有，但在什么情况下，法权上的"我的"才要求"拥有"分化为经验性和理知占有，并单纯地将自己限定于后者之上呢？当且仅当主体对客体主张外在法权时。

要把某种外在的东西作为法权上的"我的"来拥有，这种拥有就必须采取理知占有的方式。如果只能在经验意义上将拥有理解为持有，那么把外在对象作为"我的"来拥有，这就会自相矛盾（私人法权第一篇第一节）。② 按照"外在对象"的经验意义，它是和主体处于不同时空位置的事物，因而并非被主体所持有。如果主体和客体之间的结合只能采取物理持有的方式，那么外在对象，就其是与主体在时空上分离而言，它和主体之间便没有任何法权联系，因而他人侵袭这个外在对象，也就不会伤害到主体自身（第三节）。③ 在这种情况下，如果主体仍然声称自己占有对象，这个主张就会和对象是外在的这一概念相矛盾。④ 不难看出，这种从经验论立场来否定对外在对象的理知占有，正是来自草稿中反题的论证。该论证迫使人们去证明，要么根本不存在对外在对象的理知占有，进而根本不存在外在法权，要么这种占有是超越经验性条件的理知占有。法权实践中的经验论立场将导致外在法权的取消，这一点适用于一切外在对象，包括有体物（die köperliche sache），做出一个规定行为的他人的决断（praestatio），

---

① 这个论断可能会引起争议，但这里的意思并不是说，理知占有仅仅在理论上有意义，而是说理知占有命题具有理论命题的形式，但其证明却不能像理论命题那样进行，这一特点和上帝存有、灵魂不朽公设一样。为了不至于造成误解，通过分析一个法权主张的逻辑推理可以很好地说明这个问题。大前提：法权上的"我的"就是与我结合在一起的对象（因此侵犯它就是侵犯我）；小前提：A 是与我结合在一起的对象（我占有 A）；结论：A 是法权上的"我的"。其中大前提基于法权普遍原则，二律背反的正题和反题都会承认它的有效性，双方的争执仅仅出现在小前提上。正题所主张的那种结合（理知占有），它在经验上根本无法得到证实。用先验哲学的术语来说，正题不是主张我和作为现象的对象之间的结合，而是主张我和作为本体的对象之间的结合，这时作为因果范畴的占有就被超验地运用了。于是，这个具有理论命题形式的小前提，如何能够得到证明，就成了理知占有演绎的关键。

② AA6.245. "把某种外在的东西作为自己的来拥有是自相矛盾的，如果占有概念不能有不同涵义的话"。

③ AA6.247.

④ 参见 AA23.326.33-35。

以及在和我的关系中他人的状态。① 断言它们能够是法权上的"我的"，就必然要求主体能够处于对它们的理知占有中，这一点构成了对外在的"我的""你的"的概念阐明（第四节）。该阐明依据《纯粹理性批判》中确定的方法，② 在表明外在法权必须预设理知占有的基础上，进而对外在法权做出一种依托于事实解释（sacherklärung）的哲学定义："外在的'我的'就是这样的东西：干扰我使用它就会是伤害，尽管我并没有占有它（不是它的持有人）。"③ 据此，外在法权的可能性必须预设理知占有的可能性，外在对象必须不是作为现象，而是作为物自身与主体结合在一起（第五节）。

尽管在概念上明确了外在法权和理知占有的关系，但理知占有概念的客观实在性却尚未得到任何证明，反题的经验论仍然会像好斗的"游牧民族"那样，④ 通过攻击理知占有的虚妄，来不断拆毁一切关于外在法权的独断教条，因而理性"在其实践的（有关法权的）应用中"，⑤ 也会像在理论中那样，由于其不可避免的辩证法而陷入形而上学的"战场"。⑥ 争执的双方再次要求一个批判的"法庭"，⑦ 以便"不是通过强制命令，而是能够按照理性的永恒不变的法则来处理"。⑧ 这个法庭曾被命名为"纯粹理性批判"，⑨ 而今它被称为"法权—实践理性的批判"（kriktik der rechtlich-praktischen vernunft），⑩ 诉讼的焦点正是外在"我的""你的"是否可能，而该问题的解决又取决于理知占有如何可能。一切法权命题作为理性法则都是先天命题，但只有关于经验性占有的法权命题才是分析的，因为主张被我持有的事物是"我的"，这根本不需要超出内在法权的范围，仅凭法权普遍原则就可以分析得出。但要主张我对该物的占有超越了经验性条件，以至于它在脱离我的持有后，他人对它的使用仍然会对我造成伤害，这就不能直接从法权普遍原则中看出来。正如草稿中的二律背反所展示的

---

① AA6. 247.
② KrV. B755~759.
③ AA6. 249.
④ KrV. AIX.
⑤ AA6. 255
⑥ KrV. AIII.
⑦ KrV. AXII.
⑧ KrV. AXII.
⑨ KrV. AXII.
⑩ AA6. 254.

那样，对理知占有的怀疑，恰恰可以像反题那样，以内在法权和法权普遍原则为前提。因此，关于理知占有的法权命题是综合的，而理知占有如何可能的问题，也就转化为先天综合的法权命题如何可能的问题（第六节）。①

任何先天综合命题都需要演绎，私人法权第一篇第六节的标题表明，该小节正是要为先天综合的法权命题提供一个演绎。鉴于该演绎涉及的是一条实践原理，因此它与理论原理的演绎方式恰好相反。在理论原理的演绎中，必须给占有概念提供一种先天直观，而在实践原理的演绎中，一切占有的直观条件都必须被排除。② 但在本节中，这样的演绎却并没有出现，取而代之的是对土地原始取得的解释（第六节第 4 至第 8 自然段）。从内容上看，这个解释并不属于本节。第一，土地只是外在对象的一种，虽然它是原始取得的唯一对象，但能够被理知占有的外在对象却并不限于土地，因此对土地之取得的解释，并不能论证对外在对象的理知占有。第二，正式本明确区分了理知占有和取得，前者并不需要以法权行为为条件，但对土地的原始取得恰恰需要这样一种法权行为。由于对理知占有的演绎和对原始取得的演绎分属不同的论证层次，关于土地原始取得的解释便不应出现在理知占有的演绎中。因此可以肯定，这里存在一个文本上的错误，③ 该错误造成了原本旨在为理知占有提供演绎的第六节，事实上并没有提供出任何演绎，它仅仅把理知占有的可能性建立在实践理性的一个法权公设上，而对该公设的论证却属于第二节。④

实践理性的法权公设允许主体将其决断的任何一个外在对象作为"我的"来拥有，⑤ 它在赋予主体以理知占有能力的同时，就在客观上否定了存在无主之物（res nullius）的可能性。尽管人们可以把某个外在对象看作无主之物（没有被现实地占有），但从先验哲学的立场看，真正意义上的无主

---

① AA6. 249.

② AA6. 252.

③ 该观点由 G. Buchda 和 F. Tenbruck 分别于 1929 年和 1949 年提出，参见 Bernd Ludwig. *Kants Rechtslehre*（Hamburg：Felix Meiner Verlag, 1988），S. 60. 另参见费里克舒《论康德的〈法权学说〉》，吴彦译，载于吴彦编《康德法哲学及其起源》，知识产权出版社，2015，第206 页。

④ 即使人们不去变动文本的原有位置，也必须把第二节和第六节视为一个为理知占有提供演绎的整体。主张变动文本位置的做法会遇到一个明显的困难，在第十三节中康德明确了许可法公设的位置确实是第二节。参见 AA6. 262，"就第一部分而言，这个命题基于实践理性的公设（第二节）"。

⑤ AA6. 246.

之物，也绝不可能是作为"我的"来拥有的外在对象，这个表述自身就自相矛盾。正式本对公设的论证，正是围绕着这一矛盾展开。整个论证始于对"我的决断的对象"（ein Gegenstand meiner willkür）的定义，"我的决断的一个对象，就是物理上 in meiner Macht 我能去使用的东西"。① 这一界定只有结合稍后康德对 in Macht 和 in Gewalt 的区分才能得到澄清：对象在主体的 Macht 中，这是主体的能力，并不预设主体的行为。② 但要把该对象纳入主体的 Gewalt，就需要主体做出行动，该行动必然是法权行为，因为它不仅是对对象的控制，更包含对来自他人阻碍的强制权能（befugniß zu zwingen）。③ 上述区分建立在法权的模态范畴上，也对应着从形式和质料上对法权的区分。in Macht 对应把外在对象在法权上加以拥有的可能性，in Gewalt 则是这种拥有的现实性，而在一个公民社会中按照统一的意志取得财产，就是这种拥有的必然性。④ 从形式和质料的区分上看，in Macht 涉及 Das Recht，而 in Gewalt 涉及 ein Recht。"作为按照自由法则的决断的单纯形

① AA6.246.

② AA6.246. "为了把某物单纯地设想为我决断的对象，我意识到我在我的 Macht 中拥有它，这就够了。"

③ "法权和强制的权能是一回事。"（AA6.232.）在草稿中，对于"决断的对象"康德使用的表达是 in meiner Gewalt，而从未使用过 Macht。这个术语上的变化，可以通过参照《判断力批判》中的一个区分来理解。"强力（Macht）是一种胜过很大障碍的能力"（KU.S.260.）。自然被表象为障碍，而主体对外在对象的占有，正是对这种障碍的克服。但"这同一个强力，当它也胜过那本身具有强力的东西的抵抗时，就叫做强制力（Gewalt）"。在法权关系中，他人正是那种"本身具有强力"的自由存在者，只有在与这种存在者的交互关系中，才能表现出主体的"强制力"。Gewalt 的这种主体交互性，明显地反映在"决断的对象"（in Macht）和"处于 Gewalt 中的对象"的区分上。把对象纳入 Gewalt 的法权行为，康德称之为占取（apprehensio）（besitznehmung）（AA6.258）（AA23.317.20；318.15），该行为作为法权行为，并非单纯地把外在对象与主体结合起来，而是表达出对来自他人强力的抗拒。因而只有借助这一行为，主体才把占有该物的意图在经验世界中表达出来，使他人能够对此加以认识。

④ AA23.274.8—16. 单纯法权占有的 12 个范畴，其中模态范畴是：1. 暂时的法权；2. 取得的法权；3. 与生俱来的外在法权（angebohrnes äußeres Recht）。在正式本的立场上看，这里把外在法权称为"与生俱来的"是不可接受的，草稿之所以有这一表述，正是源于它关于外在法权是内在法权之条件的论证。由此可以引出康德法权论中许多关键的划分，"1. Das Rechtsein（regula iusti），按照自由法则行动的可能性——一般正义（die Gerechtigkeit）（iustitiae）的形式。2. Ein Recht（这样的能有很多），每个人在对他人的外在法权的关系中拥有私人法权的现实性；因此是在自然状态中的正义（lex iuridica）。3. 在法权状态中存在的是通过分配正义法则（lex iustitiae distributiuae）而来的取得法权（das Erwerbrecht）和占有法权（das Besitzrecht），是通过普遍意志（通过分配正义）而来的法权的使用的必然性。"AA23.281.7—15。

式，Das Recht 只有一个——但是 ein rech（ius quoddam），这样的有很多，是按照质料的 das Recht 并且人们能够占有和转让。"① 对理知占有的演绎，由于涉及的只是把外在对象作为"我的"来拥有的可能性，因此根本无须考虑法权的质料，这种质料只对外在法权的现实性有意义。通过康德的这一区分，人们可以清楚地看出在财产权传统理论中普遍存在的一个错误，即把法权的认识条件误认为法权的产生根据。但单凭经验行为根本不能产生法权，经验行为只是为理知占有提供了认识条件，而把该认识条件看作财产权产生的根据，这恰恰是造成法权实践理性二律背反的根源。②

决断的对象，就是物理上 in macht 我能去使用的东西，现在的问题是，这样的对象也是法权上我能占有的东西吗？这一点必须根据法权普遍原则来判断。只要我对该物的占有没有侵犯他人的自由，这种占有就是正当的。显然，当且仅当该对象并不处于他人的占有中，我对该物的占有才符合法权普遍原则。在这种情况下，若主体采纳某个准则并使之成为法则，其结果乃是主体不能在法权上占有该对象，那么这个准则便使得该对象成为实践上的无主物。③ 又由于使用的主观条件是占有，因此在取消占有该对象可能性的同时，也把它排除在一切使用的可能性之外了。换句话说，决断的自由（对该准则的采纳）"剥夺了自己在决断的一个对象上对决断的使用"，④ 从而取消了自身的外在自由。这就导致了下述矛盾，一方面对该物的占有，从形式上看符合法权普遍原则，但另一方面，主体采纳的准则却使得这种占有成为泡影。

正式本并未明确说明这种导致矛盾的准则究竟是什么，但从语言的表

---

① AA3.274.4-7. 参见 276.32-277.4。
② AA23.229.24-27. "只要人们把我的和你的的展示的诸经验条件（也就是说，借此人们才能认出我的你的的区别的那些条件）看作法权占有自身的诸条件，那么法权的一种二律背反就会产生。"参见 AA23.273.20-22，"物理占有和理知的（或者说 virtuelle）占有自己的区别仅仅是在我的和你的之中的法权概念的图型法和法权概念自身的区别。"AA23.274.20-23. "就决断的外在对象而言，法权原则中的这种争议是因为人们把法权的诸图型（Schemata）认作法权自身，而法权自身仅仅是按照自由法则的决断的一种理知关系。"
③ AA6.246.
④ AA6.246.

述上可以发现，它指向了草稿中的反题。① 正是反题要求把占有限制在物理条件上，从而否定理知占有的可能性。于是一个很自然的推论就是，上述论证恰恰对应着草稿中正题对反题的反驳。但要做出这个推论，必须小心谨慎。正如前文所述，实际上有两条准则否定了草稿的正题，草稿的反题只是其中之一，另一条是对占有的绝对否定。如果把这里的论证等同于正题对反题的反驳，那么第二条准则就会被排除在外，但这种破坏论证完整性的排除是没有理由的。此外，还必须注意，把占有的意义扩展为理知占有，这在正式本中依靠的是论证的第二步，而不是第一步。②

在第二步中，正式本基于纯粹实践理性法则的形式性，深化了草稿中正题的论证。草稿正题批判反题的根本理由在于，如果把占有限制在物理条件上，那么主体的自由就不是以他人自由为边界，而是以物为边界。换句话说，对主体自由的规定根据不只是形式的法权普遍原则，而且也包括决断的质料，但这是不可能的。③ 正式本指出了导致上述不可能性的根本理由，因为纯粹实践理性仅仅把形式法则颁布给人的决断，根本不考虑决断的质料，④ 因此决断的自由绝不可能被其质料所限制。任何以质料来规定决断的准则，都将有悖于理性，而草稿中的反题恰恰是这样一种基于经验论的准则。在此，经验论再次证明，它从最通俗的经验出发所导致的结果却恰恰"是与一切通俗性完全相违背"，⑤ 否定理知占有必然导致对财产权的否定。然而，纯粹实践理性却因其法则的形式性，绝不可能包含对理知占有的否定。鉴于形式法则要么普遍禁止，要么普遍许可，因此纯粹实践理性必然许可理知占有。由此可见，基于对反题的反驳，从而最终使占有超越经验条件扩展为理知占有，这是在论证的第二步才得以实现。从形式上看，正式本的第二步确实改变了草稿的论证，它不再以决断对物的独立性作为基础，而是改为从纯粹实践理性法则的形式性来批判占有的经验论。但从根本上说，决断对外在对象的独立性，恰恰又是因为其服从纯粹实践理性的法则，因此正式本的论证也并不是一种创新。

---

① 草稿中正题对反题的批判，正是指出采纳反题的结果，是导致"在实践上毁灭决断的对象使之成为无主物"，或者"取消决断的自由"。

② 参见 Bernd Ludwig, *Kants Rechtslehre* (Hamburg: Felix Meiner Verlag 1988), p. 112。

③ AA23. 230. 17–25.

④ AA6. 246.

⑤ KrV. B500.

Kant's Deduction of Intelligible Possession
—Comparison between the *Metaphysics of Morals* and Its Manuscript

Wang Chen

Abstract: The actual control of subject is not a prerequisite of property, but how possible, the problem in traditional theory of property has not been resolved. In the doctrine of right Kant tries to resolve it through the deduction of intelligible possession. The deduction is the most creative part of the doctrine of right. But how to understand it, there is divergence in researchers. Neglecting to distinguish between possession and acquisition is an important reason of the divergence. In order to clarify the deduction, it is necessary to understand the distinguishing from Kant. In addition to it, we must critically compare to Kant's manuscript of the Metaphysics of Morals. In the Metaphysics of Morals Kant changes the definition of object of choice, which was defined by control in manuscript. Some important argumentations in manuscript have been amended because of their inner difficult. The change indicates that the deduction in the Metaphysics of Morals is based on the distinguishing between possession and acquisition. And the deduction provided in the Metaphysics of Morals is a harmonious demonstration.

Keywords: Kant; Intelligible Possession; Acquisition; Property

法律科学

"调解思维"支配下的自由裁量及其困境

王国龙[*]

内容摘要：转型中国社会集中呈现为权利社会和纠纷社会，"案多人少"的难题在我国司法实践当中日益凸显。为应对"案多人少"，法官在审判当中往往倾向于采取"调解思维"来化解矛盾、降低司法成本和应对司法风险。然而，在"调解思维"的支配下，法官对自由裁量的运用，在某些情况下甚至出现了"误用"或者"滥用"的现象，由此，法院司法自然可能会遭遇诸多的困境。在新一轮司法改革背景下，法院尤其是基层法院的司法，不断努力走向规范化和精致化，已经成为某种基本发展趋势；同时，司法不断努力走向规范化和精致化，这也是"社会对公正司法如何具体展开"所达成的基本社会共识。尽管在当前甚至是未来，法院尤其是基层法院的司法，仍然会受制于诸如群众的"法律意识不高""证据意识不足"和对法律程序的理解"可能存在偏差"等现实难题，然而，为保障法律的统一适用和努力落实"从维稳到维权"这一社会治理中心的自我转移，中国司法的自我发展，不断走向规范化和精致化，才能实现社会"通过个案司法公正来点滴累积社会公正"的基本诉求，以充分发挥"以司法公正引领社会公正"的基本使命。因此，"调解思维"支配下的自由裁量以及所可能引发的相关司法困境，亟须我们反思。

关键词："调解思维"　"案多人少"　自由裁量　司法公正

* 王国龙，法学博士，西北政法大学教授，"基层司法研究所"所长，研究方向为基层司法研究和法律方法论。本文为2014年度国家社科基金项目"法律统一适用与自由裁量的规范问题研究"（项目编号：14XFX003）和西北政法大学"基层司法与现代社会治理研究"青年学术创新团队的阶段性研究成果。

长期以来，"案多人少"一直困扰着我国法院，尤其是基层法院。为应对社会纠纷，近年来，以"案结事了"和"息诉罢访"为目标的"调解思维"已成为我国法院尤其是基层法院民事审判工作展开的一个"潜意识"。在以"严格司法"为司法政策的新一轮司法改革背景下，这种"潜意识"并没有得到充分检讨和认真反思，甚至在"案多人少"不断凸显的社会转型背景下，这种"潜意识"还在不断强化。长期以来，我国民事司法政策倾向于以诉讼调解为中心，而不是以审判为中心。以诉讼调解为中心往往会导致片面追求调解率，并最终导致诉讼的泛调解化和非自愿化。这两种现象消解了程序法和实体法的严肃实施，法律规定的科学性和确定性也随之被消解。① 在民事审判实践当中，虽然审判与调解之间的界限相对清晰，然而，"调解思维"仍是一种长期支配我国民事审判实践的思维模式，这种思维模式甚至带来了法官对自由裁量的一种"偏好"。

在"调解思维"的意识支配下，法官在审判当中可能普遍存在对自由裁量的某种"误用"，甚至"滥用"。需要指出的是，对于"调解思维"支配下的自由裁量权，如不加以规范，不仅会背离依据权威性法律解决纠纷的严格司法立场，而且无法及时向社会释放清晰的"规则确认"效果，进而难以发挥司法在社会治理中的规则确认功能和法治秩序建构功能，判决的可预测性也难以得到切实的保障。本文立足新一轮司法改革对公正司法和规范司法的基本定位，主张当前我国法院的司法职能正发生着从"单一的纠纷解决"到"向社会输出规则和司法公正观"的根本转型，"调解思维"的某种"误用"甚至"滥用"亟待改进。法院尤其是基层人民法院的日常性司法需要严格规范自由裁量权的行使，回归"自由裁量的行使是以实现个案实质公正为基本前提"这一基本常识、常理与共识，以走出"司法公信力的塔西佗陷阱"。

一 "调解思维"的产生背景

在"案多人少"的司法背景下，尽管审判当中的"调解思维"具有降低法官可能出现错判的司法风险、相对降低个案的司法成本以及降低当事

---

① 张卫平：《严格司法的命题意义》，载《中国司法》2014年第12期。

人双方之间和当事人与法官之间的紧张对立情绪等诸多的优点，但审判当中的"调解思维"既不是法官审判思维的核心，也不是法官审判思维的全部；相反，其只能是法官在审判中采取法律修辞和法律说理的技术。随着现代社会变得越来越复杂，以及法律体系自身的复杂性进一步加剧，如何保障法律的统一适用和维护法律的稳定性，已成为各地法院与法官们必须面对和探索的突出性司法难题。尤其是在司法责任制背景下，如何规制法官自由裁量权的运用，追求个案的实质公正，成为一个值得探讨的问题。波斯纳指出，在法院系统不断扩张和法官工作量不断增加的背景下，法律形式主义和司法谦抑主义往往会成为司法避免直面外在复杂性的应对措施和司法立场，但在有关法律实质性分歧的层面，某一法院某些有效的司法方法往往到了其他法院就变得无效了，这取决于案件数量、传统、众多法官的个性，以及法官们（在上诉法院，则是合议庭的决定）对方法和司法哲学分歧的容忍度等。① 尽管波斯纳对法律形式主义和司法谦抑主义的某些批评无疑是中肯的，但在当前我国司法发展高度不平衡、不充分的背景下，严格司法所应坚持的法律思维乃是保障法律统一适用和维护法律稳定性的关键。不仅如此，"调解思维"支配下的审判思维如果过于向法律之外的因素开放，很容易带来法官对自由裁量权某种程度上的滥用。

不同于严格司法当中的依法司法，自由裁量权是法院在审理案件过程中，根据法律规定和立法精神，秉持正确司法的理念，运用科学方法，对案件事实认定、法律适用以及程序处理等问题进行综合性分析和科学判断，并最终做出依法有据、公平公正、合情合理裁判的权力。从法官的思维角度看，在任何个案当中，法官的思维既包括依法司法的应用性思维，又包括自由裁量的裁量性思维。前者的目标是保障法律的统一适用和正确适用，实现司法在法律层面的法律正义；而后者的目标则在于保障个案当中的实质公正，实现司法在裁量层面的裁量正义。与依法司法相对应，自由裁量既包括依法司法层面的自由裁量，又包括在法律不确定性层面的自由裁量，甚至还包括在法律程序当中、围绕各种司法决定而采取的自由裁量。戴维斯指出，裁量不仅限于所授予的合法内容，而且包括公职人员权力"实际边界"之内的所有内容。裁量的运用不仅存在于案件或问题的最终处置方

---

① 〔美〕理查德·波斯纳：《波斯纳法官司法反思录》，苏力译，北京大学出版社，2014，第14页。

面，而且存在于每个中间步骤当中，并且，中间的选择远多于最终的选择，甚至不限于实体性选择，而且还会扩展到程序、方法、形式、时限、强调的程度以及其他许多附属性因素等。①

为实现正义和保证自由裁量权的合理运用，严格规制审判中的自由裁量权既包括对依法司法层面上法官自由裁量权的规制，又包括对法律不确定性层面上法官自由裁量权的规制，还包括对法律程序中法官自由裁量权的规制。尽管迄今为止人类力图通过制定完备的法律体系来规制法官的自由裁量权，但并没有收获类似于"自动售货机"那样的客观效果。人们认为，法官司法的义务在于捍卫法律的权威性，进行依法裁判，法官裁判的依据是法律理由，而非道德理由或政治理由，尤其不允许法官依据个人的道德立场、简单的政治偏好、利益和舆论性因素等进行裁量。

近年以来，诸多有重大影响的司法个案的审判过程表明，为迎合各方的可能关切，法院和法官往往会采取自由裁量的方式，弱化法律适用当中的法律理由，甚至会在各方博弈之下，回避审判而直接采取调解方式解决纠纷，"一个在全国引起了很大炒作的案件，法院干脆一不做二不休，把它从裁判变成了调解"。② 其中最为典型的是南京"彭宇案"，"彭宇案"在进入二审程序之后，二审法院并没有采取公开审理的方式回应社会关切，而是采取了强制调解的方式来平息社会舆论，甚至连作为强制性调解结果的调解文书都未能向社会公开。这种因社会舆论压力而简单地采取强制性调解的方式终结裁判的司法策略，既没有向社会释放清晰的规则信号，也严重损害了司法的公信力。司法实践表明，法院在影响性司法个案当中倾向于运用"调解思维"和采取自由裁量的方式审理案件，主要是法官在法律适用过程中基于法律上的疑难或事实认定上的疑难而造成的，"调解思维"无疑可以极大地减轻法官严格司法和精确司法的负担。相对于常规案件的司法而言，影响性司法个案往往表现为法律上的疑难或者事实认定上的疑难，前者主要是诸如合法律性和合情理性之间的冲突等原因造成的，后者主要是证据收集和固定较为困难等原因造成的。例如，在"彭宇案"中，由于法院无法确定彭宇和老太太之间是否发生了"撞"与"被撞"的客观事实，法院没有严格依据"谁主张谁举证"的"当事人主义"民事诉讼原

---

① 〔美〕肯尼斯·卡尔普·戴维斯：《裁量正义》，毕洪海译，商务印书馆，2009，第2~3页。
② 陈斯主编《司法的智慧》，厦门大学出版社，2015，第110页。

则驳回其诉讼主张，而是采取"调解思维"的"盖然推理"来认定老太太被彭宇"撞到"的可能性更大，进而依据公平原则，确立双方之间的责任承担方案。

然而，这种简单地依据公平原则的"调解思维"，无疑将法院置于"和稀泥"的粗放型司法困境当中，进而引发了一场"好人没好报"的社会公共道德危机。季卫东指出，作为行为规范的法律，其应然性和调整性之间的区别是明确的，"应然"是指应该做正确的事情，涉及价值判断、道德以及正当性依据等问题，而"调整"主要指技术层面的有序化处理，侧重确定性和效率，与价值判断没有直接、必然的联系。如果我们简单地把调整的问题转化为应然问题，把专业技术问题转化为价值判断问题，其必然结果就是把简单问题转化成了复杂问题，法律的不确定性进而会引起社会的无限不确定性。[①]

二 "调解思维"支配下的
自由裁量的司法困境

一般而言，司法裁判总是在"依法裁判"和自由裁量两个不同的层面展开，前者借助对法律规范的正确适用和司法技术的精致化建构而展开，以保障法律层面的形式公正得以实现；而后者则借助法官的审判职权展开，目的是保障实质公正在具体个案中得以实现。然而，在"调解思维"的支配下，由于自由裁量基准的建构总是受与个案有关的法律外因素的牵制甚至遮蔽，往往难以保障自由裁量在个案中得以实质公正地展开或者充分展开。不仅如此，"调解思维"还可能带来法官对自由裁量的各种"误用"或者"滥用"，甚至在"调解思维"的支配下，这种自由裁量还可能陷入各种司法危机当中。具体而言，"调解思维"支配的自由裁量可能引发司法困境，主要体现在以下几个层面之中。

第一，"调解思维"支配下的自由裁量难以明确法律事实和案件事实之间的清晰界限，从而制约了精致化司法的全面实现。在一个以成文法为传统和正在努力通过深化司法改革来实现"审判独立"的当下中国，"法官严格依法司法"进而"捍卫法律的权威性"和"司法的权威性"，既是"守

---

① 季卫东：《中国的司法改革》，法律出版社，2016，第 34 页。

法主义"法治意识形态必须坚守的基本司法立场，也是每一个法官内心必须坚守的基本司法原则。正因为如此，法官永远在自己内心深处坚守"对法治的信仰"，坚守自己"努力践行公正司法的一份职责与使命"。法官们内心对法治的坚守，既是法官严格司法的法律职责所在，也是法官通过严格司法进而引领社会正义实现的使命所在，"法官的职责乃是宣告和解释法律"。① 不仅如此，面对法律赋予的自由裁量权，法官同样要努力做到这样的一种"坚守"，哪怕被社会挤压到"一个人在战斗"的境遇当中。奥布莱恩指出，法律是一种与众不同的、独立性较强的学科，依据特定法律原则和分析框架，对待特定问题可以得出我们能识别正确和错误的答案。所以，"在辗转反侧、皓首穷经地为某个案件找到正确答案的过程中，法官应依据解释的基本原则和方法论尽量地减少司法自由裁量。减少自由裁量权是司法哺育公正性的关键因素之一"。②

法官在审判中应尽量少用自由裁量权，这不仅是对法律规则自身权威的遵守，而且是法官努力在各种自由裁量当中保持中立性的需要，还是司法试图通过法律规则对当事人和社会努力发挥引领作用的关键所在。然而，在解决纠纷的实践当中，为实现"案结事了"的社会效果，法官，尤其是基层法院的法官，往往会秉持法律现实主义的司法立场，在案件争议的焦点上，容易采取利弊衡量的"调解思维"展开裁判。尤其是在"调解优先、调判结合"的司法政策影响下，调解与审判之间的清晰界限开始变得模糊不清，甚至法院曾追求的"零判决率"无疑直接损害了法院的司法权威性。随着人们对"调解"和"审判"关系的进一步反思，尽管在司法实践中，"审判"职能得到了强化，然而，"调解思维"仍支配着法官依法审判的思维。章武生和肖国玉指出，法官的"调解偏好"具有客观原因和司法体制性原因。在客观原因方面，表现为法官素质低、社会的法治化程度低和执行难等；而在司法体制性原因方面，表现为法官在民事诉讼中居于主导性地位和判决书说理不充分等。③ 法官的这种"调解偏好"无疑直接制约了精致化司法的实现，更模糊了法律事实与案件事实之间的清晰界限。

---

① 〔美〕E. 博登海默：《法理学：法律哲学与法律方法》，邓正来译，中国政法大学出版社，1999，第 554 页。
② 〔美〕戴维·奥布莱恩：《法官能为法治做什么》，何帆等译，北京大学出版社，2015，第 209 页。
③ 章武生、肖国玉：《法院调解和判决的关系》，载《政法论坛》2012 年第 6 期。

法律事实不同于案件事实，法律事实是指依据法律规范能引发法律关系发生、变更和消亡的事实，法律的规定性是法律事实区别于案件事实的本质属性。任何一个完整的法律规范都是由"假定""行为模式""法律后果"三个基本部分组成，"假定"和"行为模式"是法官通过法律思维形塑案件事实的基本前提，也是裁判规范建构的法律理由，有别于其他理由。同时，法律理由又构成了法律后果产生的决定性理由或者排他性理由。法律理由不同于当事人为采取某种行动而建构的理由，或为选择某种行为方式而抉择的理由。在审判当中，如果法官不能使法律事实和案件事实之间的这一本质性区别清晰化，而仅仅从后果导向来建构个案的裁判规范，其结果必然进一步加剧法律的不确定性。正如伯顿所指出的，所有有效力的法律标准都必须具有排他性的强制力，如果忽略了其他类型的规范性强制力，就会导致过度的结果导向性追求，加剧法律的不确定性。[①]法律的不确定性主要表现为裁判结果的相对不确定性，而不是表现为裁判过程的不确定性。法律理由构成了法官个案裁判的基础，是保障法律规范性效力发生的依据。法律理由尽管在法律体系内部存在相互冲突甚至相互重叠的可能，但对法律理由的衡量，主要取决于法律规范体系的逻辑结构和法律位阶，这区别于案件事实当中行为人对规则的信任与遵守与否的其他理由。在法律理由的各种权衡中，法官在自由裁量时应保持克制和审慎的立场，法官对案件事实的遴选和对法律的识别需要恪守法律体系的内部一致性立场，防止出现以法律之外的理由替代法律理由的"自由裁量"发生。在法律解释体系当中，尽管不同的法律解释方式总是体现特定的法律解释目标和价值判断，但文义解释的方法无疑具有优先性。纵使是在疑难案件当中，超越文义解释的例外性司法，法官无疑需要承担更加严格的合法律性论证义务。不仅如此，法律的外部论证总是以法律的内部论证为前提，直接适用法律的外部论证来建构个案裁判的依据，既违背了法官依法司法的基本司法义务，也违背了法官司法中立的基本司法立场。奥布莱恩指出，如果法官和司法裁决只不过是社会不同群体的个人偏好和私人事务，那么法律也不过是强力和意志，而非理性和判断。如果法律的作用如此容易受到操纵，那么法院和法律的权威性就根本无须存在，民意测验就堪当此任。因此，

[①] 〔美〕史蒂文·J.伯顿：《诚信裁判》，宋晨翔译，中国人民大学出版社，2015，第30~31页。

中立性乃是裁判和法官的本质属性。[①]

精致化司法既体现为法律事实认定的精致化，又体现为案件事实认定的精致化，更体现为法官自由裁量的内容、范围和法律理由权衡的精致化。而在"调解思维"支配下，法官对自由裁量的运用往往既无法实现对法律理由的精确性建构，也无法实现对法律说理的精确性建构。不仅如此，"调解思维"支配下的自由裁量往往集中地体现一种粗放型的行政性司法面貌，而这一粗放型的行政性司法面貌又反过来使审判呈现强烈的法律工具主义和法律现实主义色彩。正如周永坤指出的，强制性调解构成对法治基本价值的损害，既然我国已选择了法治之路，就只有选择以判决为主导的纠纷解决制度，坚持调解的自治与自愿原则，并对调解进行有效的法律规制。[②]

第二，"调解思维"支配下的自由裁量难以使规范思维与道德思维之间的关系清晰化，因而容易发生从司法舆论到"舆论司法"的转变。在司法审判中，法律思维和道德思维之间的相互关系几乎构成了裁判规范建构中最核心的主题，前者主要涉及裁判规范建构的合法律性要求，后者则主要涉及裁判规范建构的合情理性要求。不仅如此，现代社会中的法律在很多层面上仍体现为一种公共道德，即"法体现了主体对公共道德事务的观点、观念和想法，经由政治过程使之客观化。我们用规则或类似于规则的形式来规范'统治'，用对错、权利与义务、正义与非正义这样的规范性术语来规范事实、关系和任何性质和类型的问题"。[③] 尤其是在转型社会时期，社会面对公共道德整体性滑坡和调整失效的内在困境，总是希望通过法律尤其是通过个案司法，努力托起一个社会最基本的公共道德关怀，甚至某些"日常性交往行为"（如"劝酒"）的义务和责任也开始得到了法律的强化。[④] 然而，法律与道德之间存在某种相对清晰的界限，必然带来了法律与公共道德在个案中的内在紧张关系，以及法治话语和道德话语之间的相互冲突。近年来发生的诸多涉及公共道德问题的有影响的个案表明，个案的

---

① 〔美〕戴维·奥布莱恩：《法官能为法治做什么》，何帆等译，北京大学出版社，2015，第207页。

② 周永坤：《论强制性调解对法治和公平的冲击》，载《法律科学》2007年第3期。

③ 金福海主编《侵权法的比较与发展》，北京大学出版社，2013，第207页。

④ 目前，以下四种情况的"劝酒"行为，造成损害的，劝酒人要承担法律责任：（1）明知醉酒人不能喝酒；（2）强迫性劝酒；（3）酒后进行驾车、游泳、剧烈运动未加以劝阻；（4）未将醉酒者安全送达。资料来源：http://www.sohu.com/a/162287630_806103，最后访问时间：2018年1月31日。

审判无疑既需要坚守严格司法的基本法治主义立场，又需要努力关注社会最基本的道德关切，理想状态下的司法公正总是以法律形式正义和实质正义的共同实现为内容的。尽管现代法治社会中的道德观念（尤其是公共道德观念）主要是通过立法途径使之法律化，然而，转型时期的中国法律在依循"政府推动型"的立法路径下，往往呈现高度的治理性色彩，法律与道德之间存在的缝隙甚至某种对立，不断地在个案中彰显。从道德的基本内涵和社会面向看，道德既具有私人性一面，即以个体自治和价值认同为基本导向，但同时道德也可以普遍化，即体现为社会秩序的整体有效性和参与公众生活的自律性等。因此，对于个案审判中的道德关切和价值判断，既要防止法官以个人道德立场形塑裁判规范的基础，又要努力通过个案审判积极地回应和增进社会的公共道德观念，"在每个国家的法律里，处处都显示，社会既有的道德和更广泛的道德理念对法律影响甚巨"。[1]

尽管法律和公共道德之间存在高度的内在关联性，然而，在司法审判对公共道德进行考量时，关键要防止简单的"道德审判"甚至"舆论审判"的出现。波斯纳指出："说法律支持了道德，这无助于描述法律的作用，即使有作用，也不能自然得出结论认为，当相关的道德原则有争议时，法官就应当在竞争双方中作出选择。"[2] 某种简单的"道德审判"不仅损害了法律秩序的整体稳定性，也损害了司法自身相对独立运行的基本法治主义信念，甚至还是法官超越了边界的"无法司法"和对自由裁量的滥用。从司法公正展开的两个基本维度而言，司法公正首先需要在"合法律性"维度展开，即实现"依法司法"；其次需要在"合情理性"维度展开，即实现"个案公正"。前者关注的是法律形式正义，后者关注的是法律实质正义。从自由裁量的范围而言，为维护法秩序的整体安定性，法治社会强调法官应"依法司法"，不赞成自由裁量；即便进行自由裁量，也仅仅是一种法定层面的自由裁量，即法官的"依法司法"和法定裁量都需要严格依循法律方法论的相关要求，以保障精致化司法的充分实现。因此，关于司法当中法官的自由裁量，焦点在于对法律实质正义层面的自由裁量，又称为实质裁量。不仅如此，面对社会的公共道德，传统形式主义法治观由于过分强

---

① 〔英〕H. L. A. 哈特：《法律的概念》，许家馨、李冠宜译，法律出版社，2006，第187页。

② 〔美〕理查德·A. 波斯纳：《道德和法律理论的疑问》，苏力译，中国政法大学出版社，2001，第126页。

调法律的自治性，往往要求法官坚持在法律范围内展开司法审判活动，对于社会的公共道德，要努力保持足够的克制。而在回应型法治社会中，社会往往要求司法能够回应社会对实质公正的需要，因此，司法中的自由裁量越来越呈现高度的开放性，这一开放性既包括对社会政策的开放，又包括对社会公共道德的开放，"开放性意味着宽泛地授予自由裁量权，以便官员的行为可以保持在灵活、适应和自我纠正错误的状态"。①

面对不同的法治主义立场和司法原则，转型中国的司法审判在公共道德问题上总是摇摆不定，呈现出高度的不确定性，尤其是在"调解思维"支配下，审判中的自由裁量往往呈现超越法律规范思维层面的"道德审判"色彩。在法律实质正义层面，法律的实质正义首先是以法律形式正义的实现为基本前提的，如果在超越形式正义的层面进行自由裁量，法律的安定性和形式法治主义的价值就会丧失殆尽，"在现代社会，法官经常要行使包括广泛使用的酌处权在内的其他职能。现代法律大多赋予法官相当大的酌处权"。② 审判当中的"调解思维"往往是建立在裁判规范建构的实质理由而非法律理由基础之上的，从而导致社会在公共道德层面上存在普遍争论，甚至会引发社会在价值观层面上的整体分裂。相反，法官如果坚持"合法律性"的立场展开司法审判，就会引发个案裁判在"合法律性"和"合情理性"之间的紧张关系。这一司法困境集中地体现在涉及法定犯的诸多有影响的司法个案当中。可以说，近年来发生的"广州许霆案"、"南京大妈赵春华案"、"大学生掏鸟窝案"和"王立军无证收购玉米案"等，都是这一司法困境的集中体现。具体而言，"广州许霆案"的争论焦点是"自动取款机是不是金融机构"，"南京大妈赵春华案"主要涉及"用于娱乐的气枪是不是法律意义上的枪支"，"大学生掏鸟窝案"则关涉"在常人无法专业识别是否属于'国家重点保护的珍贵和濒危野生动物'的情形下，是否构成犯罪"，"王立军无证收购玉米案"争论焦点则是"未办理粮食收购许可证和工商营业执照而收购玉米是否构成非法经营罪"。从上述有影响的司法个案的一审判决看，法院的基本司法立场无疑坚持了严格主义的司法立场，同时在法定裁量层面也大致做到了在"基准刑"、"情节严重"和"情节特别严重"三者之间进行裁量。然而，长期以来，

---

① 〔美〕P. 诺内特、P. 塞尔兹尼克：《转变中的法律与社会：迈向回应型法》，张志铭译，中国政法大学出版社，2004，第85页。

② 〔英〕P. S. 阿蒂亚：《法律与现代社会》，辽宁教育出版社，1998，第55~56页。

受治理性思维的支配和影响，我国现行刑法仍呈现一定的重刑主义倾向，这一倾向无疑集中地体现在有关法定犯的具体规制当中，并在具体的司法个案当中集中体现。

在社会舆论的压力下，上述有影响的司法个案最终都以"无罪"或者"轻刑"等方式结案。从表面上看，上述司法个案无疑是"舆论审判"甚至是"道德审判"的一种胜利，然而，我们需要警惕的是，如果社会总是简单地以公共道德来支配法律和司法的自我运行，那无疑容易发生从司法舆论转向"舆论司法"的内在困境，也无法厘清审判当中规范思维和道德思维之间的相对清晰的界限。尤其是在一个权利诉求不断凸显的转型社会中，对于社会中不断涌现的道德权利和其他权利的强烈诉求而言，司法的使命就是"……给所有庭前涉诉的人提供平等和精准的判决"。① 而对于"调解思维"支配下的自由裁量，应努力在坚持法律规范思维的前提下，通过个案审判来提升社会的公共道德，这无疑是法官应承担的基本社会使命。当然，在一个权利社会中，审判当中的自由裁量在"合法律性"的基础上，在内容上还应具备充分的公正性和合情理性，只有这样，才能获得最大限度的社会可接受性。

第三，"调解思维"支配下的自由裁量，难以清晰地勾勒出个案审判中的法律正义与裁量正义之间的界限，完全以自由裁量为基础的司法审判无法保障判决可预测性的实现。法律正义和裁量正义是司法公正的两个基本维度，前者通过法律统一适用中的技术性手段来实现，后者则通过自由裁量来实现。在司法哲学上，技术性司法强调严格尊重法律权威的法条主义，反对法官的自由裁量，要求法官恪守法律的内在一致性，以保障法秩序的整体安定性。随着社会的进一步发展，主张严格司法的法条主义不断遭到挑战。人们认为，主张严格司法的法条主义仅仅局限于法院对常规案件的审理，在疑难案件中，法官应采取后果主义导向的司法模式，以推动一个社会中法律体系不断走向开放，即"在敞开的体系中论证"，以实现对与理性主义的封闭体系观念相关的自然法和实证主义的超越。② 不仅如此，法律现实主义、法律实用主义、法律的经济分析、女权主义法学、法律与文学和法律统计学等各种不同的法律理论开始出现。与之相适应，态度理论、

---

① 罗东川、蒋惠岭主编《探寻司法改革的成功之道》，中国政法大学出版社，2010，第56页。

② 〔德〕阿图尔·考夫曼、温弗里德·哈斯默尔：《当代法哲学和法律理论导论》，郑永流译，法律出版社，2002。

战略理论、社会学理论、心理学理论、经济学理论、组织理论、实用主义理论、现象学理论等不同的司法行为理论也开始兴起。① 甚至某些主张可能存在错判的司法决定理论也开始得到认可，"在许多案件里，错判可以通过上诉得到纠正，不过，有些错判则不能。造成错判的原因可能是由于无知、无能、偏见甚至由于恶意。这些可能使诉讼当事人增加负担、担惊受怕和遭受损失"。② 尽管上述不同的司法行为理论丰富了人们对司法决定行为的认识，然而，过于强调不确定的法律边界和过于开放的司法行为，无疑在不断地瓦解判决的可预测性，甚至某种极端的司法决疑主义以及主张"一案一判"的司法裁判观念，从根本上冲击着人们对法治主义的信仰。

在司法实践尤其是在基层司法实践当中，法官的思维尽管体现为一种专业性的法律思维，然而，这种法律思维却仍然被当事人的思维、社会的思维以及转型社会的困境等诸多因素所驯化。或许，正是在这种"被驯化"的过程当中，法官的法律思维呈现了某种"调解思维"特征，并努力在法律正义和裁量正义之间展开艰难的平衡。具体而言，法官的法律思维首先是被当事人的思维所驯化的。在基层的司法实践中，大量的案件审理都是在没有律师参与的情形中展开的，法官的法律思维总是被当事人的思维所驯化。当事人的思维集中地体现在两方面，一方面，当事人总是从个案出发，判断是否有利于自身利益和诉求的满足，进而审视法官的法律思维和司法程序。针对这种明显带有法律工具主义的当事人思维，法官与其选择严格司法的法律观和法律程序观，不如选择更容易让当事人接受的"调解思维"，保障司法程序的运转。另一方面，当事人的思维体现为，他们总是以一种带有明显的情理性特点的日常话语和道德话语，来证立自己行为的正当性，甚至这种日常话语和道德话语带有明显的地方性色彩。针对这些话语，法官不可避免地会选择更加贴近日常生活常识和常理的话语来引导当事人。针对法官的法律思维总是被当事人的思维所驯化的这一客观现实，苏力指出，要改变这种社会法律现象，使人们能够而且愿意诉诸正式的法律制度来解决纠纷，至关重要的既不是提高公民的权利意识，也不是所谓的普法宣传，而是要努力提供一种诉求途径，更重要的是能提供功能上可

---

① 〔美〕理查德·波斯纳：《法官如何思考》，苏力译，北京大学出版社，2009，第17页。
② 〔英〕丹宁勋爵：《法律的正当程序》，李克强等译，法律出版社，2015，第66页。

以替代原先纠纷解决方式的法律制度，包括正式的诉讼机制和其他非诉讼机制。[①] 相反，如果法官仅仅以"调解思维"和建立在内心确信基础之上的自由裁量来实现裁量正义，无疑会进一步助长当事人的法律工具主义观念。

如果说当事人的法律工具主义观念和思维模式是迫使法官采取"调解思维"的表层原因，在深层次上，则是由转型社会的困境所致。在社会秩序的维系上，当下的中国社会呈现法治主义和礼治主义并存的二元结构属性，法官的法治主义信念需要通过具体的法律思维来展开，然而，法官的法律思维总是受制于礼治主义的"合道德性"要求，"合道德性"明显带有鲜明的道德评价和法律批判色彩。在既有的维稳秩序下，法官办案总是会在各种风险评估基础上，更加重视案结事了的社会效果，防止诉讼结果与当事人诉求的差异过大，从而防止出现没完没了的上访和诉讼。不仅如此，转型社会总是呈现权利界限不清晰、矛盾的直接对抗性和高度拥挤性等特点，法治主义的不足集中地体现为：在社会纠纷的历史延续性和当下依据法律规则解决社会纠纷的妥协性之间，总是存在张力。相对于传统的行政治理和社会自我治理而言，现代法治社会中的司法治理无疑是一种更具精确性的法律治理。近年来，传统行政治理的粗放性带来了大量权利冲突，而这些权利冲突在进入司法程序之后，由于证据原因或纠纷历时过长，很多个案事实已无法清晰地还原和转化为某种可供法官判断和认定的法律事实。面对这些权利冲突中权利救济的强烈诉求，法官只好采取一种较妥协的立场，努力通过"调解思维"而非通过精准的司法判决解决纠纷，判决书中事实认定部分不说明理由，法律适用当中难以展开详细的司法论证，以及判决书的内容不完整，等等，无疑是这种"调解思维"支配下自由裁量的产物。

三 结语

"调解思维"支配下的自由裁量难以使法律正义与裁量正义之间的界限清晰化，自然可能带来自由裁量的失控和法律不确定性的增加，司法判决的可预测性也无法获得保障。针对自由裁量问题，拉伦茨认为，法学需要做一些能获致裁判基准的陈述，它们可以被转换为法律事件的裁判，否则，

[①] 苏力：《法治及其本土资源》，北京大学出版社，2015，第36页。

个案判决的"合法律性"要求就无法实现。① 在现代法治社会中，法官的法律思维过程总是一种以"合法律性"为导向的规范性思维，这种规范性思维保障了纠纷解决是以现行法律为标准的，从而实现了法律对行为及其选择的指引性。法律的不确定性是相对的，判决的可预测性是建立在司法过程的可预测性和判决结果的可预测性这一双重确定性基础上的，实质法治的观念不能过于冲击甚至瓦解形式法治观念的基本立场、原则和价值。在审判中，法官不分阶段、情形和状况而过度地依赖"调解思维"及运用自由裁量权，其结果无疑是一种"和稀泥"的司法，完全以自由裁量为基础的司法裁判无疑在加剧法律的不确定性。

无论对于法律正义的实现还是对于裁量正义的实现来说，作为社会公共产品的司法判决的任务都在于实现正义而非简单的"社会和谐"，司法对正义的实现意味着法官要努力做到"明辨是非"，而非"让步息讼"。即使在价值判断当中，法官自由裁量的基础仍在于法律和法律所提供的理由，而不在于法律之外的因素，"他们的任务不是保证当事人双方的利益最大化，也不仅仅是维持和平，而是阐明并适用体现在诸如宪法和法律这些权威性文件中的价值"。②

Discretion under the Control of the Thinking Mode of Mediation and Its Dilemmas

Wang Guolong

Abstract：The charasteristics of Chinese transformational society manifests intensively a kind of society which pays more attention to the right and which has many social disputes, so the problems of "Cases many and people few" are prominent increasingly. In order to copy with these problems, the judges are incline to solve all these disputes and lower the judicial costs by mediation methods in decideing cases. But under the control of this thinking mode, the judges like to use the discretion, which is easy to bring about the misuses and abuses in some

---

① 〔德〕卡尔·拉伦茨：《法学方法论》，陈爱娥译，商务印书馆，2003，第112页。

② 〔美〕欧文·费斯：《如法所能》，师帅译，中国政法大学出版社，2008，第133页。

circumstance, so the court is always meeting a lot of dilemmas in the judicial process. Under the background of the new round judicial reform, the courts, especially for the grass courts, try their best to make their judgements normalizing and refine, which have become a kind of basic trendency. At the same time, and which is also a fundamental consensusto "how to achieve judicial justice". Though in the present and even in the future, The courts, especially for grass courts, will face to some actual problems, such as the masses' consciousness to law and evidence is apathetic, and people's understanding to judicial process is biased, etc. But in order to safeguard the unity of legal system, and achieve the transform of the centre of social governance "from safeguarding stability to safeguarding the rights", Chinese judiciary must move towards to the normalization and refinement. Only can that arrive at the target of "accumulating social justice by judicial justice of individual cases", to finish the basic mission of the judiciary. In sum, we must pay more attention to judicial problems which is brought by the thinking mode of mediation.

Keywords: "Thinking Mode of Mediation"; "Cases Many and People Few"; Discretion; Judicial Justice

法治建设中"人的尊严"概念之检讨

——内涵界定与适用界限

王进文[*]

内容摘要：人的尊严是人作为人类共同体的成员而拥有的价值与尊荣。作为道德概念，"人的尊严"是道德哲学（伦理学）的基础，具有漫长的精神发展史，其中明显有康德哲学的影子。作为法律概念，人的尊严与人权和基本权利密切相连，具有明显的历史性、开放性与实践性特点。"人的尊严"产生与被赋予意义，离不开特定时空下历史、文化等因素的影响。"人的尊严"从道德哲学向法律尤其是向宪法规范的转化，与人类对自身的认知及法律上人的形象变迁密切相关。"人的尊严"之实践也必然是一个建构性的不断发展的过程，会随着人们对自身价值和人权理念的不断提升而获得动力。在科技不断进步的今天，明晰作为法律概念的"人的尊严"之内涵与界限，显得愈发重要。"人的尊严"的魅力在于：它是超越实在法之上的、不依据实在法而存在的先在规范，是全部法律秩序的伦理总纲，是人在社会和法律中存在相互承认的独立与平等地位的基础。"人的尊严不可侵犯"，指的是人的尊严不允许以任何形式加以灭失，不允许以贬抑的方式对待人，不允许将人作为单纯的客体看待。在我国以建构"人的尊严"为价值导向的法治秩序中，明晰其规范性内涵，界定其权能范围，是实现人的尊严保护的前提。

关键词：人的尊严　德国基本法　康德哲学　人的属性　国家保护义务

---

* 王进文，法学博士，中南大学法学院副教授，主要研究方向为法理学、法哲学。本文系作者主持的国家社科基金一般项目"'人的尊严'理论发展与本土化建构研究"（项目批准号：17BFX164）；法治湖南建设与区域社会治理协同创新中心平台建设阶段性成果。

一 导论

习近平总书记指出:"各国应该共同推动建立以合作共赢为核心的新型国际关系,各国人民应该一起来维护世界和平、促进共同发展。各国和各国人民应该共同享受尊严、共同享受发展成果、共同享受安全保障。"① 在我国的法治建设过程中,"人的尊严"之理论阐释与制度建构具有重要的意义,我们也逐渐形成了建构以人的尊严为价值基础的法治秩序的自觉。

不过,在我国宪法中,并没有以明文规定的方式确立对人的尊严的保护,而是以"中华人民共和国公民的人格尊严不受侵犯"这一条款表达了类似的意图。虽然人格尊严与人的尊严具有相似性,但有学者试图从前述条款中获得人的尊严的规范依据,将"人格尊严"建构性地解释为具有基础性价值的"人的尊严",作为我国宪法基本权利体系的出发点。② 但这种建构的出发点既然在于否定人格尊严与人的尊严之间的落差,便至少在文义和体系上面临宪法教义学的严峻质疑——就文义而论,人格在哲学上来自位格(persona),代表的是作为个体的人,注重的是人的独立性与自我意识。具体到我国这一语境,人格主要指人在道德和精神生活方面的特质,人格权与人格尊严乃是与财产权、政治权利和社会权利等相并列之权利;人的尊严与人性相关,属于所有人都具有且为人所独有的基于人之所以为人而享有的尊严,是前述基本权利的上位概念,有着人格尊严无法承载的意涵。就立法体系而言,人格尊严在我国宪法中被置于人身自由不受侵犯和住宅不受侵犯之间,并非宪法基本权利体系的起点,毋宁是一种具体权利,势必无法成为整个基本权利体系的价值基础与逻辑支点。

立足于立宪主义和现代宪法的基本精神——个人并非单纯的国家统治权指向的客体,同时是投身公共领域和参与国家政治事务的主体;宪法以尊重与保障人权为目的——特别是将人的尊严视为先于国家而存在之特征,③ 足以表明它不但被我国宪法所肯认,而且应在我国法治体系和法治实

---

① 参见《习近平总书记系列重要讲话读本》(2016年版),《人民日报》2016年5月11日,第9版。
② 林来梵:《人的尊严与人格尊严——兼论中国宪法第38条的解释方案》,载《浙江社会科学》2008年第3期。
③ 胡玉鸿:《人的尊严的法律属性辨析》,载《中国社会科学》2016年第5期。

践中获得实现。鉴于"人的尊严"概念的抽象性，在我国的立法与法治实践中，应如何适用这一概念，既需要我们从法理上进行精确的阐释，也需要我们从比较法上进行有针对性的参考。

作为一项具有绝对的基础性的法律概念，人的尊严因其高度的抽象性而很难被明确地加以界定，以致在个案中的运用往往引起争议，最为典型的可能是"安乐死""尊严死"等议题：赞成者引用人的尊严，主张人的生命不允许被操控；反对者也引用人的尊严，主张人的生命不允许被当作客体处置。无论是赞成者，还是反对者，均引证人的尊严作为论证的依据，这种现象足以说明，人的尊严无处不在，但对其内涵的解释莫衷一是，导致其有走向被任意解释的空洞化之虞。① 出现上述问题的原因很大程度上在于"人的尊严"概念界限不明确，而明确界限的前提则在于澄清"人的尊严"概念本身。

二 德国基本法关于人的尊严的立法

德国是世界上公认的对人的尊严加以立法保护的最著名国家。"人的尊严"赫然出现在德国基本法第 1 条第 1 款，基本法第 79 条第 3 款②更是将其规定为不可修改的永恒条款，它构成了所有法律秩序的宪法基础。这一结构安排使"人的尊严"成为宪法秩序的最高指南，具有了"一切客观法律之最高建构原则的性格"。基于对纳粹时期极端蔑视人权和残酷无人道的教训与反思，德国基本法的制定者以"人的尊严不可侵犯"这一立法语言表达了人的尊严具有不可剥夺性，是预先存在的，构成了社会契约的一部分，同时还是人性构成之一部分，为国家权力设定了一项道德界限，即尊重和保护人的尊严是所有国家机关都需遵循的基础性道德义务，就此而言，德国基本法不仅是为德国人，而且是为全人类立法——"（人的尊严）为一切人类社会以及世界和平与正义之基础"，尊重和保护人的尊严作为全人类的伦理，是全人类的政治秩序基础。

---

① 甚至有学者主张人的尊严是一个无用的概念，它所指向的无非就是对人及其自由意志的尊重。参见 Ruth Macklin, "Dignity Is a Useless Concept", *British Medical Journal*, 2003（327），pp. 1419-1420。

② 德国基本法第 79 条第 3 款："本基本法之修正案凡影响联邦之体制、各邦共同参与立法或第一条与第二十条之基本原则者，不得成立。"

　　德国基本法第 1 条第 1 款将人的尊严界定为全部宪法秩序的基础规范，它规定："人的尊严不可侵犯，尊重及保护此项尊严为所有国家机关之义务。"对此，我们应如何理解呢？

　　从文义解释的角度看，所谓"人的尊严不可侵犯"，指的是人的尊严不允许以任何形式加以灭失，不允许以贬抑的方式对待人，不允许将人作为单纯的客体看待，这便是法学者杜立希（Günter Düring）著名的"客体公式"：

> 　　当具体之人被贬低成为客体、单纯之工具或是可替代之数值时，此即侵害了人的尊严……人的尊严无论在何时何地都应在法律上被加以实现。它的存立基础在于：人之所以为人乃基于其心智；这种心智使其能有能力自非人的本质脱离，并基于自己的决定去意识自我、决定自我、形成自我。①

　　显然，这是从不可侵犯的消极面对人的尊严加以界定的。这种界定具有浓厚的康德哲学的绝对命令色彩——人本身不是作为一种手段或工具而存在的，人就是目的，具有自我意识、自我决定与自我形塑自己的环境的能力。如果将人视为客体，便意味着对人前述主体性的否定。这种界定因其不依赖于特定道德、政治与世界观，在实务中，屡屡受到德国联邦宪法法院的青睐。不过，"客体公式"实际上有赖于具体个案中高度的显著性与意见的一致性，只有在人们对涉及诸如拷问、轻视、唾弃等对人的尊严的侵犯具有高度共识性时才能发挥作用，但在面临新的复杂性问题时，例如，一般学术界与实务界提出讨论和研究的性交易、刑求禁止和预防性击落客机等问题时，其所能提供的论证便明显不足。

　　至于国家对人的尊严的尊重与保护义务，一方面指的是国家本身不得侵犯人的尊严，例如不得以奴役、刑求等蔑视或贬抑人的方式对待人；另一方面指的是国家的保护义务，即国家必须通过形成禁止他人（私法领域）侵犯别人尊严的法律秩序来保护人的尊严，例如，国家必须以刑事立法的方式明确侵犯他人尊严行为的可罚性。国家公职人员也必须以不侵犯人的尊严为其行为的界限，如果遵守命令的行为是侵犯人的尊严的行为时，则

---

　　① Günter Düring，"Der Grundrechtssatz von der Menschenwüde," *AöR* 81（1956），S. 119ff.

拒绝遵行与服从命令的行为便不具有可罚性。

但是，即便将人的尊严视为全部法律秩序的最高价值，德国基本法并未对人的尊严进行明确的定义，联邦宪法法院也避免对其做出界定。在基本法中，紧随人的尊严条款之后的是人权条款，即第1条第2款使用了"因此"（darum）这一往往被有意或无意忽略的表示因果论证的语句，"德意志人民承认不可侵犯与不可让与之人权，为一切人类社会以及世界和平与正义之基础"。这与《联合国宪章》及《世界人权宣言》的规定相一致，也表明了德国承认人权的基础在于人的尊严——人的尊严必须被尊重与保障，正是基于此，人权才必须被承认。联系到基本法第1条第3款"下列基本权利拘束立法、行政与司法而作为直接有效的法律"的规定，我们可以推测出，人的尊严、人权与基本权利之间具有密切的关系：基本权利是经由宪法所实证化的人权，人权是以具有实证法律而非传统自然法上的权利性格的基本权利而进入宪法，人权又是人的尊严的具体化呈现，那么，基本法便是以基本权利来确保人的尊严和人权的法律效力，基本权利的核心领域便是人的尊严。

三　从道德哲学到宪法规范：
康德哲学的展开

从"人的尊严"作为基本权利的核心出发，一个需要进行辩证研究的问题便呈现出来，即人的尊严是否可以看作基本权的集合概念？即前者是否具有基本权利的特性？事实上，德国的宪法学说对此问题有不同的看法，围绕其性质至今仍争论不断，未有定论。虽然从文义与体系上讲（人的尊严被置于基本法第一章"基本权利"的规定中），似可认定其为基本权利，不过，基本法第1条第3款"下列基本权利"的表述又将其排除出去——即使考虑到国家对于人的尊严有保护与注意义务的规范表述，却并非强制性地必须与主观权利保持一致，那么，它便不具有基本权利属性。假设人的尊严具有基本权利属性，可以当作基本权的集合概念存在的话，那么，是否可用后者代替前者，抑或前者之存在并无必要性？尤其是在宪法并无人的尊严明文规定的我国，这一疑问更具现实意义。笔者认为，对人的尊严是否具有基本权利属性，宜采取保留态度。

理由在于，一方面，虽然基本权的核心是人的尊严，但两者在规范地位上具有明显的差别：与可受限制的基本权体系不同，人的尊严具有不可侵犯性的绝对地位，因而，在运用人的尊严作为论证的依据时，针对基本权的限制与法益之间的衡量是不存在的；另一方面，人的尊严的绝对性已然溢出了基本权的有限性，前者足以构成后者在适用冲突时的判断标准。基本权利有其追求的特殊价值，而人的尊严则应属于宪法上的根本价值。虽然对人的尊严的侵害一般都会与某些基本权领域相重合，但前者不仅包含了后者的适用领域，还包括宪法未列举的权利以及新兴权利等。如果将人的尊严界定为基本权的集合概念，便无法承担基本权冲突时的判断标准之责任。

由此可见，作为法律概念，人的尊严与人权和基本权利密切相连：人的尊严以宪法最高规范的面目出现，课以国家尊重与保护的义务；人的尊严必须经由尊重与保护人权这一路径而具体化，人权则必须通过宪法基本权利的落实予以保障。因此，人的尊严是作为证立人权效力和基本权冲突时的判断标准而存在的。

作为法律概念，"人的尊严"是人作为人而享有的价值，但这仅是形式上的分析，欲对人的尊严内涵进行深入理解，我们还需对其实质进行探究，这便涉及作为道德的人的尊严概念。人的尊严作为道德概念，是道德哲学（伦理学）的基础，具有漫长的精神发展史。从古希腊的亚里士多德开始，经由中世纪基督教神学，尤其是阿奎那的升华，构建起了具有划时代意义的"人的形象"——人之所以有尊严，在于只有人类才拥有理性，从而有别于其他动物。经文艺复兴时期人文主义者的阐释与建构，人的尊严被赋予了普遍性。现代法学将人预设为具有自我治理与自我决定及自我负责的能力，这种"人本身即是目的"的道德主体观念奠基于康德哲学。康德把尊严和所有人类都拥有的无条件的内在价值联系起来，建构起普遍性的尊严理论，为人的尊严法治化起到了重要作用。时至今日，以人的"道德人格性"为前提，将人的自治、自觉与自我发展作为认定人的尊严标准，具有明显的康德哲学影子。

从德国联邦宪法法院的一段著名宣示中，我们可以看出他们对"人"的意义的掌握：

　　基本法中的人的形象，并不是一个孤立、自主的个人形象；而毋宁说是基本法将个人与国家之间的紧张关系，以不侵犯个人之固有价值的方式，在个人的"共同体关联性"与"共同体联结性"的意义下，加以决定。①

从德国联邦宪法法院对人的尊严进行的宪法解释中，我们可以看出，该法院主要是追随康德的道德自律论，因此，对人的尊严的宪法诠释也经常比附康德的实践哲学，以至于有学者认为，基本法的尊严概念即等同于康德的尊严概念。②

康德在启蒙运动中试图为"自由"确定最高的法则，这个法则必须是人的良心遵循的绝对有效法则，是一种道德法则。这种道德法则便是著名的"绝对命令"。在《道德形而上学原理》中，康德开宗明义地指出，他所提及的尊严并非简单的人的尊严，而是理性生命的尊严。换言之，对应尊严的是理性生命，"理性的性质作为目的本身而存在，而非日常生活中活生生的人"，"理性的生命才可称之为人"。康德将对人的讨论放置到"目的王国"之中——"目的王国"是康德道德哲学中的核心概念，它是由一群理性存在者通过普遍的客观法则联系起来的有秩序的共同体，在目的王国中，事物要么有一个价格，要么有一个尊严。一个事物有价格，就意味着可以被替代；相反，如果一个事物没有任何等价物，它就具有尊严。换言之，价格是一种"相对价值"，尊严则是一种"绝对价值"。

康德认为目的有两种，一种是主观目的，即形成欲望的主观动机；另一种是客观目的，即作为意志客观根据的动因。所以，不考虑主观动机而以客观动因作为根据的实践原则便是纯粹的、具有无条件的绝对价值的形式原则，而以主观目的为根据的实践原则便是以欲望冲动为根据的、具有相对性的质料性原则。人格之所以成为目的，乃在于人格是一项无法以其他目的取代的客观目的。康德用理性将人同物做了根本区别，人本身即是目的。当人运用理性时，他便成了道德上自我立法的自治、自决主体，便具有了尊严。"尊严"内含有"人本身即是目的"与人的自治、自决等核心

---

① BVerfGE 4, 7.

② 不过，迪特儿（Dieter Grimm）认为，康德对人的尊严的阐释也大多存在于他的道德哲学中，对康德哲学的不同理解会为基本法中的尊严的解释带来歧义，理应限缩康德哲学在法律实务中的适用。H. Dreier, Art. 1I, Rn. 13. 转引自李忠夏《人性尊严的宪法保护——德国的路径》，载《学习与探索》2011年第4期，第115页。具体的反对意见以及对反对意见的分析可参见李建良《自由、平等、尊严——人的尊严作为宪法价值的思想根源与基本课题》，载李建良《人权思维的承与变》，新学林出版股份有限公司，2011，第38~41页。

要素，前者要求不把人看作一种手段或客体，后者则是相对于被操控的他治、他决而言的，与前者恰成一体两面、互为表里的关系。① 由此可见，人之所以拥有尊严，是因为人本身作为目的而存在，必须受到尊重，人为何因本身即目的而应被尊重？则在于人作为理性的存在这一客观存在本身，有理性的人意味着人是道德实践理性的主体。经由这样一种智力体操式的推论，我们可以得出如下结论：人的尊严源自人的理性存在本身，人的理性意味着人的自我决定。

在西方哲学传统中，人的尊严往往与理性相关。人作为有理性的、能自我决定的存在，是人区别于其他生命的本质特征，尊严便源于人的这一本质。作为道德概念，"尊严"意味着禁止将人当作工具或手段，因为它违反了人的自我决定与自我治理。相应地，作为法律概念的人的尊严，必须在人权中予以具体化，尊重人作为人而享有的自我决定的存在。从而，作为道德概念的"人的尊严"之基础，即人的理性的自我决定，便同时是作为法律概念的"人的尊严"的基础。

对此，我们可以补充说，在康德那里，道德与法律呈现密切的关系，但又有明确的区分。在《道德形而上学》中，康德主张伦理学不为行动立法，而只为行动的准则立法。② 因为行动的准则属于伦理学领域，例如不说谎，而行动则属于法学领域，例如刑法上的诈骗罪。诈骗作为犯罪，除了说谎之外，行为人在主观上需要具有非法占有公私财物的意图，客观上需要使人因其谎言而陷于错误，并导致财产损失。如果主客观条件皆不具备，诈骗罪便难以成立，当然还需要考虑违法性与可责性程度等问题。因此，法律所规范的行为，除了满足违反伦理学的行为准则外，还需要满足其他更为严格的条件。受道德非难的行为未必就会受到法律的处分，其目的是为人"留下了一个自由任性的活动空间"，③ 防止道德超载。因此，道德（伦理）义务是广义的责任，而法律义务则是狭义的责任。④

---

① 当然，尊严在康德哲学尤其是伦理学当中并不是作为一个基础性概念而是作为道德重要性的理据使用的，康德的法哲学也正是在这个意义上才成道德哲学的一部分。

② 〔德〕康德：《道德形而上学》，张荣、李秋零译注，中国人民大学出版社，2013，第173~174页。

③ 〔德〕康德：《道德形而上学》，张荣、李秋零译注，中国人民大学出版社，2013，第174页。

④ 〔德〕康德：《道德形而上学》，张荣、李秋零译注，中国人民大学出版社，2013，第174页。

四 人的尊严的适用主体界定：人的自我决定及其前提

在明确了分别作为法律概念与道德概念的"人的尊严"及两者的关系之后，我们便可以考察"人的尊严"的适用界限问题。"人的尊严不容支配。但是，如何才符合尊重人的尊严之要求的认知，却无法离开历史的发展而得到。……对如何才算符合人的尊严的判断，应该只能立足于现阶段认知的状态，而无法主张该判断系永远有效的。"① 有鉴于此，笔者"立足于现阶段认知的状态"，试图分别对能理性地自我决定的"人"和"尊严"的界限做出探讨，以明晰"人的尊严"的适用界限。

"人的尊严"适用主体是人。那么，应如何界定"人"？这似乎是一个不是问题的问题，实则涉及人的性质与资格问题。我们知道，哲学上的人意味着理性的自我决定，因此，"人的尊严"要求尊重与保护人的理性的自我决定能力。首先，尊重人的尊严，便意味着尊重某人作为理性的存在者、能理性地自我决定的行为方式，因此，保护"人的尊严"的义务便是保护理性地自我决定能力的义务。其次，欲对人的理性的自我决定能力进行保护，便需要对理性的自我决定能力之前提，如生命、健康以及不受外在强制等进行保护。如果理性的自我决定能力与这一前提相抵触，最典型的如前文所述的安乐死问题，该如何处理？如果我们尊重准备安乐死之人的自我决定能力，便意味着赞成安乐死；但如果保护其做出理性的自我决定的前提，则势必反对安乐死。如何看待与解决这种矛盾呢？

我们知道，解决权利和价值之间的冲突，必须以位阶的明确性为前提。在笔者看来，理性的自我决定是优先于自我决定之前提的。理由在于，虽然在逻辑上自我决定之前提优先于自我决定，但尊严的不可侵犯性本身便意味着自我决定之前提不能以自我决定为代价——自我决定之前提之所以受到保护，其目的恰恰在于保护自我决定本身，而非其前提。

在解决了这一问题之后，我们再考察人的尊严之资格问题。从法理上讲，现代意义上的"人的尊严"具有普遍性，即人人享有尊严，不过，如果回到人的尊严内涵本身，有理性的自决能力的人享有尊严是无异议的，但那些没有理性或没有自决能力的人，是否享有人的尊严呢？典型者如没

---

① BVerfGE 45, 229.

有理性自决能力的、患有严重精神障碍者，既无理性也无自决能力的胚胎，他们是不是也应享有人的尊严？

针对上述疑问，一般的研究者主张，"人的尊严"保护的不是人的理性自决能力，而是理性自决的潜在能力，换言之，即理性自决的可能性。如果这种主张成立，就人类胚胎甚至胎儿而言，享有尊严当无问题，但就患有严重精神障碍者而言，问题仍存在。如果只有那些有理性自决能力的人才享有人的尊严，无理性自决能力的人不享有人的尊严，则又与"人人都应具有人的尊严"相矛盾。针对后者，有研究者进而主张，"人的尊严"要保护的是包括人在内的一切生物享有的自决能力。但这种极端放宽界限的主张无异于彻底瓦解了"人的尊严"概念，因为它论述的不再是"人的尊严"，而是"尊严"本身。仅就"尊严"而论，除了人之外的生命应如何主张其尊严？如何确保这种尊严主张不仅对承认该主张的人具有拘束力，而且对不承认该主张的人同样具有拘束力？——如果不能确保后者，该主张便毫无意义。

对此，有研究者进一步主张，"人的尊严"保护的不是人所具有的理性自决能力这种"本质"，而是具有理性自决能力的人这一"物种"本身。①这种主张的判断标准看似游移不定，因为人这一物种本身便是一种特质，是一种依据特定标准（人凭什么是人）自外而来的特质。但在笔者看来，这可能是目前最具说服力的主张，至少从经验层面讲，它可以解决严重精神障碍者是否以及为何享有"人的尊严"这一问题——严重的精神障碍者虽然没有理性的自决能力，但属于应具有理性自决能力的人类这一物种。德国联邦宪法法院在堕胎案中强调的"凡人的生命存在之处，此人类生命即具有人的尊严"②便是这一立场的经典表述。

五 "人的尊严不可侵犯"意涵

明确了"人的尊严"主体之后，对尊严本身加以界定便成了另一个需要确定的问题。无论是德国基本法第 1 条第 1 款规定的"人的尊严不可侵犯"，还是我国宪法第 38 条规定的"中华人民共和国公民的人格尊严不受

---

① W. Kluxen, "Fortpflanzungstechnologie und Menschenwürde", *Allgemeine Zeitschrift für Philosophie* 11（1986），S. 6f.

② BVerfGE 39, 1（41）.

侵犯"，都说明了作为基本权利的上位概念，人的尊严具有传统的主观防御权特征。"人的尊严不可侵犯"并不意味着其在现实上没有被侵害的可能，毋宁说，人的尊严"不允许"被侵犯。应如何理解"不可侵犯"的内涵呢？不可侵犯的界限应如何确定？

从主观防御权的角度观察，"不可侵犯"是一种对国家公权力具有拘束力的应然规范，它赋予了"人的尊严"在宪法中的（应然的）纲领性质，可以推导出"不可剥夺"、"不可放弃"与"不可限制"的内涵。就"不可剥夺"而言，"没有人的尊严可以被夺走，即使由此而生的尊重要求是容易受到侵害的"。① 人的尊严赋予人这一物种以不能被剥夺的尊严，即便是恶性最严重的罪犯也不能被剥夺尊严——对他的惩处必须以维系其尊严的方式进行，换言之，要将他们作为人来惩处。就"不可放弃"而言，可能存在较大争议。举例来说，一个人是否有以放弃自己尊严的方式谋生的权利？典型者如市井小民以裸体表演的方式获取报酬。如果人的尊严意味着尊重个人自决，那么，是否可以理解为，我们应尊重他人自己的决定？德国偷窥秀判决（Peep-Show-Urteil）便是一个违反自愿演出者之主观意愿及其所理解的、对基本法人的尊严进行客观解释的案例。"个人不能有效地放弃对自己尊严的重视。人的尊严由于具有超越个人而延伸的意义，因此，必须对那些与人的尊严的客观价值相悖的主观想法加以防御。"② 如果某人放弃了自己的尊严，从人类共同体的角度说，他是对全体人类尊严的损害。就"不可限制"而言，按照基本权利限制学说，"不可侵犯"意味着，"人的尊严"作为宪法秩序的最高价值，具有绝对性，因此，对其绝对不可加以限制，因为一旦对人的尊严做出干预，就等于侵犯了人的尊严。③ 但由此引出了一个很重要的问题，即人的尊严作为基本权这一绝对性之定位，在现实案例中可能贬值为随意援引的概念，对其在宪法中的等级与规范作用的效力具有极大的危害，造成其内容的进一步空洞化。因此，"以抽象的方式探讨人的尊严保护是不可能的，须予

---

① BVerfGE 87, 209 (228).

② BVerwGE 64, 274 (279f.).

③ Tatjana Geddert-Steinacher, Menschenwürde als Verfassungsbegriff, 1990, S. 34f；转引自李建良《人权思维的承与变》，新学林出版股份有限公司，2011，第39页。

以具体化"。① 我们只能在实践中逐步确立人的尊严不受侵犯的界限。

从"人的尊严不可侵犯"推演出来的是国家对每个人尊严的保护义务。人的尊严不仅让国家承担了消极的、不实施违反人的尊严之行为的义务，同时还提出了积极保护的要求。简言之，国家对人的尊严之保障，除了约束国家应消极地不去侵犯之外，还要求国家应以积极作为的方式保障尊严免于遭到侵犯。那么，人的尊严应受保护的适用界限为何？在此，笔者并不欲对人的尊严之国家保护义务的客体、可履行的方式等问题加以讨论，而仅就尊严本身做出界定，探讨法律规制的界限问题。

随着生物科技的进步与人类基因技术的发展，在诸如并非来源于配偶精子所进行的人工授精方式、植入前胚胎诊断和基于研究与医疗目的而复制胚胎等领域，人们经常会引用一些有关侵犯人的尊严的主张，但争议不断。由此引发了这样的问题：人的尊严应受保护的界限，究竟仅指自然意义上的人的理性自决，抑或还包括人工操控的生命形态？本文以克隆技术为例，对该问题进行讨论。

克隆，在生物学、医学上，通常指一种以人工诱导的无性生殖方式或者自然的无性生殖方式产生与原个体具有完全相同基因组织的后代过程。无性生殖无须精卵结合而是通过体细胞繁衍下一代。与无性生殖相对应的是有性生殖，即通过动物身上生殖细胞的结合而产生后代。就人类而言，从欲被复制的人身上取得体细胞的细胞核，将其植入从女性捐赠者那里取得的、去核的卵细胞之中，然后刺激换核后的卵子，使其开始分化，再将其植入女性子宫之中，经由怀孕与分娩，即可培育出与欲被克隆之人拥有相同 DNA 的生命，即所谓的克隆人。

根据克隆目的之不同，医学上的克隆大致可分为"生殖性克隆"与"医疗性克隆"两种。后者的目的并不是制造一个与细胞捐赠者基因相同的新生命，而是针对诸如大脑与神经疾病、帕金森氏症等严重退化的疾病，以治疗为目的而从事某一组织结构或器官的制造或生产。② 生殖

---

① Hans-Jürgen Papier：《人性尊严之保护》，载 Hans-Jürgen Papier《当代法治国图像》，蔡宗珍、李建良译，元照出版有限公司，2014，第 60~61 页。

② 医疗性复制运用复制技术，通过病人体细胞植入被去核的卵细胞后，由其所培育出之胚胎获得胚胎干细胞，再从干细胞分化与培育得到组织或器官，因为这些组织或器官是基于相同的基因结构而来，可以化解移植排斥的问题。医疗性复制被认为或并无违反人的尊严的。本文限于主题，仅讨论具有争议性的生殖性复制问题。

性克隆涉及的是经由无性生殖的方式创造出另一个人。从本质上讲，通过生殖性克隆手段而产生的克隆人是人为操控的、由他人规划与决定的生命形态，他是否享有人的尊严呢？赞成者认为，即便不考虑克隆人，自然意义上的人的生命也一直受他人以决定命运的方式施加的影响，因此，很难说自然意义上的人完全依据理性的自决能力决定自己的命运，克隆人与自然意义上的人之间的差别仅在于受他人决定的程度不同而已。反对者则认为，自然意义上的人是克隆人不能比拟的，因为克隆人的产生是以对自我同一性的内在核心采取不可逆转的干预方式实现的，无法以相关人的推测同意来对之进行正当化。

综合上述两种意见，笔者认为，由于我们不能得到克隆人的理性同意，因此，不能将之正当化，人作为人之自我同一性的内在核心领域是不允许被决定或操控的。但核心领域的界限在哪里？如果严重的遗传疾病或生殖细胞的基因治疗可以被人为地决定或操控，更进一步的克隆人为何要被排除在这一界限之外？——事实上，如果我们认为，医疗性克隆是可以接受的，未侵犯人的尊严，在现实生活中，可能会出现所谓的"滑坡效应"，即在科学研究中，有人可能会以医疗性克隆为名，行生殖性克隆之实。当然，本文仅讨论克隆人与人的尊严之间的关系，至于医疗性克隆是否应禁止或应基于何种理由而禁止，不在讨论之列。对这些问题的回答，需要回到"人的尊严"这一概念本身。"人的尊严"保障的是人的自我决定，从本质上讲，他人的人为决定严重地违反个人自决，因此，受他人的人为规划与操控是违反人的尊严的。① 因此，克隆人不但不具有道德性，而且有违人的尊严。

"人的尊严"虽是以独立的个人为主体的，但它涉及个人与个人之间、个人与社会之间以及个人与国家之间的关系。现代国家之下的个体并非孤立的个人，而是在共同体中生活的，并与共同体有着密切联系的个人。这既是社会理论的要求，也是晚近的交往（沟通）理论之意旨——在一个共同体当中，个人之间虽彼此不同，却相互承认彼此作为该共同体成员的基本价值与权利，这也是共同体中的每个人为确保和平共存而必须相互认可的最根本之承诺。在此意义上，人的尊严便指共同体中的个人彼此承认各

---

① 〔德〕尤尔根·哈贝马斯：《后民族结构》，曹卫东译，上海人民出版社，2002，第221~224页。

自的生活目标,对彼此之间的生命,不可侵犯性以及自由保持基本的尊重。每个人的尊严都来自彼此对人之所以为人以及个体独立性的承认,以及对自己与他人可能存在不同的独特性之尊重与承认。在此种彼此相互尊重与承认的基础上,人的尊严也将与自由,平等,民主协调一致。① 从共同体的角度而言,人的尊严建立在共同体内彼此承认的每一个体存在唯一性这一基础之上,而生殖性克隆破坏并扰乱了这一关系,一个被规划与操控的,不具有个体唯一性的"人"的产生,势必会引起共同体内以个人主体与尊严为基础的自我理解陷于瓦解。因而,生殖性克隆涉及的并不是克隆人或欲被克隆之人的尊严,而是对一个以承认个体唯一性为基础,进而可在社会间交互作用与沟通的关系之侵犯。

六 结论

"人的尊严"的魅力在于:它是超越实在法的,不依据实在法而存在的先在规范,是全部法律秩序的伦理总纲,是人在社会和法律中存在相互承认的独立与平等地位的基础。晚近以来,"人的尊严"已进入法律领域,在一些重要的国际法律文件和越来越多的国家宪法文本中,均可见对人的尊严予以保护的规定。② 作为一个法律概念,"人的尊严"具有明显的历史性,开放性与实践性:"人的尊严"的产生与被赋予意义,离不开特定时空下历史,文化等因素的影响;"人的尊严"从道德哲学向法律尤其是向宪法规范的转化,与人类对自身的认知及法律上人的形象变迁密切相关;"人的尊严"之实践也必然是一个建构性的不断发展的过程,会随着人们对自身价值和人权理念的不断提升而获得动力。在科技不断进步的今天,明晰作为法律概念的"人的尊严"之内涵与界限,显得愈发重要。

---

① H. Hofmann, Die versprochene Menschenwürde, HFR 1996, Beitrag 8 , Rn. 29. 转引自陈品铮《论人性尊严之宪法意义——以德国基本法第一条第一项为基础》,硕士学位论文,中正大学法律学研究所,2010,第 32 页。

② 有关尊严入宪的历程,可参阅拙作《"人的尊严"义疏:理论溯源,规范实践与本土化建构》,载《中国法律评论》2017 年第 2 期。

"Human Dignity" in Construction of Rule of Law: It's Connotation and Limitations of Application

Wang Jinwen

Abstract: "Human Dignity" refers to the values and dignity of human as a member of human community. As a moral concept, "Human Dignity" is the basis of moral philosophy (or ethics), and has far-flung spiritual developing history, and we can find the influence of Kant's philosophy in it. As a legal concept, there are tight links among "Human Dignity", human rights and fundamental rights, and these links are historic, open and practical. Why the concept of "Human Dignity" was produced and given significance can't do without the influence of particular historic and cultural elements. The concept of "Human Dignity" had transformed from moral philosophy to legal realms, especially as a kind of constitution norms, is closely corelated to the cognition of human to himself and changes of human images in law. The practices of "Human Dignity" is necessary a process of constructive development, and gains its' impetus from the promotion of cognition to the values of human and human rights. The charm of "Human Dignity" is that it is a kind of preexist norms, which can exist without positive law and transcend positive law, and becomes general ethic principles of the whole legal order, and makes the basis of human independence and equality in society and law. "Inviolability to human dignity" refers to that Destroying "Human Dignity" in any methods is forbidden, and Looking down any people on derogatory patterns is not permitted, and treating human as pure object is not permitted. In our legal order aimed to construct the "Human Dignity", clarifying its' normative connotation, defining the scope of its' competence, is a premise of protecting human dignity.

Keywords: Human Dignity; Germany Fundamental Law; Kant's Philosophy; Human's Nature; The Duty of State Protection

死刑犯身体器官捐赠的法律问题

熊永明[*]

内容摘要：是否允许死刑犯捐献身体器官，在世界范围内，是一个饱受争议的问题。自 2015 年起，我国不再提倡死刑犯捐献器官。究其原因，一是很难判断死刑犯捐献身体器官的意思表示是否真实、自愿；二是在中国，死刑犯捐献器官的程序很不透明。对于能否利用死刑犯的器官问题，学界存在"赞成说"与"反对说"之争。"赞成说"比较妥当，因为：第一，从法律权利角度看，允许死刑犯自愿捐献器官，有利于充分实现其法律上的权利；第二，从刑罚的角度看，死刑犯并没有因此而被剥夺捐献人体器官的权利；第三，从法律效果看，允许死刑犯捐献器官，在客观上有利于平息或降低死刑犯家属与社会之间的情感冲突；第四，从社会效果上看，抑制或者反对摘取死刑犯器官，会使一些器官衰竭而濒临死亡的患者因得不到器官移植而死去，这不符合有利原则，而允许死刑犯器官捐献，有利于缓解医疗卫生事业中器官或尸体短缺的现状。当然，死刑犯捐献器官应遵循公正、公开、自愿和监督的原则，并且，我国有关死刑犯捐献器官的程序应进一步完善。死刑犯捐赠器官时其亲属不必在场，死刑犯器官捐赠的对象可以是其近亲属，也可以是其他人；捐献器官的死刑犯可以要求更为人道的死亡方式；对捐献器官者宜实行补偿制度。最后，应废除现行的《关于利用死刑罪犯尸体或尸体器官的暂行规定》。

关键词：死刑犯器官捐献　器官摘取　近亲属　《关于利用死刑罪犯尸体或尸体器官的暂行规定》

---

* 熊永明，法学博士，南昌大学法学院教授，博士生导师，主要研究方向为刑法学、刑事政策学、医事刑法。本文属国家社科基金项目"器官移植的刑法问题研究"阶段性研究成果。

死刑犯①进行器官捐赠会涉及诸多重大而基本的法律问题和制度问题，比如，是否允许死刑犯捐赠器官？死刑犯捐赠器官如何保证能完整地体现其意志？死刑犯捐赠器官是否会对刑罚产生实质影响？死刑犯捐赠器官后是否可以获得相应的待遇？如何看待我国全面禁止死刑犯捐献器官？等等，这需要从学理和立法两方面做出积极回应。

一 我国开始全面禁止死刑犯捐献器官的原因

毋庸讳言，长期以来，我国医学临床一直广泛地使用着死刑犯的身体器官，死刑犯身体器官成为器官移植的一个非常重要的来源，但自2015年起，器官移植不再使用死刑犯的身体器官。早在2014年"中国OPO联盟研讨会"上，原卫生部副部长、全国政协常委委员黄洁夫教授就对外表示，从2015年1月1日起，中国停止死囚器官使用，器官移植使用公民器官捐献。在2015年1月11日中央电视台"面对面"节目中，他再次面对媒体访谈坦诚说道，中国以后不再依靠死刑犯来捐献器官，而主要靠人们自觉捐献。②

中国之所以不再提倡死刑犯捐献器官，主要原因如下。一是很难判断死刑犯同意捐献器官是否真实自愿。死刑犯由于被囚禁于囹圄之中，加之司法监督机制失灵，死刑犯是否真的愿意捐献器官不得而知，死刑犯捐献器官给人以太多的想象空间。二是停止使用死刑犯的身体器官，有利于更好地保护人权，加强与国际接轨。三是死刑犯捐献器官过程不透明，隐藏着不少司法腐败和人性丑陋。掌握死刑犯生死予夺大权的司法机关往往据此把死刑犯的尸首"高价待沽"，内中充斥着形形色色的器官买卖行为。这与"人体器官不得买卖"的医学原则严重背离，容易招致国际人权组织的诘问和谴责。因而，如果死刑犯真的愿意捐献器官，应排除司法机关对其死后尸首的"专有权"，如死刑犯能清楚地表达书面意愿，一般应由法院、检察院、红十字会、死囚犯的律师（如果没有律师，必须在这一时段指派律师）和死囚犯的遗属等共同"见证"对其器官的摘取。

不过，黄洁夫教授在"面对面"中接受媒体访谈时却谈到了一点"特

---

① 这里所指的死刑犯仅指死刑立即执行这种情况，并不包括死刑缓期二年执行的情况。
② 《黄洁夫：停用死囚器官》，央视网，http://news.cntv.cn/2015/01/11/VIDE1420988398831635.shtml，最后访问日期：2016年1月15日。

殊"原因：因为没有办法对死刑犯表示致哀或者敬意、敬重和敬畏，才自然关起死刑犯捐献器官的大门。大凡摘取器官时，医生等都会通过对死者致哀的方式表达敬意，如果捐献者是死刑犯，在这种场合下，表达敬意显得不自然、不和谐。但笔者认为，这种"特殊"原因没有道理，应该不是中国不再使用死囚犯器官的理由。死刑犯首先是一个独立的自然人，其当然享有法律赋予的权利和自由，包括表达捐献身后器官意愿的权利。如果该死刑犯捐献器官是真心实意的，为什么医生不能对其表达基本的缅怀和凭吊呢？如果死刑犯真的自愿捐献器官，该惩罚的是他的死罪行为，对其自愿捐献的行为应加以肯定。对死刑犯而言，捐献器官是一种高尚道德或者良心发现，在医生眼里不应该有良民和刁民之分，如果死刑犯是一个热心中国器官移植事业的人，有什么理由不对这种人表达敬意呢？不少普通人士尚且做不到捐献器官，被社会仇视、遭被害人及其家属无限憎恨的死刑犯还能"人之将死""其行也善"，诚心诚意地捐献器官，凭这一点就在思想风格方面高于一般人。因而，在摘取死刑犯身体器官时，医生没有理由不对其致以基本的谢忱，哪怕这种谢忱仅仅是一种形式，哪怕这种谢忱仅仅是一种过场，哪怕这种谢忱仅仅是一种客套。因为医生致谢的是其捐献行为，而不是其犯罪行为。我们应从法律上否定死刑犯的犯罪行为，从医学上肯定死刑犯的捐献行为。其实，早先在其他场合，黄洁夫就曾经明确表示："死囚也是公民，其自愿捐献身后器官，应得到同样的缅怀。捐献器官也应纳入中国唯一的器官分配系统，自动分配给最需要的患者。"① 显然，黄洁夫教授在两个不同场合表达了自相矛盾的看法。进一步而言，如果以后我们还会继续接受死刑犯捐献身后器官，那么在"中国 OPO 联盟研讨会"上做出的"我国全面禁止死刑犯捐献器官"誓言就显得多余；如果以后我们重新接受死刑犯捐献器官，那么，对捐出身体器官的死刑犯致哀会在情感上变得顺畅起来吗？

二 提倡死刑犯捐献器官仍具有合理性

在能否利用死刑犯器官问题上，学界历来有"赞成说"和"反对说"

---

① 《明年 1 月 1 日起，中国器官移植将全面停止死囚器官捐献》，中国青年网 http：//news. youth. cn/jsxw/201412/t20141204_ 6166111. htm，最后访问日期：2016 年 1 月 4 日。

之争。

"赞成说"认为，利用死刑犯处决后的器官移植，能挽救因器官衰竭濒临死亡的病人，这对死刑犯无伤害，对社会和他人却有益。人体器官应被视为民法上的物。器官在没有与遗体分离之前应被视为该物的组成部分，但经过分割，即构成了一种独立的物，与遗体一样，也应属于在法律允许的范围内可以支配和利用但限制流通之物。① 而"反对说"则认为，利用死刑犯的器官不仅可能影响公正执法，侵犯了死刑犯本人的所有权和人权，而且违宪。② "反对说"之中又有"绝对反对说"和"相对反对说"的区分，前者主张，应绝对禁止利用死刑犯处决后的器官供移植，也就是说，不管死刑犯生前是否表示同意捐献器官，也不管其亲属是否愿意，对死刑犯处决后的器官一概不能作器官移植用；后者则认为，死刑犯的器官不能利用，但在特定范围之内可以利用。对于死刑犯来说，即使死刑犯自愿，也不能进行尸体器官移植，更不能进行活体器官移植，无论是国家、政府，还是社会，都不应当接受死刑犯的器官捐献，因此，在未来立法时，应禁止死刑犯器官移植。无论死刑犯自愿、同意与否，唯一可以考虑的例外情况是：允许死刑犯自愿地将自己的器官捐献给自己的配偶、近亲属。③

应该说，任何事物的是非曲直都是相对的，我们不能因为事物有可能出现"恶"的一面就全面否定该事物的存在，甚至拒绝其对社会、对人类有善的一面，正所谓"在泼脏水时连孩子也一起倒掉"，那样社会就可能裹足不前，甚至出现倒退现象。笔者认为，死刑犯的器官可以摘取，而且不能采取"相对反对说"的主张，即仅仅限于死刑犯近亲属的范围。死刑犯有权将自己的遗体和器官捐献给任何普通的公民、合法的部门或机构，但同时建议，捐献者应优先考虑将器官捐献给家庭困难的患者，因为这一类患者缺乏基本的经济基础，能获得捐献的渠道和机会更少。将他们优先列在捐献接受对象中，符合社会的公平和正义。④ 其实，如果能对摘取死刑犯器官操作规范化、透明化、人性化，就用不着"一刀切"地放弃死刑犯器官的摘取，毕竟死刑犯属于立即要被剥夺生命之人，不问青红皂白地把这

---

① 余能斌、涂文：《论人体器官移植的现代民法理论基础》，载《中国法学》2003年第6期。
② 陈齐、罗璐：《变卖死刑犯器官现象亟应作出立法限制》，载《检察实践》2003年第5期。
③ 曲新久：《论禁止利用死刑犯的尸体、尸体器官——死刑犯安排身后事的规范分析》，载《中外法学》2005年第5期。
④ 赵永强：《论死刑犯器官捐献的可行性》，硕士学位论文，中国政法大学，2010，第20页。

些最终处决的死刑犯的尸身一概付之一炬，与积极推动我国器官移植事业发展的宗旨多多少少是相背离的。笔者倾向于"肯定说"，具体理由如下。

第一，从法律权利的角度看，允许死刑犯自愿捐献器官，有利于充分实现其法律上的权利。从刑罚的角度看，死刑犯并没有被剥夺捐献人体器官的权利。根据我国刑法的规定，死刑犯被剥夺的仅仅是生命权以及选举权与被选举权，言论、出版、集会、结社、游行、示威自由，担任国家机关职务，担任国有公司、企业、事业单位和人民团体领导职务等政治权利和自由，并没有明确地被剥夺包括捐献器官在内的其他权利。因而，死刑犯依然拥有捐献自己器官和遗体的权利。死刑犯对于自己的器官、遗体的处置，保证遗体完整不受破坏等，是死刑犯的重大权利。如果死刑犯生前不同意死后捐赠器官，或者生前没有做过明确表示，被处决后其亲属不同意捐赠器官，就不得摘取其器官作移植之用；但如果死刑犯生前做出了同意捐献器官的意思表示，法律就应积极保障其权利的实现，这是对其自决权的法律尊重。如果一味地强调人道主义，坚决否定死刑犯的人身器官处分权，忽视死刑犯自己的意愿，就会产生以下冲突和矛盾：死刑犯一方面确实想捐献自己的器官为社会做贡献，急需器官移植的另一方病人却苦于没有捐献器官的供体。

在我国当前的司法环境下，担心摘取死刑犯器官有可能出现暗箱操作，当然有一定道理，"死刑犯究（竟）在何种情况之下得为捐赠器官之意思表示，其所为之意思表示是否完全出于本人之自有意思，决（绝）非全无问题"。[①] 但我们不能因噎废食，事实上，在我国医疗过程中，由于患者知识水平、认知能力等因素的限制而未能全面行使知情权、同意权的情形并不罕见，但我们并未因此而完全禁止手术、特殊性检查等医疗活动。因此，我们应当做的不是简单一禁了之，而是要考虑如何进一步完善法律，尽量做到真正、完全的知情同意，尽量减少不良影响。"很正常的是，在押者不确定他是否能做自由决定，但在押的事实并不意味着他没有权利决定自己的意愿。这样的思考下，我们就会认为剥夺在押者捐献的权利是错的，这样会限制他们的自我决定权，这不符合民主。"[②] 同样，我们也不能因为死

---

① 蔡墩铭：《医师刑法要论》，台湾翰芦图书出版公司，2005，第317页。

② Akvel, De Charro, *The Gift of Life: The Social and Psychological Impact of Organ Transplantation* (John Wiley & Sons, 1977), pp.431-433. 转引自蔡昱《器官移植立法研究》，法律出版社，2013，第333页。

刑犯捐献尸体器官有可能难以严格贯彻知情同意而拒绝这一行为的实施，我们完全可以通过规范的管理和严格的知情同意过程来避免不利因素。

第二，从法律效果看，允许死刑犯捐献器官，在客观上有利于平息或降低死刑犯家属与社会之间的情感冲突。刑罚的实施对罪犯及其亲属会不由自主地产生一些情感和心理上的冲突，法律应努力消解犯罪人与被害人之间存在的严重情感冲突，充分考虑犯罪人及其家属的心理情绪，弱化其对刑事法律及其实施的对抗、抵触情绪。"取出死刑犯的器官对受害者的亲属来说也是对该罪犯的一种报复，尤其是犯罪情节极其凶残与恶劣的情形。这种惩罚是一种缓解受害者家人愤怒的镇静剂，受害者亲属在他以后的日子里都必须靠这种镇静剂生活。"① 从补偿性视角看，虽然法院不能要求死刑犯让受害者重新活过来，但法院却可以要求死刑犯去挽救那些需要移植器官的病人的生命，这是他对社会造成损失的补偿方式之一。② 可以说，死刑犯同意捐献其器官本身就是一种赎罪奉献社会的善行。有人可能因一时错误受到惩罚甚至被判处死刑，这对本人、亲属的名誉都会造成极大损害。如果死刑犯愿意捐器官，希望对社会做点贡献以减轻自己良心的不安，这不仅对本人、家属来说是一件善举，而且会让本人尤其是亲属走出犯罪的阴影，获得精神上的解放，继续正常、安稳地生活。如果禁止其捐献尸体器官，不仅白白焚化造成浪费，而且还不能体现死刑犯最后的仅有的一点生命价值，会使他带着遗憾、带着痛苦离开世界。③

第三，从社会效果上看，抑制或者反对摘取死刑犯器官，会使一些器官衰竭而濒临死亡的患者因得不到器官移植而死去，这不符合有利原则。允许死刑犯器官捐献，有利于缓解医疗卫生事业中器官或尸体短缺的现状。一方面，我国医学临床上严重缺乏用来移植的器官，供体严重缺乏，已制约了临床救治和移植技术的发展，许多急需通过器官移植挽救生命的病人，因为不能得到器官而未能及时地被救治；另一方面，医学院校每年都需要大量的尸体用于教学和科研，但医学院校一直"尸"源紧缺，解决器官来

---

① Geffrey Palmer, "New Ways to Make International Environmental Law", *The American Journal of International Law*, 1992（86），pp. 259-283. 转引自蔡昱《器官移植立法研究》，法律出版社，2013，第 385 页。

② 参见蔡昱《器官移植立法研究》，法律出版社，2013，第 385 页。

③ 杨品娥、刘俊荣：《服刑人员捐献器官的伦理和法律问题解析》，载《医学与社会》2010年第 7 期。

源匮乏的矛盾，只能通过捐献来解决。从公平道德义务的视角看，社会剥夺死刑犯的生命是彰显正义和生命珍贵的表现，对恶性案件中极度凶残的死刑犯仅仅剥夺其作为人的资格还不够，也不公平。让一个无辜善良的人在本可以得救的情况下死去是不道德的，如果让死刑犯带着完好的器官下葬而不拿去拯救病人也是一种不道德的行为。现代医学水平的提升已使得道德义务也包括把这些恶性案件中的死刑犯的器官取出来拯救生命。[1] 摘取死刑犯器官的医生一方面尊重了死刑犯自愿捐献的自主权，对死刑犯价值给予了应有的尊重，另一方面又用移植来的器官救治了新的生命。为此，有必要建立死刑犯器官或尸体捐赠的法律制度，这样可以在相当的程度上缓解供体短缺的状况，有利于保障死刑犯的合法权益，也有利于实现其最后的自身价值和社会价值。同时，建立死刑犯器官或尸体捐赠制度，并且严格执行，可以一定程度上防范司法实践中死刑犯的器官被随意移植或解剖，或被随意变卖，严重侵犯死刑犯权益和伤害其家属情感的事实。死刑犯捐赠的器官或尸体对人体器官有巨大需求的社会和等待器官移植的病人而言，无疑是一个巨大的福音，具有广泛的社会效应。[2] "如果让死刑犯人带着完好的器官下葬而不去拿来拯救那些本可得救的病人是一种不道德的行为。如果把死刑犯的健康器官埋了，社会就等于在有意地、知情地让无辜的需要移植器官的病人们死去。这是错误的，也是不道德的。"[3]

三 死刑犯捐赠器官涉及的基本法律问题

死刑犯捐赠器官的真实自愿该如何得到体现，如何从法律层面评价死刑犯自愿捐献器官的行为性质，如何确立死刑犯摘取器官的时间以及死刑犯摘取器官是否应该获得相应待遇等问题是摘取死刑犯器官时遇到的几个基本法律问题。

---

[1] Akvel, De Charro, *The Gift of Life: The Social and Psychological Impact of Organ Transplantation* (John Wiley & Sons, 1977), pp. 431-433. 转引自蔡昱《器官移植立法研究》，法律出版社，2013，第 383 页。

[2] 郭兴利、周洪雨：《死刑犯器官或尸体捐赠的立法保护》，载《法学杂志》2006 年第 3 期。

[3] Geffrey Palmer, "New Ways to Make International Environmental Law", *The American Journal of International Law*, 1992（86），pp. 259-283. 转引自蔡昱《器官移植立法研究》，法律出版社，2013，第 383 页。

1. 死刑犯捐赠时其亲属是否必须在场？

对于执行死刑前死刑犯是否可以与其家属会见问题，我国刑事诉讼法陆陆续续地出台了一些规定。2012 年《刑事诉讼法》第 252 条规定："人民法院在交付执行死刑前，应当通知同级人民检察院派员临场监督。……执行死刑后，交付执行的人民法院应当通知罪犯家属。"由于刑事诉讼法并没有对死刑犯临终前是否有权会见家属做出清楚明确的规定，故 2013 年 1 月 1 日生效的《刑事诉讼法司法解释》第 423 条对此予以明确化："第一审人民法院在执行死刑前，应当告知罪犯有权会见其近亲属。罪犯申请会见并提供具体联系方式的，人民法院应当通知其近亲属。罪犯近亲属申请会见的，人民法院应当准许，并及时安排会见。"2007 年 3 月《最高人民法院、最高人民检察院、公安部、司法部关于进一步严格依法办案确保办理死刑案件质量的意见》第 45 条也有这种规定："人民法院向罪犯送达核准死刑的裁判文书时，应当告知罪犯有权申请会见其近亲属。罪犯提出会见申请并提供具体地址和联系方式的，人民法院应当准许；原审人民法院应当通知罪犯的近亲属。罪犯近亲属提出会见申请的，人民法院应当准许，并及时安排会见。"按照我国刑事诉讼法的规定，死刑执行时，应对罪犯验明正身，讯问有无遗言、信札，然后交付执行人员执行死刑。死刑犯捐献器官的意思表示当然属于"遗言"，也属于"验明正身"时应当讯问的内容范畴。由于被判处死刑的罪犯完全处于弱势地位，在与死刑犯签订捐献器官的协议时，应当通知其家属到场见证，或者由家属聘请律师到场见证。[1] 同时，检察机关应该在现场进行法律监督。医疗卫生和科研部门只有在死刑罪犯自愿并签名同意，或经其家属同意，并经有关卫生行政部门和司法部门严格审查批准的情况下，才可利用死刑罪犯的尸体或尸体器官。[2] 1984 年《关于利用死刑罪犯尸体或尸体器官的暂行规定》也明确规定：利用死刑罪犯尸体或尸体器官时，必须死刑罪犯自愿将尸体交医疗卫生单位利用，且经家属同意。

死刑犯家属到场见证死刑犯捐献器官，有利于防范医务人员和司法人员在摘取死刑犯器官时胡作非为，有利于有效维护死刑犯捐献器官的真实性和有效性。应该说"死刑犯家属到场见证"总体上来说是毋庸置疑的，

---

① 刘晓原：《死刑犯捐献器官应由家属见证》，载《法制生活报》2012 年 3 月 9 日，第 2 版。

② 卢建平：《器官来源的合法性探讨》，载《云南大学学报》（法学版）2007 年第 5 期。

但任何事情都是利弊共存的，死刑犯家属到场见证固然益处多多，但也会产生一些负面效应。毕竟死刑犯与其亲人之间存在血缘和亲缘的复杂情感，这就很容易在情感上干扰死刑犯的正确决断，从而对捐赠产生负面影响。如果家属必须到场，甚至这种捐赠必须得到家属同意才可进行的话，家属出于情感，往往可能会断然拒绝这种捐赠，刑罚的实施对罪犯及其亲属会产生后悔效应、痛苦效应和对抗效应，对被害人及其家属会产生安抚效应。[1] 因而，为了有效地推动死刑犯器官捐赠事业的进行，是不是可以对死刑犯捐献器官做一些变通？从目前看，较为妥当的办法是充分发挥检察机关等监督机关的功能，[2] 在死刑犯做出器官捐献的承诺时，在检察机关的法律监督和见证下，由红十字会来完成这些法律手续工作。当然，死刑犯的代理律师也完全可以到场监督。[3] 甚至在这种情况下，如死刑犯没有委托律师，人民法院应当为其指派律师参与监督。更加具体地说："死刑犯生前同意捐献的，必须以书面形式为准，且应当有两名律师在场见证，见证律师应当由死刑犯家属委托，……在死刑犯作出器官或尸体的捐献决定后，执行法院应当及时通知死刑犯家属，并在执行死刑前安排死刑犯和其家属见面。"[4]

另外，有观点指出，国际刑法学协会第十四届代表大会通过的《关于刑法与现代生物医学技术问题的协议》（以下简称《协议》）也明确规定了"各国对死刑犯遗体的适用应征得死刑犯或其家属的同意，并且尊重当地的风俗习惯"。[5] 据此推断，死刑犯捐献器官必须家属到场。但这种"引用"似乎并不准确，因为该《协议》只是规定了尸体和尸体器官使用的具体原

---

[1] 参见徐平《论刑罚的心理效应》，载中国法学会刑法学研究会组织编写《全国刑法硕士论文荟萃》，中国人民公安大学出版社，1989，第430~434页。

[2] 在司法实践中，检察人员对死刑临场监督，至死刑执行完毕即告结束，对于执行死刑以后的情况，例如是否存在执法机关违法使用遗体的情况并不清楚。因此，必须加强死刑执行后的延伸监督，对于死刑犯提出捐献遗体或其他合法合理的遗体处置方式，都要予以尊重。

[3] 也有观点指出，如果已核准死囚犯生前自愿捐献自己的某些器官，其被执行死刑后，应在检察机关和法院的监督下移植这些器官。参见孙猛《浅议死刑犯遗体权的保护》，载《人民检察》1998年第10期。

[4] 参见南芳《中国死刑执行罪犯权利保障研究》，硕士学位论文，兰州大学，2012，第22页。

[5] 杨帆：《关于死刑犯权利保障问题的思考与研究》，载《中国社会科学院研究生院学报》2011年第1期。

则和宗旨。归纳起来有三点：（1）利用尸体和尸体器官的目的，必须确保是科学研究或做器官移植手术等正常合法的用途，严禁利用死刑犯的尸体进行人体器官的买卖；（2）应遵循自愿捐赠的原则，并应有死刑犯立下书面遗嘱的口头材料和书面证明，最好由公证部门予以公证；（3）对无人收殓或者家属拒绝收殓的，可以依法予以利用和护理，但应充分考虑死刑犯的民族习惯与习俗，尊重罪犯的人格尊严。可见，该《协议》只是对死刑犯遗体的适用确立了"自愿捐赠"的原则，并没有明确要求"遗属必须到场"，就算《协议》有以上要求，也只是要求"征得死刑犯或家属的同意"，且二者居一，并不是"死刑犯和家属一致同意"，因而以此为据并不具有多大的说服力。

2. 死刑犯器官捐赠的对象是否应该受到限制？

如果允许摘取死刑犯器官，器官的受体范围如何确定也值得关注。在该问题上，不少观点指出，死刑犯不能向其他人捐赠，但可以向其近亲属捐赠。持这一观点的人主张，应严格禁止死刑犯器官移植，无论死刑犯自愿、同意与否，唯一可以考虑的例外是，允许死刑犯自愿地将自己的器官捐献给自己的配偶、近亲属。[①] 这般做法似乎达到了既有效保障死刑犯权益又有利于器官移植事业的双重目的，但谁能保证近亲属不会为了利益而居中充当买卖人体器官的中介呢？谁又能保证所谓的"近亲属"不是通过捏造材料而"冒充"的呢？如果要关闭死刑犯器官捐赠的大门，就应该全部关闭，不应该"犹抱琵琶半遮面"，因为这有可能成为滋生犯罪的温床。"当前中国的问题是，如果法律明文规定禁止，那么有的力量可能会冲开一个法外的小口子，但如果法律开一个小口子，就可能被冲开为一个大豁口。"[②] 比如说，实践中就完全可能出现某些人通过制造材料的方式证明所谓的"受体"与死刑犯这一"供体"之间有近亲属关系（如夫妻关系），因此，一些人对死刑犯捐献器官持两种完全对立的立场：要么完全禁绝，要么完全放开。笔者主张，仍应当开放死刑犯捐赠器官的大门，不仅如此，而且死刑犯器官捐赠的受体也不宜受限制。法律并未对死刑犯的器官利用

---

① 曲新久：《论禁止利用死刑犯的尸体、尸体器官——死刑犯安排身后事的规范分析》，载《中外法学》2005年第5期；郭恒忠：《人体器官移植法律缺失　法学专家呼吁尽快立法》，载《法制日报》2005年6月1日，第4版。

② 刘波：《死囚器官移植：要禁就禁彻底》，载腾讯文化 http：//cul.qq.com/a/20141210/022878.htm，最后访问日期：2015年12月21日。

做出禁止性规定，根据"法无禁止即可行"的原则，死刑犯有权依照法律以及我国器官捐献分配办法等把器官捐献给他人或近亲属。实质上，重要的不是向谁捐赠，而是如何规范捐献，亦即提高死刑犯捐献器官的透明度问题。如果不可以向社会上其他不特定人捐赠器官，那么，凭什么就可以向死刑犯的近亲属捐赠呢？

进而要强调的是，死刑犯不仅可以就死后身体及其器官做出捐献表示，而且还可以献出自己身体内的精子或卵子。现代科学告诉我们，精子在人类死亡后36小时都能存活，女性死后也可以从其体内提取卵子。① 如果允许死刑犯将器官捐献给自己的近亲属，那么，也应该允许死刑犯将自己的精子或者卵子给予配偶。现代辅助生育技术的发展已使夫妻间精子和卵子的结合不必仅仅限于性交这种传统方式。现代医学技术尤其人工辅助生殖技术的发展，已使生育方式完成了从传统到现代的转变，人们也因此获得了选择生育方式的可能性。只不过当死刑犯捐献的是精子或卵子等遗传物时，这种遗传物毕竟与身体器官不同，这种遗传物任意捐献有可能破坏既定的家庭伦理和社会秩序，因而捐献遗传物时，接受对象应受到严格的限制，即只能是其配偶。

3. 被摘取器官的死刑犯可否要求死刑执行方式？

由于注射执行方式较之枪决更为人道，捐献器官的死刑犯是否有权利向司法机关提出死刑执行方式呢？有观点认为，注射相比于枪决来说，具有轻缓、快速、人道、文明等优点，而且可以最大限度地保证死刑犯器官或尸体的利用价值。如果赋予捐赠器官或尸体的死刑犯以选择权的话，他们中的大多数人肯定会选择注射方法，而且这反过来又会对死刑犯捐赠器官或尸体具有重大而积极的推动作用。②

其实，在这种情况下，根本不需要让死刑犯自己选择，而是法律本身应做出规定。我国台湾地区对捐献器官的死刑犯在执行死刑时便开启了"绿灯"，台湾"执行死刑规则"第3条规定：但对捐赠器官之受刑人，检察官得命改采射击头部之执行死刑方式。第5条规定：对捐赠器官之受刑人，执行枪毙，经判定死亡执行完毕，始移至摘取器官医院摘取器官。其

---

① 《以色列法庭批准提取死亡少女卵子冷冻，属世界首例》，载国际在线 http://gb.cri.cn/27824/2011/08/09/5105s3332749.htm，最后访问日期：2015年8月29日。
② 郭兴利、周洪雨：《死刑犯器官或尸体捐赠的立法保护》，载《法学杂志》2006年第3期。

在死刑执行方式、执行时间的选择以及执行后尸体及其器官的移植问题上较多地考虑了人们的心理感受和文化积淀，值得我们借鉴。[1] 从保护器官本身看，应尽量选择注射方式来执行死刑，一是可以缩短死亡的时间，使死刑犯少受痛苦，更为人道；二是因为采取枪决方式常常是子弹打爆或打穿头颅，不利于保护死刑犯的身体器官，而采用静脉注射药物的方式，能使死刑犯在平静中死去，大大减轻了肉体的痛苦。因此，执行死刑注射与枪决相比，更能减少死因的恐惧和痛苦，更好地保护死刑犯的身体器官，从而维持死刑犯身体器官的有效性和利用价值。美国路易斯·J.帕默尔建议了一套死刑犯器官摘取的操作模型。（1）判决被告麻醉诱导脑死亡。（2）在处决方法上，先是向被告体内注入足够量的硫喷妥钠或者其他可以产生相同结果的化学物质，待大脑死亡时，即取出被告体内可移植的健康器官。判决脑死亡是由现场证人决定和声明的，人员包括：适量的惩教人员、校正专员、州检察长、典狱长、被告指定的神职人员、被告指定的两个家庭成员、校正专员选定的两个被害人家庭成员、校正专员选择的两个广大市民、校正专员选择的五个媒体人员。（3）处置尸体。摘除器官后，所有被打开的伤口会被认真地缝合，剩下的尸体移交给要求认领尸体的配偶或亲属，或移交给要求认领尸体的朋友，或者用法规中提供的处理方式埋葬尸体。[2]

4. 是否应对死刑犯捐献器官实行补偿？

既然死刑犯同意捐献器官，那么，对其予以一定的补偿是不是天经地义的，在该问题上出现了两种对立的观点。"有偿性论"主张，使用方应该予以一定的合理补偿。应当允许死刑犯的亲属获得适当补偿，用于死刑犯遗体或丧葬费用的开销。[3] 死刑犯因捐赠器官或尸体而获得补偿金，既可以减轻死刑犯的家庭负担，又可以在一定程度上弥补被害人所遭受的损失，从而使被害人的合法权益受到最大限度的保护。[4] 给予捐献器官的死刑犯及其亲属一定的经济补偿和精神鼓励，不仅可以使死刑犯亲属在某种程度上

---

[1] 冀永生：《我国死刑执行程序的法律完善》，硕士学位论文，中国政法大学，2008，第22页。

[2] 参见蔡昱《器官移植立法研究》，法律出版社，2013，第398~399页。

[3] 董玉鹏、吴春岐：《论死刑犯器官捐赠》，载《山东警察学院学报》2007年第6期。

[4] 郭兴利、周洪雨：《死刑犯器官或尸体捐赠的立法保护》，载《法学杂志》2006年第3期。

摆脱困境，也有利于对受害人进行补偿。① 但另外一种观点即"无偿性论"认为，首先，捐献器官应无偿进行，不能对死刑犯本人或亲属产生经济上的利益驱动。如果基于现实的考虑，倡导捐献器官需要对捐献者进行一定的肯定和鼓励，也只能采用与无偿献血相同的方式，即捐献者的近亲属在需要器官移植时可得到免费的器官提供。除此之外，不得对捐献者及其亲属进行任何形式和名义上的奖励。② 其次，要切断死刑犯捐献器官的行为与其所判刑罚间的联系。死刑犯捐献器官与否，不能与被判处的刑罚有任何联系。即便死刑犯捐献的器官恰恰能移植给被害人的亲属，被害人亲属请求法院对死刑犯从轻处罚，也不能据此法外开恩，减轻死刑犯的刑罚。否则，原本充分体现人道与仁爱的器官捐献，会变得非常不人道和非常残忍，与初衷背道而驰。③

以上两种对立的观点似乎都过于绝对和片面。虽然器官捐献是无偿的，但并不妨碍对这种捐献了器官的死刑犯及其遗属采取一定的补偿制度，如果社会上一般人士捐献器官可以享受一定的补偿，而死刑犯捐献器官却不享受这种补偿，则显得不公平。对此，《关于利用死刑罪犯尸体或尸体器官的暂行规定》也明确指出，对于需征得家属同意方可利用的尸体，由人民法院通知卫生部门同家属协商，并就尸体利用范围、利用后的处理方法和处理费用以及经济补偿等问题达成书面协议。这说明实行"经济补偿"早就有法律依据可循，法律是允许的。事实上，无偿与受益并不冲突。如同义务献血之后，要给予献血人相应的补助一样。或许考虑到器官捐献者的公德心，考虑到其对社会的奉献精神，学界一种有力的声音甚至认为，对器官移植应提倡有偿取得方式，建议实行高额补偿的活体器官捐献机制。④无偿捐赠当然应当鼓励，但这容易造成对捐赠者的不公平，供体因此享受的权利和履行的义务不一致，故应允许在国家有序规制下的有偿捐赠。器官捐献的死刑犯获得的"回报"既可以是国家给予的补偿，也可以是其他

---

① 宋超：《浅析死刑犯部分人身权利》，载《黑龙江省政法管理干部学院学报》2012年第1期。

② 牛传勇：《死刑犯捐器官应坚持三原则》，法制网 http://www.legaldaily.com.cn/misc/2005-06/07/content_153677.htm，最后访问日期：2015年3月2日。

③ 牛传勇：《死刑犯捐器官应坚持三原则》，法制网 http://www.legaldaily.com.cn/misc/2005-06/07/content_153677.htm，最后访问日期：2015年3月2日。

④ 蔡昱：《非等额高额补偿的活体器官捐献机制初探》，载《南昌大学学报》（人文社会科学版）2011年第2期。

方面的待遇，比如贫困家庭享受低保，家里子女上学困难的免费解决上学问题等。实践中，有种种原因，死刑犯被执行死刑时家属并没有接到通知；还有的死刑犯在外地被执行死刑，家属出于经济方面的考虑也没有去收殓。纵使在这种情况下，摘取死刑犯的器官也应给予家属适当的经济补偿。

以上的"有偿性论"还主张，应允许死刑犯的亲属获得适当补偿，用于死刑犯遗体或丧葬费用的开销。但如此处理的理由并不充足。按照《关于利用死刑罪犯尸体或尸体器官的暂行规定》，死刑犯尸体被利用后，如需埋葬或做其他处理，由利用单位负责。从实际情况看，但凡有人同意死后捐献器官或者遗体，基本上由红十字会负责安排丧葬事项，死刑犯捐献器官的当然等同视之。既然把"丧葬费"作为补偿的理由尚不充分，我们不妨效仿巴西等国家，对器官移植，无论是术前还是术后，费用均由政府"埋单"。[①]

四 应该废除《关于利用死刑罪犯尸体或尸体器官的暂行规定》

长期以来，我国摘取死刑犯器官基本上都是按照1984年10月9日最高人民法院、最高人民检察院、公安部、司法部、卫生部、民政部制定通过的《关于利用死刑罪犯尸体或尸体器官的暂行规定》（以下简称《暂行规定》）操作。如果要对死刑犯身体器官合理利用，必须彻底废除该《暂行规定》，该《暂行规定》与国内外环境、其他法律法规以及器官移植的方针等大相径庭，彻底废除已箭在弦上。

该《暂行规定》是我国迄今为止唯一关于尸体器官利用的司法性文件，应该说，它为我国器官移植的开展发挥了一定作用；但现在看来，该规定内容粗疏、操作空洞，极易诱发法律风险。

第一，关于"无人收殓或家属拒绝收殓的"。该条款未对时间进行限制，究竟需要多长时间才可以摘除其器官？事实上，在执行死刑时，多数家属都不愿或不被允许在现场观看，由于家属很难立即到场确认是否认领，司法机关容易以此为据视为"家属不认领"，摘取器官便变得合情合理了，

[①] 朱幸福、苑云天：《巴西：器官移植政府全额"埋单"》，载 http://www.cn-healthcare. com/guoji/focus/2012-11-26/content_ 413955. html，最后访问日期：2015年9月18日。

这样，执行死刑后，只要家属不能立即认领，就可以马上摘除其器官。退一步说，如果死刑犯本人生前不愿捐献，而执行死刑后家属拒绝收殓，就可随意摘除器官吗？这种摘除显然违背了《人体器官移植条例》的精神。所以，应对此做出具体的规定。

第二，关于"死刑罪犯自愿将尸体交医疗卫生单位利用的"。该条款没有提到家属的意见。如果死刑犯生前表示同意捐献，而执行死刑后其家属却不同意，出现这种情况应如何处理？是应当遵从死者生前的意愿，还是家属的意见？对此不得而知。另外，此处的"自愿"意思表示是仅仅口头表示即可，还是得采取书面方式？规定也不明朗，其并没有明文规定死刑犯应填写书面签字同意书。

第三，关于"经家属同意利用的"。如果死刑犯生前表示不同意捐献，而其死后经家属同意捐献的，这样做符合伦理吗？[①]

综观该《暂行规定》，笔者认为，其还存在以下不足。

第一，《暂行规定》层级效力过低。《暂行规定》不属于立法，其虽然是由包括最高人民法院、最高人民检察院在内的各部门共同颁布，但不是司法解释，而只属于部门文件，因而在法律的层次效力上显得过低。由于死刑犯器官捐献方面立法的内容，涉及死刑犯的权利保护、刑罚的执行等多个重大法律问题，从重要性和国际关注度看，该问题有必要上升到全国人大常委会的立法层面讨论。这样既可以提升法律位阶，也可根据社会的进步和人权保障的需要，对一些问题做出更详细的规定。[②]

第二，《暂行规定》与器官移植方针相悖。我们知道，目前中国人体器官分配与共享系统已正式上线运行，因而可以把全国范围内的器官捐献统一纳入该系统之中，但《暂行规定》只是提出"根据需要的轻重缓急和综合利用原则"负责管理死刑犯尸体、尸体器官的利用工作，并没有涉及人体器官移植的分配机制。这种以地级市为范围的器官分配做法在合理性、公平性、透明性上均大有疑问，与统一调配器官的全国分配系统之方针是相悖的。

第三，《暂行规定》容易诱发司法腐败。《暂行规定》第3条第1款对

---

① 杨品娥、刘俊荣：《服刑人员捐献器官的伦理和法律问题解析》，载《医学与社会》2010年第7期。

② 刘仁文：《死刑犯器官利用的立法问题》，载《东方早报》2012年11月22日，第A23版。

于"无人收殓或家属拒绝收殓的"尸体或尸体器官处理规定，容易成为有关部门随意处置死刑犯尸体的理由，甚至为某些部门或个人盗卖死刑犯尸体从中渔利提供了便利。"无人收殓"和"家属拒绝收殓的"如何理解？其判断时间为何时，有的家属因为死刑犯"罪大恶极"心生羞耻而不愿前往领尸；有的案件中，有种种原因，死刑犯被执行死刑时家属并没有接到通知；有的死刑犯在外地被执行死刑，家属出于经济考虑而没有去收殓；等等。这些情况很容易让人认为死刑犯的尸首属于"无人收殓"或者"家属拒绝收殓的"，从而直接将死刑犯尸首"捐献"出去。如一些地方法院处决犯人，往往以安全执行为由，事先不通知家属行刑日期。死囚被处决后，家属不可能马上收尸，其尸体自然便无人收殓。这类死刑犯的器官往往就以"无人收殓或家属拒绝收殓"为由而被"捐献"出去。① 又如，《暂行规定》明确指出："利用死刑罪犯尸体或尸体器官要严格保密，注意影响……不得使用卫生部门标志的车辆，不准穿白大衣"。这种"严格保密""注意影响""不得使用卫生部门标志的车辆""不准穿白大衣"的做法从反面说明了这种摘取死刑犯尸体器官的做法不符合法律的公正、公开精神，否则何必遮遮掩掩、躲躲闪闪呢？

第四，《暂行规定》与现行法律制度不合。我国《人体器官移植条例》第8条规定："……公民生前未表示不同意捐献其人体器官的，该公民死亡后，其配偶、成年子女、父母可以以书面形式共同表示同意捐献该公民人体器官的意愿。"第17条规定："在摘取活体器官前或者尸体器官捐献人死亡前，负责人体器官移植的执业医师应向所在医疗机构的人体器官移植技术临床应用与伦理委员会提出摘取人体器官审查申请……"按照《刑法修正案（八）》的规定："违背本人生前意愿摘取其尸体器官，或者本人生前未表示同意，违反国家规定，违背其近亲属意愿摘取其尸体器官的，依照本法第三百零二条的规定定罪处罚。"据此，摘取尸体器官必须有死者生前同意捐献或其近亲属同意捐献的意思表示。而《暂行规定》不管死刑犯生前意愿也不征得死刑犯家属意愿，只要尸体"无人收殓"或者"家属拒绝收殓"，就摘取其身体器官，显然与现行法律制度严重冲突，利用死刑犯的遗体或器官已经涉嫌构成犯罪。虽然《暂行规定》颁布在先，《人体器官移

---

① 参见冀永生《我国死刑执行程序的法律完善》，载《山西省政法管理干部学院学报》2008年第1期。

植条例》和刑法规定通过在后，但也说明了《暂行规定》在司法适用上已经寸步难行，失去了存在的价值和意义。

第五，《暂行规定》与刑事诉讼法精神产生冲突。就死刑执行方式看，《暂行规定》第 1 条指出，对判处死刑立即执行的罪犯，必须按照刑法有关规定，"用枪决的方法执行"。但现在的刑事诉讼法早已允许采取注射等更为人道的方式执行死刑，那么，条款中限于"枪决"的规定就与刑事诉讼法精神不一致。

On the Legal Problems of Gathering the Condemned Prisoner

Xiong Yongming

Abstract：Wether or not permit the death penalty criminals to donate his organ is a point at issue worldwide. Since 2005, Chinese government decided to ban the death penalty criminals organ donation, The reasons is very simple. On the one hand, it is difficult to judge the real intention to donate; on the other hand, the process of Chinese condemned organ donation is opaque. In Chinese academic circles, there are two conflicting standpoins in whether the use of organs from executed prisoners, that is, "supporting viewpoints" and "opposing viewpoints". I think that "supporting viewpoints" is appropriate. Firstly, from the point of legal rights and penalty, permitting the death penalty criminals organ donation is favor of achieving fully his legal rights. Secondly, from the perspective of legal effects, permitting the death penalty criminals organ donation will quiet down and lower the emotional conflicts between the condemned prisoner's relatives and the others. Thirdly, permitting the death penalty criminals organ donation will remit the shortage of organ or corpose in medical and health service through the analysis of social effects. Certainly, organ donation must follow the principles of fair, public, voluntary and supervision, and the process of donation ought to be improved further. In addition, I think, when the condemned prisoners donating their organs, their relatives may not be present. The objects of organ donation of the condemned prisoner are not only their close relatives, but also other people. The condemned prisoner who donates his organs can require more humane way of death, and can obtain some compensation. The Provisional Regulations on the use of death penalty corpses or organs of corpses should be abolished.

Keywords: the Organ Donation of the Condemned Prisoner; Organ Jarvesting; Close Relatives; the Provisional Regulations on the Use of Death Penalty Corpses or Organs of Corpses

中美知识产权法定赔偿适用次序比较研究[*]

张春艳　傅新宇^{**}

内容摘要：自 2001 年我国引入法定赔偿制度后，虽然我国法律规定，知识产权损害赔偿应依据一定的顺序，其中，法定赔偿适用次序始终处在末位，但在实践中，法定赔偿的适用比例居高不下。相较而言，美国的版权和商标权法定赔偿的适用次序均为选择性适用，且有时间性规定。两者孰优孰劣？学界既有赞成我国现有做法的，亦有人肯定美国的做法。基于对公平观念的坚守和社会创造的正向激励，以及基于遵守"填平"原则的需要，加之考虑到适用次序限制可以缓和效率与公平价值之间的冲突，因此，全盘否定知识产权法定赔偿适用次序的观点不够全面。因为法定赔偿作为一种补充性计算方法而存在，是一种不得不为的妥协，这是由知识产权问题固有的复杂性造成的。在整个知识产权领域，适用法定赔偿应有次序限制虽是一项原则，但对于一些特殊的法律领域（如著作权）来说，在适用法定赔偿时，应进行适当的变通，允许其突破次序限制，将选择不同计算方法计算赔偿损失数额的权利交给权利人，此种做法或许更加可取。

关键词：知识产权　损害赔偿　法定赔偿　适用次序

我国自 2001 年在立法上正式引入法定赔偿制度以来，法定赔偿在司法实践中的适用比例一直居高不下。长沙市中院曾以 2010 年 10 月 21 日至 2015 年 12 月 31 日受理的知识产权侵权案件数据为蓝本，经分析整理后得

---

* 本文系国家社会科学基金项目"中美知识产权法定赔偿比较研究"的阶段性成果之一。数据来自长沙市中院《知识产权民事案件损害赔偿额判定状况》（2011~2015 年）。

** 张春艳，法学博士，江苏师范大学法学院教授，硕士生导师；傅新宇，江苏师范大学法学院 2017 级民商法硕士研究生。

出结论：在所有判赔的案件中，适用法定赔偿的比例高达 98.2%，其中，原告直接要求适用法定赔偿的占 98%。2013 年，中南财经政法大学知识产权研究中心主持完成的《知识产权侵权损害赔偿案例实证研究报告》表明，在著作权侵权案件的判赔中，采用"法定赔偿"标准的占 78.54%；在商标权侵权案件的判赔中，采用上述标准的占 97.63%。专利侵权判决的这一比例则为 97.25%。① 笔者通过查阅中国裁判文书网，对近 4 年北京以及上海两地法院知识产权法定赔偿适用情况进行整合、分析、比较，并建立图表模型进行计算，得出了法院在判决中适用法定赔偿案件的宏观动态数据。表 1 为以年份为标准，对近 4 年适用法定赔偿判决案件个数的统计，以及其占当年判赔案件的百分比。

表 1   2015～2018 年适用法定赔偿案件数及比例

年份	判赔案件数（件）	适用法定赔偿案件数（件）	适用比例（%）
2015	8148	7622	93.54
2016	13780	13012	94.43
2017	18251	17856	97.84
2018	693	658	94.95
总数	40872	39148	95.78

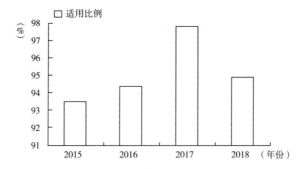

图 1   2015～2018 年适用法定赔偿占判赔案件比重

① 参见张维《知识产权侵权获赔额整体偏低》，《法制日报》2013 年 4 月 18 日，第 4 版。

2015 年适用法定赔偿的案件有 7622 件，占当年判赔案件数的 93.54%；2016 年有 13012 件，相较 2015 年上升了 0.89 个百分点，至 2017 年又上升至 97.84%，但 2018 年的前 4 个月，下降至 94.95%，数据上虽有所起伏，但总体上符合规律。法定赔偿适用率平均为 95.78%。

通过图 1，可以更直观地对近 4 年适用法定赔偿案件占判赔案件比重进行了解。分析图 1 可知，适用法定赔偿的比例总体上在 93% 至 98% 之间。由此可见，法定赔偿在知识产权权属、纠纷案件中适用比例非常高。简而言之，有九成以上的案件适用法定赔偿判决。

表 2　不同类型案件适用法定赔偿的案件数及比例

案件类型	判赔案件数（件）	法定赔偿案件数（件）	适用比例（%）
著作权权属、侵权案件	29916	28877	96.53
商标权属、侵权案件	10610	9521	89.74
专利权属、侵权案件	3538	3435	97.09
总数	44064	41833	94.94

表 2 通过对不同类型的案件进行调查发现：著作权类案件适用法定赔偿的案件数为 28877 件，占所有著作权判赔案件的 96.53%；商标类案件适用法定赔偿案件数为 9521 件，占所有商标判赔案件的 89.74%；专利类案件适用法定赔偿案件数为 3435 件，占所有专利判赔案件的 97.09%；此外，由于植物新品种案件与企业名称（商号）类案件判决极少，得到的样本数量不足，难以形成足够的说服力，因此，此处未列出。为更直观起见，我们还可以通过图 2 的形式，反映不同类型案件适用法定赔偿的占比情况。

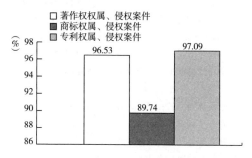

图 2　不同类型案件适用法定赔偿的比例

从上述两组数据可以看出，法定赔偿适用的比例已远远超出其他比较常见的权利人实际损失和侵权人获利两种侵权损害赔偿额确定的方法，甚至出现了"一枝独秀"的尴尬局面。这一现状似乎并非立法者的初衷。因为从立法条文看，立法者有意将法定赔偿作为权利人提出要求损害赔偿的补充性方法。① 三大知识产权立法均明确表示，法定赔偿只是一种在权利人实际损失和侵权人获利无法计算（见《商标法》和《著作权法》）或者权利人实际损失和侵权人获利以及许可使用费均无法计算（见《专利法》）的情况下的一种替代性确定方法。司法实践中法定赔偿"风景这边独好"与立法中法定赔偿"替代性"定位的巨大反差让人们不得不思考，应如何处理法定赔偿适用次序问题。笔者通过对我国现行法的规定与该确定方法的历史沿革以及美国的立法例进行梳理，对比研究中美两国法定赔偿适用次序的发展脉络，以期为明确法定赔偿适用次序的准确定位提供基础性依据。

一　我国知识产权法定赔偿的适用次序

（一）著作权法定赔偿适用次序：从末位到选择适用

1991 年 6 月 1 日施行的《著作权法》以及 1991 年 5 月 30 日国家版权

---

① 法定赔偿的性质关系到法定赔偿在整个知识产权领域的地位，直接影响着其基本定位，对于其建构有着指导作用。对于法定赔偿的性质，学界有不同的认识。有的学者认为法定赔偿是一项独立的赔偿原则与全面赔偿原则是并列关系（详见蒋志培《知识产权侵权损害赔偿原则》）有的学者认为法定赔偿是知识产权损害赔偿的一项相对独立制度（详见周晖国《知识产权法定赔偿的司法适用》，载《学术研究》2007 年第 17 卷）有的学者认为法定赔偿只是全面赔偿原则指导下，面对知识产权侵权的复杂性无法准确计算权利人的实际损失以及侵权人的实际获利的情况下，法律规定的一种补充性计算方法。（王迁、谈天、朱翔：《知识产权侵权损害赔偿：问题与反思》，载《知识产权》2016 年第 5 期）笔者认为法定赔偿只是作为全面赔偿原则下的补充计算方法。在面对假定是一种计算方法而得出的数据是不准确，有违计算方法科学性的质疑下，法定赔偿是一种合理的预估，虽然无法完全保证其准确性，但是并不妨碍其科学性的存在。法定赔偿是在"法官不得拒绝裁判"与知识产权侵权的自身特性相互冲突，立法做出的妥协，在法条的表述形式上，法定赔偿也只能是一种补充性的计算方法。

局发布的《中华人民共和国著作权法实施条例》① 并没有规定法定赔偿的计算方式，甚至没有规定计算赔偿损失数额的基本方式，只是泛泛地规定赔偿损失的民事责任形式。由于没有规定赔偿数额的计算方式，当然就没有确定法定赔偿的适用顺序，因为讨论的前提不存在。但如果因为没有法条的明文规定，就否定法官在处理著作权纠纷时曾经使用一种主观的自由裁量方式，似乎太过草率。事实表明，法官们在面临实际损失或者侵权人获利无法准确计算的困境时，通常都会依据主观裁量做出赔偿数额的认定。在法定赔偿引入立法之前，我国司法实践中出现的酌情赔偿和定额赔偿即说明了这一点。值得注意的是，在当时的司法文件中，无论酌情赔偿，还是定额赔偿，均是作为弥补性确定方式而出现的。上文中所提的 1995 年《北京高院意见》规定，在实际损害或侵权获益都难以确定时，侵权人应当酌情赔偿。

2000 年颁布的《最高院计算机网络著作权司法解释》第 10 条第 2 款规定，在实际损失或违法获利都不能举证证明的情况下，可以在 5000 元以上 30 万元以下确定赔偿数额，最多不得超过人民币 50 万元。最高人民法院的这个司法解释明确规定，法定赔偿只能在前两种方法不能确定时，方可适用，即法定赔偿的适用次序发生在权利人的实际损失以及侵权人的违法利益无法确定之后。

2001 年，我国第一次修订《著作权法》，该法第 48 条②规定了损害赔偿额确定的具体方式，并明确了每种计算方式的顺序。即首先应确定权利人受到的实际损失，在实际损失不能确定的情况下，才求助于权利加害人因侵权行为而获得的不法利益。如果前述两种方法仍无法确定权利人损害赔偿的数额，则需要发挥法官的智慧，借助法官的自由裁量权，依据侵权行为做出 50 万元以下的损害赔偿额判决。这是我国《著作权法》首

---

① 《著作权法》（1991 年修订版）在第五章法律责任中明确了侵害著作权应该承担的责任，包括民事责任以及行政责任。在具体列举了侵权行为类型之后，规定解决纠纷的途径。在整个章节中没有规定如何计算损害赔偿数额，原因大致有三：首先，立法经验不足，对于如此细致的技术性操作欠做考虑。其次，法律必须规制社会纠纷，而在当时立法背景下，显然不需要如此精细化之处置。最后，赔偿损失之数额等于原告所受之侵害，是普遍之观念，无须立法强调。

② 《著作权法》（2001 年修订版）第 48 条："侵犯著作权或者与著作权有关的权利的，侵权人应当按照权利人的实际损失给予赔偿；实际损失难以计算的，可以按照侵权人的违法所得给予赔偿。赔偿数额还应当包括权利人为制止侵权行为所支付的合理开支。"

次明确法定赔偿的法律地位，并明确了法定赔偿的计算方式与适用顺序。

自 2001 年我国《著作权法》确立法定赔偿之后，法定赔偿适用如井喷之势在全国各地得到了普遍适用。但随之引发的法定赔偿适用问题也非常多，于是，各地高级人民法院纷纷出台关于法定赔偿适用的地方性指导意见。其中北京市高级人民法院、安徽省高级人民法院、江苏省高级人民法院和重庆市高级人民法院等均明确规定不应直接适用法定赔偿方法。①

2010 年《著作权法》进行了第二次修订，仅修改了一个条文，增加了一个条文。对于法定赔偿的规定没有做任何修改，依然延续了 2001 年《著作权法》的规定。

2011 年底，我国开始启动《著作权法》第三次修订工作。其中 2012 年《著作权法》第三次修订送审稿第 76 条第 1 款规定，权利人自行选择计算赔偿额的方法，可不受限于适用次序。② 由此可以看出，2012 年的《著作权法（送审稿）》对法定赔偿的适用次序做了重大修改。一改以往将法定赔偿作为替补性赔偿额确定方法这一定位，对权利人损害赔偿额计算方法的适用次序做出了全新规定，使法定赔偿与权利人实际损失、侵权人违法所得和权利交易费用的合理倍数等计算方法处于同一适用次序，将选择权给

---

① 《北京市高级人民法院著作权损害赔偿指导意见》第 6 条确定著作权侵权损害赔偿数额的主要方法有：（一）权利人的实际损失；（二）侵权人的违法所得；（三）法定赔偿。适用上述计算方法时，应将原告为制止侵权所支付的合理开支列入赔偿范围，并与其他损失一并作为赔偿数额在判决主文中表述。对权利人的实际损失和侵权人的违法所得可以基本查清，或者根据案件的具体情况，依据充分证据，运用市场规律，可以对赔偿数额予以确定的，不应直接适用法定赔偿方法。《安徽省高级人民法院法定赔偿指导意见》第 2 条第 1 款规定：对商标、著作权权利人的实际损失和侵权人的违法所得可以基本查清，或者根据案件的具体情况，依据证据规则和通过证据的采信可以对赔偿数额予以确定的，不应直接适用法定赔偿。《江苏省高级人民法院定额赔偿指导意见》第 3 条：原告同时请求按因侵权所受到的损失或被告因侵权所获得的利益和定额赔偿办法计算赔偿数额的，应当首先审查原告受到的损失或被告获得的利益；原告受到的损失或被告获得利益难以确定的，可以按照定额赔偿办法确定赔偿数额。《重庆市高级人民法院知识产权损害赔偿数额指导意见》第 2 条规定：（3）权利人的损失或侵权人的获利均无法查明时，人民法院可以以权利许可使用费的合理倍数确定损害赔偿数额；（4）没有可供参照的许可使用费，人民法院可以采用法定赔偿。

② 《著作权法》第三次修订送审稿第 76 条第 1 款规定：侵犯著作权或者相关权的，在计算损害赔偿数额时，权利人可以选择实际损失、侵权人的违法所得、权利交易费用的合理倍数或者一百万元以下数额请求赔偿。

了权利人，他可以在上述四种方式中任意选择一种，确定赔偿额。值得注意的是，2012 年的《著作权法（送审稿）》不仅破除了法定赔偿适用的次序限制，而且在原有的计算方法的后面重新加入一个计算方式——权利交易费用，并且提高了法定赔偿数额的上限，由原来的 50 万元提高到了 100 万元。回顾《著作权法》法定赔偿适用次序的立法历史，我们可以看出，随着我国法定赔偿制度的确立，其作为替补性的赔偿额确定方式也随之确定下来，尽管我国《著作权法》以及一些地方高级人民法院的指导意见均明确规定不应直接适用法定赔偿方法，但司法实践中却长期越过次序限制，直接适用法定赔偿，从而使得法定赔偿的适用次序虚化，而 2012 年《著作权法（送审稿）》突破了法定赔偿适用次序限制的规定，在某种程度上预示着未来的立法方向。

（二）商标权法定赔偿适用次序：限为末位

1982 年制定的《商标法》并没有对法定赔偿制度做出设置，仅仅规定对于侵害商标权的行为人，权利人有权要求获得应有的赔偿。在没有准确规定赔偿损失的依据时，法院如果要确定损害赔偿的额度，就必须查明侵权行为给权利人带来了多少损失。如果权利人实际损失无法查明，则按侵权人非法获利的数额确定。

1993 年，《商标法》第一次修订，对商标侵权的法定赔偿依旧没有做出规定。直至 2001 年《商标法》第二次修订，法定赔偿制度才被引入商标立法，当时，虽没有采用法定赔偿这一专业术语，但其第 56 条规定了法定赔偿制度的内容以及适用的次序，即只有在权利人实际损失不能确定，权利加害人违法获益也不能确定的情况下，法院才能依据侵权行为性质做出 50 万元以下的赔偿判决。

江苏省高级人民法院发布的《江苏省高级人民法院侵犯商标权纠纷审理指南》（以下简称《江苏高院商标权纠纷审理指南》）第 9.2.1 条在论及确定赔偿损失的基本原则时强调，法定赔偿必须在被告因侵权所得利益或者原告因侵权所受损失均难以确定的情况下才适用，而且，法院应积极引导当事人适用侵权所受损失或者侵权所得利益来计算赔偿，而非简单地适用法定赔偿。该条款明确地表达了江苏省高级法院对于商标侵权领域适用法定赔偿计算赔偿损失数额持严格次序限制的态度。法院需要引导权利受害人积极举证因侵权而受到的损失，或者因侵权而获得的利益，同时还要求，法院的裁判应尽量在查明既成事实的基础上做出判决，不能让法律规定的、居于前位的计算方法成为无用的设置，以致法定赔偿成为单纯追求司法效率的工具。上海市发布的《上海市高级人民法院民三庭对当前知识产权审判中几个法律适用问题》在讨论法定赔偿范围时，提出了权利人怠于举证侵权行为所带来的损害和侵权行为获利的问题，并认为，这与立法原意相去甚远。同时还规定，如果权利人怠于举证实际的损失和违法获利，目的是让法院迅速地做出停止侵权的判决，则法院可以在做出停止侵权并进行补偿性赔偿的判决时，考虑权利人为制止侵权行为花费的合理费用。虽然这一规定的后半段可以解读为权利人径直请求法院直接使用法定赔偿这一计算方式，但其前提是：权利人提起诉讼的目的不在于追求赔偿损失，而在于落实停止侵害这一责任形式。对于权利人寻求损害赔偿的请求，仍然坚持着次序限制。权利人不能直接请求适用法定赔偿计算赔偿损失数额。

2013 年，我国《商标法》进行第三次修订，该法第 63 条在保有原有次序限制的前提下，新增了注册商标许可使用费这一计算方法，并将数额上限提升到 300 万元。在商标法领域所显示的立法趋势不同于著作权法领域，在商标领域始终坚持着法定赔偿的次序限制，而 2012 年《著作权法（送审稿）》似乎想要打破著作权法定赔偿适用的次序限制。

（三）专利权法定赔偿适用次序：限为末位

如上文所述，我国直到 2008 年第三次修订《专利法》时，才在第 65 条规定了法定赔偿制度，并明确了适用次序限制，即只有在权利人实际损失、侵权人非法获利以及专利许可使用费均不能确定的情况下，方可适用法定赔偿。

2005 年，安徽省高级人民法院发布的《安徽高院法定赔偿指导意见》第 2 条和 2009 年浙江省高级人民法院公布的《浙江高院专利权纠法定赔偿若干意见》第 1 条均规定，法定赔偿适用的前提条件是权利人实际损失、侵权人非法获利以及权利交易费均难以确定。

2015 年，国家知识产权局公布的《专利法》（修订草案送审稿）并没有突破 2008 年《专利法》规定的次序限制，对于专利侵权损害赔偿的数额问题，延续了 2008 年《专利法》的规定，只是在该条文后针对故意侵权增加了惩罚性赔偿。① 由此可见，在专利领域，对于法定赔偿的问题，一直保持着次序限制，不管是现行法，还是国家知识产权局公布的《专利法》（修订草案送审稿），都没有突破次序限制的规定。

总体而言，我国专利权法定赔偿与商标权法定赔偿的发展趋势基本一致，而与著作权的法定赔偿发展趋势却不相一致。至于造成这种差异的原因，2014 年国务院法制办发布的"关于《中华人民共和国著作权法》（修订草案送审稿）的说明"仅客观地陈述了该送审稿将"确定损害赔偿数额的顺序性规定修改为选择性"这一事实，并没有对修改的理由做进一步的解释。

二 美国知识产权法定赔偿的适用次序

（一）美国版权法定赔偿的适用次序：选择性适用

在讨论美国版权领域的法定赔偿制度时，一般都会论及《美国版权法》第 504 条，该条对于法定赔偿做了独特设计，规定在终局裁判做出前，版权所有者可以在任何时候选择依据法定赔偿制度确定赔偿损失的数额。该规定实质上承认了法定赔偿的适用无次序上的限制。

如上文所述，美国于 1909 年引入法定赔偿制度，目的是解决权利人的权利确实受到了侵害，但又无法证明由侵权行为带来的损失具体是多少的困境，为维护权利人的正当利益，法律不得已拟制了一种诉诸法官主观能动性的测量工具。在美国版权法的历史沿革中，法定赔偿数额的确定经历了由法官进行"衡平"变迁到仍由法官独立确定数额但陪审团在确定法定赔偿数额的过程中作用越来越大的历程。美国作为判例法国家，"法官造法"是其颇具特色的法律进化方式，为使法律顺应时代的发展，法官在法

---

① 2015 年的《专利法》（修订草案送审稿）第 65 条规定："侵犯专利权的赔偿数额按照权利人因被侵权所受到的实际损失确定；实际损失难以确定的，可以按照侵权人因侵权所获得的利益确定。权利人的损失或者侵权人获得的利益难以确定的，参照该专利许可使用费的倍数合理确定。赔偿数额还应当包括权利人为制止侵权行为所支付的合理开支；权利人的损失、侵权人获得的利益和专利许可使用费均难以确定的，人民法院可以根据专利权的类型、侵权行为的性质和情节等因素，确定给予一万元以上一百万元以下的赔偿；对于故意侵犯专利权的行为，人民法院可以根据侵权行为的情节、规模、损害后果等因素，将根据前两款所确定的赔偿数额提高至二到三倍。"

律和社会关系的把握上有独特的经验，能妥善地行使"衡平之术"。在美国法定赔偿发展的历史过程中，对于数额的确定虽然陪审团的作用越来越大，但做出独立判断的还是深谙"衡平"理念的法官。

美国的法定赔偿制度不同于我国的《著作权法》相关规定，因为我国只规定了赔偿数额的上限，而美国不仅规定了赔偿的上限，而且规定了下限。目的是在法定赔偿制度适用无次序限制的前提下，保障权利人能根据法定的赔偿标准，获得最低限度的赔偿数额，这一方面可使直接适用法定赔偿的权利人免受侵权事实存在、救济权利数额却不存在的风险；另一方面又限制了因权利人直接选择法定赔偿而造成赔偿损失数额过高以致对权利加害人不公平的社会风险。由此可见，美国虽然采用了法定赔偿无次序限制的设计，但同时采取了配套措施，作为维护法律基本价值的工具，使得人们在径直选择适用法定赔偿时，又不会牺牲社会追求的公平价值。

第504条c款条允许版权拥有者在最终判决前随时选择两种类型的损害赔偿，即实际损害赔偿或法定损害赔偿。这意味着，版权所有者可以请求陪审团裁定实际损害赔偿金；如果版权所有者对裁决不满意，可以请求法院评估法定损害赔偿。但一旦选择了接受法定的损害赔偿，版权所有者就无权利针对实际的损害赔偿而寻求上诉。正如"乔丹诉时代公司案"所认为的那样，一个人没有两次"咬苹果"的机会。在"乔丹案"中，陪审团裁定原告的实际损失为5000美元。在最后判决前，原告要求法院依照第504条c款进行损害评估，并做出法定损害赔偿，原告因此获得了5500美元的损害赔偿。但最终第十一巡回法院驳回了原告提出的针对实际损害赔偿裁决的上诉，称"原告不能选择法定损害赔偿，然后上诉法院裁决实际损害赔偿金"，并补充说："一旦选择获得法定损害赔偿，再计算其他的损失就是没有意义的。"[①]

值得注意的是，美国法定赔偿适用是以登记为前提条件的。依据美国《版权法》第412条的规定，对于作品首次发表后、登记有效日前发生的版权侵犯，赔付法定赔偿额这一手段是不能选择适用的救济方法，"除非该作品在首次发表后的3个月内进行了登记"；同样不可适用法定赔偿的是，未

---

① Andrew Berger, "Statutory Damages in Copyright Litigation", *New York State Bar Journal*, 81-DEC N. Y. St. B. J. 30. (2009).

发表作品在其有效登记之日遭受侵权。[①]

（二）美国商标权法定赔偿适用次序：选择性适用

如上文所述，美国于1996年在《兰哈姆法》第35条c款引入了法定赔偿制度。该条款规定，针对在销售、许诺销售或者分销的商品上使用仿冒的商标案件，原告可以在初审法院做出最终判决前的任何时候放弃第35条a款规定的、针对实际损害和收益的补偿，选择适用法定赔偿。由此可知，在美国，有关商标权的案件在适用法定赔偿时没有次序限制，权利人可以在初审法院作出最终判决前的任何时候选择适用法定赔偿，此种适用属于选择性适用。

（三）美国专利权无法定赔偿适用次序规定

对于过往的侵权损害赔偿，美国《专利法》在第284条规定，法院判处的赔偿损失数额应足以弥补侵权损害。[②] 美国专利法则没有引入具有一定赔偿金额范围的"法定赔偿"，但法院通过多年的判例，发展出了一种足以弥补侵权损害的计算方法。例如，利益损失法则、跌价损失法则、合理许可费、整体市场价值规则。[③] 美国专利法对侵犯专利权没有规定刑事责任，也不允许专利权人获得如版权法规定的所谓"法定赔偿"。[④]

三　中美知识产权法定赔偿适用次序的启示与反思

（一）美国法定赔偿适用次序的启示

在美国三大知识产权立法中，由于专利法没有规定法定赔偿制度，美国专利法中不存在法定赔偿适用次序的规定。与我国有关知识产权的立法

---

① 〔美〕谢尔登·W.哈尔彭、克雷格·艾伦·纳德、肯尼思·L.波特：《美国知识产权法原理》，宋慧献译，商务印书馆，2013，第812页。
② 详见〔美〕J.M.穆勒《专利法》，沈超、李华、吴晓辉、齐杨、路勇译，知识产权出版社，2013，第462页。
③ 有关具体判断规则的论述可参见 Martin J. Adelman、Randall R. Rader、Gordon P. Klancnik 著《美国专利法》，郑胜利、刘江斌主持翻译，知识产权出版社，2001，第213~221页。
④ 〔美〕罗杰·谢科特、约翰·托马斯：《专利法原理》，余仲儒等译，知识产权出版社，2016，第286页。

相比，美国知识产权法在法定赔偿适用次序上具有以下几个特点和启示。

1. 美国的法定赔偿适用带有选择性特点

对于法定赔偿如何适用，无论是美国版权法，还是美国商标法，均坚持选择性适用原则，即商标权人在初审法院最终判决做出前、版权人在最终判决做出前的任何时候，均可放弃实际损害或者侵权人获利赔偿，而向法院提出请求，选择适用法定赔偿，在这两种赔偿方式的选择上，并没有适用次序上的限制。也就是说，如果权利人在诉讼开始时选择适用实际损害或者侵权人获利赔偿，但在案件审理过程中，权利人感到实际损害或者侵权人获利举证难度较大，或可能对己方不利，权利人仍可以寻求更好的确定赔偿额的方法，选择适用法定赔偿。

2. 美国商标法在法定赔偿适用范围上存在有限性特点

美国商标法虽然对商标权法定赔偿适用次序没有限制，但在适用范围上有限制。换言之，在美国，并非所有案件都可以适用法定赔偿，只有销售、许诺销售和分销仿冒商标案件才适用法定赔偿。这意味着，其他商标侵权案件即使被法院认定存在侵权行为，权利人也无权选择适用法定赔偿。这表明，美国商标法的法定赔偿在适用上有限定，并非所有案件的商标权人都可以选择适用法定赔偿。

在诸如美国商标法这样的制度设计下，我们至少可以解读出如下两方面内容：首先，对于商标侵权领域如何依据法定赔偿计算赔偿损失的数额，立法者持保守的态度；其次，对于仿冒商标的侵权行为，立法者侧重于保护权利人，赋予其自由选择法定赔偿计算损失数额的权利，以防止商标权人因实际损害或者侵权人获利举证不能而让仿冒商标者逃脱损害赔偿责任的制裁。

3. 美国版权法的法定赔偿适用系附条件的选择性适用

美国版权法的法定赔偿虽属于选择性适用，但美国版权法为法定赔偿的适用又设置了先决条件。如上文所述，依据美国版权法第412条的规定，版权人必须及时登记，否则，无法请求适用法定赔偿。美国的这一做法或许跟以往美国版权产生的原则有关。美国在没有加入《保护文学和艺术作品伯尔尼公约》（以下简称《伯尔尼公约》）之前，一直遵循"版权登记原则"。在加入《伯尔尼公约》后，美国为了履行该公约的义务，版权登记不再是版权产生的前提条件。但登记依然提供了诉讼程序和救济方法上的便利。特别对侵权诉讼中的损害赔偿有巨大的影响。只有在作品先于侵权进行登记的情况下，原告才可以获得法定赔偿。否则，如果侵权先于未发表作品的登记生效日，或者侵权开始于首次发表后、登记生效前（除非登记是在首次发表后 3 个月内），就不能获得法定赔偿。[①] 由此看来，美国版权人只有在进行了及时登记的前提条件下，才有选择适用法定赔偿的权利，并且是附条件的选择性适用，而非无条件的选择性适用。

（二）我国法定赔偿适用次序的反思

自我国于 2001 年开始引入法定赔偿制度之后，我国现行立法以及一些司法文件就将法定赔偿的适用次序置于各种赔偿措施的末位。其间，虽经历了《专利法》第三次修订、《著作权法》第二次修订和《商标法》第三次修订，但法定赔偿居于末位的适用次序始终没有改变过。唯一值得关注的是，2014 年国务院法制办公布的《著作权法修订草案送审稿》中将法定赔偿的顺序性适用转变为选择性适用。与美国的法定赔偿制度相比较，我国的法定赔偿适用次序有以下两点值得反思。

1. 我国法定赔偿均为顺序性适用

与美国法定赔偿选择性适用次序不同的是，我国的法定赔偿适用次序一律实行顺序性适用，权利人没有选择的余地，而且适用的次序一直处在末位。众所周知，法定赔偿引入我国，主要目的是弥补权利人实际损失和侵权人获利举证困难的问题。以《商标法》为例，按照现有的制度设计，人民法院在审理案件中，应首先让权利人举证证明权利人因被侵权所受到的实际损失；在实际损失难以确定的情况下，法院则让权利人举证证明侵权人因侵权所获得的利益；如果权利人对于实际损失和侵权人获利均无法举证证明，则让权利人举证证明商标许可使用费；如果权利人无法对上述三种计算方式进行举证，则由法院实行法定赔偿。我们不禁要问，这种顺序性适用模式究竟是对权利人有利？还是对侵权人更有利？因此此种全顺序性的适用模式值得商榷。在 2014 年国务院法制办公布的《著作权法》（修订草案送审稿）将顺序性适用改成了选择性适用的情况下，国家知识产权局于 2015 年公布的《专利法修改草案（征求意见稿）》依然坚持法定赔偿顺序性适用模式，这种规定更值得反思。

[①] 参见〔美〕谢尔登·W. 哈尔彭、克雷格·艾伦·纳德、肯尼思·L. 波特《美国知识产权法原理》，宋慧献译，商务印书馆，2013，第 54~55 页。

2. 我国法定赔偿末位适用无时间性规定

美国法定赔偿选择性适用模式相对比较自由。例如，商标权法定赔偿，权利人在初审法院最终判决前的任何时候，均可以提出放弃以实际损失或者侵权获利确定的赔偿数额的方式，选择适用法定赔偿。而我国末位适用法定赔偿并无时间性规定，既没有规定权利人可以在什么时间提出适用法定赔偿，也没有限定权利人在什么时间不能提出适用法定赔偿。在实践中会产生这样的问题：如果在案件开始审理时，权利人提出证据证明实际损失，但这些证据并没有被法院采信，在这种情况下，权利人可否放弃实际损失计算方法？如果权利人提出实际损失证据，但该证据对权利人不是特别有利，权利人能否放弃适用该方法？此外，法定赔偿方法究竟该由权利人主动申请，还是法院依职权主动适用？我国法律对此均没有规定，只是笼统地说道，"由人民法院根据……给予……的赔偿"。这些规定是否合理，同样值得反思。

鉴于我国知识产权法在法定赔偿的适用次序上存在以上问题，因此，需要对之进行重构。

四　我国知识产权法定赔偿适用次序重构

结合前述的中美在知识产权法定赔偿问题上的反思，我们认为，一方面，全盘否定知识产权法定赔偿适用次序的观点不够全面。因为法定赔偿作为一种补充性计算方法而存在，是一种不得不为的妥协，这是由知识产权问题固有的复杂性造成的。但另一方面，我们必须强调，在整个知识产权领域，虽然适用法定赔偿有次序限制是一种原则，但在一些特殊的法律领域，如著作权领域，在适用法定赔偿时，应做出适当的变通，允许其突破次序限制，将选择不同计算方法、计算赔偿损失数额的权利交给权利人，此种做法或许更加可取。以下，我们将就著作权领域适用法定赔偿时可适当突破次序限制进行专门论述。

1. 著作权法定赔偿适用突破次序限制的内生机制

首先，商标权、专利权和著作权虽然均属于知识产权，但性质却不一样。专利和商标属于工业产权，应用于工业领域，侵权的发生容易被权利人发现，因为商标和专利侵权多发生在有直接竞争关系的当事人之间，表现形式明显。而著作权保护的是表达而非思想，侵权表现形式比较隐蔽，不易为著作权人发现。而且，权利人收集侵权事实、侵权行为给权利人造成的实际损失以及侵权违法所得等证据极为困难。已故著名知识产权法学家郑成思教授曾言："版权即使不是民事权利中最复杂的一项权利，也是比较复杂的一项权利。"正是因为版权具有复杂性，因此，突破法定赔偿的次序限制可以更好地保护权利人的著作权。

其次，我国《著作权法》将著作权按照权利的性质划分为人身权和财产权。由于每一项作品都蕴含了作者的人格，因此，一旦著作权受到侵害，通过赋予权利人自由选择计算方法，计算损失数额。可以更好地保护作者的人格权。如果著作权人已掌握了权利受侵害的实际损失或者对方的违法所得，权利人自然可以就任何一种方式要求赔偿。但如果作者只能证明侵权事实存在，直接选择法定赔偿将能够以最快的速度和最小成本维护其合法权益，因此，应赋予作者自由地选择损害赔偿计算方式的权利。再者，三大知识产权的产生方式不同，著作权在作品被创作完成之日起自动产生，而商标权和专利权的产生则必须经过注册登记等审查程序，对于创作一经完成就自动获得权利的著作权人来说，其举证侵权的难度更大。

最后，著作权的发展与数字技术的发展联系日益紧密，从美国颁布《千禧年数字版权法案》到中国的《计算机软件保护条例》，可以窥见，中美著作权已经发展到了数字化阶段，中美（以及各国）都力求保护数字化著作权。现行的《计算机软件保护条例》第25条①规定，赔偿数额的计算依据《著作权法》规定。但计算机软件的特点与传统著作权作品又有不同，因其无形性特点对保护提出了更高的要求。因此，《著作权法》第三次修订草案中专门提到，为回应科技发展的客观需要，突破适用法定赔偿的次序限制势在必行。

2. 外在动力促使著作权法定赔偿适用打破次序限制

国家版权局发布的关于《著作权法》（修订草案）的简要说明中明确了修改的理念即坚持集思广益，解决问题。在《著作权法》修订草案中关于

---

① 《计算机软件保护条例》第25条规定，侵犯软件著作权的赔偿数额，依照《中华人民共和国著作权法》第49条的规定确定。

适用法定赔偿的条件其实对于现有体系并没有做出突破。① 在《著作权法》（修订草案第二稿）中对于法定赔偿适用的次序限制仍是承认态度，直到修订草案的送审稿，法定赔偿适用次序的限制被取消，其跃升成为与权利人实际损失、侵权人违法所得处于同一顺位的计算方式。至于为何会在送审稿中突破次序限制，笔者认为与坚持开门立法的理念有必然关系，司法实务中的客观需要助力打破著作权法定赔偿适用次序的要求。

实践中，在三大知识产权领域发生的侵权纠纷中，著作权纠纷数量比较多，商标和专利权纠纷次之。由于著作权案件多，因此客观上需要提高审理案件的效率，而突破法定赔偿适用次序限制可在一定程度上提高效率。在中国裁判文书网公布的判决书中，知识产权判赔案件情况统计如图3所示。

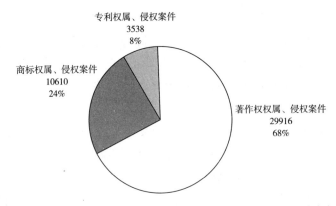

图3　2015 年 1 月 1 日至 2018 年 4 月 28 日各类型知识产权判赔案件

图3的样本案件涵括的时间为 2015 年 1 月 1 日至 2018 年 4 月 28 日，已生效的涉及知识产权权属、侵权损害纠纷且判决支持原告赔偿损失主张的案件共有 44064 件。从案件类型的角度又可进一步细分，其中著作权权属及

---

① 《著作权法》修改草案第 72 条："侵犯著作权或者相关权的，侵权人应当按照权利人的实际损失给予赔偿；实际损失难以计算的，可以按照侵权人的违法所得给予赔偿。权利人的实际损失或者侵权人的违法所得难以确定的，参照通常的权利交易费用的合理倍数确定。赔偿数额应当包括权利人为制止侵权行为所支付的合理开支；权利人的实际损失、侵权人的违法所得和通常的权利交易费用均难以确定，并且经著作权或者相关权登记、专有许可合同或者转让合同登记的，由人民法院根据侵权行为的情节，判决给予一百万元以下的赔偿。"

侵权案件 29916 件，商标权属及侵权案件 10610 件，专利权属与侵权案件 3538 件，此外还有极少数的植物新品种权属及侵权案件和企业名称（商号）权属、侵权案件，因数量极少已忽略，具体占比如图 3。从图 3 数据可以看出，著作权判赔案件占所有知识产权案件的 68%，占绝大多数，商标权属侵权案件占比为 24%，专利判赔案件仅占 8%。

图 3 表明，在三大知识产权案件中，著作权判赔案件占绝大多数。这给法院确定著作权损害赔偿额、如期审结案件带来极大的难度。如果对著作权法定赔偿适用次序进行限制，势必会影响案件审理的效率。并且，如果在著作权侵权案件中，要求权利人计算实际损失或者侵权人因侵权行为所获的利益，确实存在无法克服的困难。司法实践表明，赋予权利人直接请求适用法定赔偿的权利有着现实的需要。而对于专利以及商标侵权适用法定赔偿的案件与著作权领域相比在数量上是无法企及的，这也从侧面证明了，在专利和商标领域，在计算权利侵害实际损失或违法所得时，至少许可使用费是可以查明的，因此，应坚持适用次序限制。

最后，在著作权侵权问题上，适用法定赔偿突破次序限制符合市场发展的客观需要，是在借鉴域外立法经验之后的一种妥善选择，并且，根据现行法律的规定，在发生知识产权纠纷时，允许法院居中调解以及当事人通过协商的方式解决争端。① 可见，在司法的层面上，也鼓励权利人与侵权人以多种方式解决争端，突破现有的法定赔偿次序限制，这与本文一直倡导的观点是一致的。

A Comparative Research to Sino-American Legal Compension in Intellectual Property

Zhang Chunyan, *Fu Xinyu*

Abstract：After our country brought in legal compension system since 2001, although the statutes still stipulated that legal compension in intellectual property ought to follow some order, and legal compension was always at the end of the

---

① 具体可参见《著作权法》第 55 条、《商标法》第 60 条和《专利法》第 60 条。

whole order in law, but in practice, application proportion of legal compension was very high in a long time. Comparatively, American copyright law and trademark law stipulated that application order of legal compension was selective, and had some limits of time. Which method is superior to the other? The academic circles have not come to the agreement, some agree with our method, and the other disagree with us. If we have considered the factors that stick to the idea of justice and active stimulation to invention, and the needs to abide by "Filling up" principle, and mitigating the conflicts between effiency and fairness, we think that totally negating the rationality of keeping the application order of legal compension is not comprehensive. Because legal compension, as a kind of complementary computing method, is a compromise people had to choose, which is caused by the inherent complexity of intellectual property. In the whole realm of intellectual property, although which the application of legal compension must follow some order is a principle, but for some special realm, such as copyright, people ought to take suitable accommodation in applicating legal compension, and permit people break through the limit of order, and let people select the methods which they like among different methods. I think that maybe preferable.

Key Words: Intellectual Property; compension for damages; legal compension; Application Order

Supervenience and DNA Patents: A Preliminary Analysis

Terrence E. Dean[*]

内容摘要： 分析哲学和专利法一般不会出现在同一话语领域，然而，一旦两者在同一话题上相遇时，会产生意想不到的效果。美国最高法院晚近发布了一个判例（*Association for Molecular Pathology v. Myriad Genetics, Inc.*），如果用分析哲学技巧对之进行分析，会发现其内部的不协调性。在这一判例中，美国最高法院通过否决两个分立的 DNA 分子（一个是实验室培育出来的 cDNA，另一个是自然意义上的 DNA）的可专利性（patentability），从而潜在地将诉求中的缺陷归结为基因信息的过量。它们之所以进行如此的归结，是因为它们将被解密的信息化约为分子的微观物理性能。如果我们运用分析哲学的技巧与概念进行分析，将证明"自然产品学说"（the product of nature doctrine）并不能可靠地解决这一难题（至少目前是这样），因为它不能提供一个内在融贯的分析框架。法院最好运用其他政策工具，解决此类问题。

关键词： 专利　DNA　附随性　自然产品学说

---

[*] Terrence E. Dean, Juris Doctor. Visiting Professor of Law and Former Fulbright Specialist, Zhengzhou University; Former Visiting Professor of Law, Chongqing Intellectual Property School of Chongqing University of Technology, Chongqing Jiaotong University, and East China University of Political Science and Law.

Introduction

The patentability of DNA has undergone much recent scholarly examination. Indeed, the literature abounds with analyses of DNA patentability issues and their permutations, along with proposed solutions. [1] As the United States Supreme Court struggles with the intricacies of molecular biology, commentators have suggested modifications in the patent system in the new age of biotechnology, a revolution the early developers of patent law could scarcely have dreamed of. [2] This essay will not cover that well-traveled ground; this will not be a survey of biotechnology patent law. Instead, it may be fruitful to explore this difficult topic from a viewpoint quite outside of the received paradigm—one that could yield a fresh look at the threshold for patentability of DNA and, in the process, a reassessment of the product of nature doctrine.

Thus, in this essay I shall introduce a concept borrowed from analytic philosophy called supervenience, which concerns the relationship between one set of properties and another set of properties. Through this analytic lens we will reexamine some of the technical aspects of DNA and come to understand this molecule from a standpoint not yet framed in patent law. In the process, it will become clear that the Supreme Court's recent holdings regarding biotechnology patents suffer from a lack of coherence, particularly in assessing the patentability of specific DNA molecules that have been isolated from their original biological state. Applying a conceptual framework normally reserved for philosophical problems, this essay will show that the Court's analysis of the genetic information contained in those molecules is untenable. Because the product of nature doctrine is part of that inadequacy, the essay will reevaluate its validity not only from the standpoint of supervenience, but also from the standpoint of another analytic

---

① *See, e. g.*, Ashish M. Bakshi, "Gene Patents at the Supreme Court: Association for Molecular Pathology v. Myriad Genetics", 1 (2) *J. Law Biosci*, 183 (2014); Daniel M. Lorentzen, "Note: Do These Genes Fit? The Gene as Patentable Subject Matter", 60 *Drake L. Rev.* 933 (2012).

② *See, e. g.*, Dan L. Burk & Mark A. Lemley, *The Patent Crisis and How the Courts Can Solve It*, The University of Chicago Press, (Chicago, 2009).

specialty, modal theory. The product of nature doctrine does not fare well in this analysis.

The role of information naturally will be considered in attempting to solve the patentability problem. Of course, the significance of DNA to life is embodied in a concept we call "information." Instantiated in the nucleotide sequence of a double helix-shaped molecule, this information consists of coded instructions to the organism to produce certain chemicals or molecules, to grow or produce new cells, and to develop in a way that is characteristic of a particular species, and not in a way characteristic of another species. However, as I will endeavor to show, it is not information alone that is significant, but its *relationship* to other properties.

1. Myriad And DNA Patents

This relationship may be explored in a recent and controversial Supreme Court case, *Association for Molecular Pathology v. Myriad Genetics, Inc.* [1] In this case, Myriad Genetics (hereinafter "Myriad") discovered the location and sequence of two human genes, BRCA1 and BRCA2. As the Supreme Court explained, this discovery has profound medical implications, for mutations in these DNA molecules greatly increase the risk of developing breast and ovarian cancer. Equipped with this knowledge, Myriad developed medical tests to detect these mutations for the obvious reason of assessing a patient's risk for developing these forms of cancer. Myriad obtained numerous patents for its discoveries, but only a few were at issue in the Supreme Court. Myriad's proposed patents would award it the exclusive right to isolate a person's BRCA1 and BRCA2 genes.

Because these patents focused on the technical process on isolating BRCA1 and BRCA2, and not on new, artificial DNA, the Court held that these molecules were a product of nature and therefore not patent eligible. In contrast, the Court did hold that a new artificial form of DNA (cDNA) was patent eligible because it was inventive and not a product of nature—that is, it "is not naturally occurring." [2] Nucleotide sequences, called exons, provide the code for amino acids; those that do not are called introns. cDNA has exons and thus has coding

---

[1]   133 S. Ct. 2107 (2013).

[2]   133 S. Ct. 2119 (2013).

capability, but it lacks introns. ①

In its analysis the Court began with the applicable section of the Patent Act, § 101, which states: "Whoever invents or discovers any new and useful process, machine, manufacture, or composition of matter, or any new and useful improvement thereof, may obtain a patent therefor, subject to the conditions and requirements of this title. "② Although this is the basic statutory provision that defines what inventions are patent eligible, it is subject to some important exceptions: that laws of nature, natural phenomena, and abstract ideas cannot receive the coveted protection of a patent. Quoting its earlier case of *Mayo Collaborative Services v. Prometheus Laboratories, Inc. ,*③ the Court explained that these things constitute the tools of scientific invention and that constraints placed upon them would impede discovery by depriving the discoverer of his tools. Of course, as the *Mayo* court noted, all inventions rely on or use some aspects of the laws of nature, natural phenomena, or abstract ideas. ④

In the Federal Circuit below, one of the issues in dispute among the judges was whether the process of isolating the DNA altered its structure and therefore constituted an inventive act, making it patent eligible. As the molecule is held together by covalent bonds, isolating a segment alters its chemical composition. The Supreme Court agreed with one of the Federal Circuit judges that the critical fact was the nucleotide sequence, not the chemical composition. It is that nucleotide sequence that determines genetic information. The barrier to patentability was that the nucleotide sequence and order in the isolated DNA molecules already existed in nature.

Of great significance to the theme in this essay, the Court was unpersuaded by Myriad's claims that the severing of the DNA at issue from the rest of the genetic material created a molecule not naturally found in nature because the claims are

---

① The Supreme Court, however, noted that "a short strand of cDNA may be indistinguishable from natural DNA" because they do not have introns to remove in the process of creating DNA. *See* 133 S. Ct. 2119 (2013).
② 35 U. S. C. § 101.
③ 132 S. Ct. 1289 (2012).
④ 132 S. Ct. 1293 (2012).

not couched in the language of chemical composition. To phrase it another way, "its claim is concerned primarily with the information contained in the genetic *sequence*, not with the specific chemical composition of a particular molecule. "[1] Myriad's claim, in other words, concerns *information*. Myriad's focus on information in the genetic code, the Court explained, would allow Myriad to resist the infringer's modification of one of the DNA molecules at issue by adding a nucleotide pair, thus neutralizing the identity of the infringer's proposed molecule and Myriad's. Therefore, if the infringer's molecule has an additional nucleotide, the facts about it would not be the same as the facts about Myriad's molecule, and thus it would not infringe on the patent.

The express basis of the Court's analysis was the natural phenomena exclusion. But implied in the Supreme Court's analysis is the argument that the informational aspect of the claim is too broad to be appropriate under § 101, especially when compared to the putatively narrower claim focusing on the chemical composition of the gene. Being too broad, the claim includes within its sweep a product of nature, and perhaps even an abstract idea. This analysis may be rephrased as follows: The informational content of the DNA is too broad, while at the same time the chemical composition of the molecule in which the information is encoded might be narrow enough to satisfy § 101. That is, the amount of information encoded in the DNA is too much to qualify for patentability under § 101, but the chemical composition of the DNA where this information is instantiated may, under some circumstances, be sufficiently narrow. As will be shown, the Supreme Court's analysis is not coherent.

2. Supervenience

The mysterious ghost in the DNA may be understood through supervenience and its application to patentability issues. Supervenience is the reliance of *B* properties on *A* properties, and thus any change in the *A* properties results in a change in the *B* properties. This concept arises from the common observation that one set of facts often determines another set of facts. In general, certain low-level properties entail high-level properties, and high-level properties rely on the low-

---

[1] *Myriad*, 133 S. Ct. at 2118.

level properties. Typically, the *A* properties are physical, and the *B* properties are those other properties entailed by the microphysical facts. [1]

This is of course not always the case, as modal strength can vary, depending on the facts. Consider the following example. Suppose a superbly skilled forger is given the unlikely opportunity to replicate a famous masterpiece, in this case *The Starry Night*, painted by Vincent Van Gogh. Unlike other forgers, this charlatan has at his disposal sophisticated equipment that will allow him to reproduce *The Starry Night* in every detail—color, texture, and even chemical composition, down to the molecular level. Taking great care, he produces his forgery—a deceptive masterpiece in its own right—and presents it as the original. These two works are exact copies and identical in every way, although the market value of the original immensely surpasses that of the forgery. It should be obvious that you cannot change the color or shape of the paintings without changing the microphysical properties. Thus, the high-level *B* properties (visual properties of the original and the forgery) supervene on the low-level *A* properties (microphysical properties of the original and the forgery). If the two paintings are identical at the microphysical level, then the color and shape of those paintings supervene on those shared microphysical properties. But if the forgery were different in some way, such as being painted in primarily green pigment instead of blue pigment, the microphysical properties of the two works would not be identical. In that case, the *B* properties would supervene only on those microphysical properties of the two paintings that are identical. [2]

There are many kinds of supervenience, but this essay focuses on one that is especially relevant here: logical (or conceptual) supervenience. Logical supervenience holds that the *B* facts supervene on the *A* facts when, in all logically

---

[1] David J. Chalmers, *The Conscious Mind: In Search of a Fundamental Theory*, Oxford University Press (New York, 1996), pp. 32~33, 36. My general approach in the supervenience discussion is heavily influenced by Chalmers, *id.*, 32 – 89; *see also* Jaegwon Kim, *Supervenience and Mind*, Cambridge University Press (New York, 1993), pp. 64~67.

[2] I am indebted to a similar example and discussion in Brian McLaughlin & Karen Bennett, "*Supervenience*", The Stanford Encyclopedia of Philosophy (Spring 2014 Edition), Edward N. Zalta (ed.), at URL = <http: //plato. stanford. edu/archives/spr2014/entries/supervenience/>.

possible worlds, a change on the *A* facts would result in a change in the *B* facts. [1] A logically possible world is one that merely requires that its contents be conceivable. To use David Chalmers' colorful example, a logically possible world is one which God could conceivably create, if he were so inclined. [2] Once he creates the world, his work is finished. Although it would not be conceivable for God to create a world in which living organisms were dead, he could create a world with flying telephones, as absurd as that hypothetical situation may seem. Logical contradictions, such as an organism that is both alive and dead, are not possible in such a hypothetical world, but flying telephones, while bizarre, are at least conceptually possible. The point is that these constraints on possible worlds, to use Chalmers' phrase, are conceptual only. [3]

Biological properties of the world supervene on the physical properties. [4] If our world has aardvarks, then so must all possible worlds, and those aardvarks must be identical to those in our world. [5] Imagine two worlds that are identical in every way, down to the microphysical level, including the spatiotemporal fields of the electrons and the domains of the energy fields. It would be inconceivable that the microphysical facts in those two worlds be identical but the biological facts different. If wolves existed on one world, then they would also exist on the other world. A change in the *A* facts not only causes but *entails* a change in the *B* facts. [6] But any change in the microphysical properties in the other world, no matter how

---

[1]   David J. Chalmers, *The Conscious Mind: In Search of a Fundamental Theory*, Oxford University Press (New York, 1996), p. 35.

[2]   David J. Chalmers, *The Conscious Mind: In Search of a Fundamental Theory*, Oxford University Press (New York, 1996), pp. 35–36.

[3]   David J. Chalmers, *The Conscious Mind: In Search of a Fundamental Theory*, Oxford University Press (New York, 1996), p. 35.

[4]   David J. Chalmers, *The Conscious Mind: In Search of a Fundamental Theory*, Oxford University Press (New York, 1996), p. 33.

[5]   David J. Chalmers, *The Conscious Mind: In Search of a Fundamental Theory*, Oxford University Press (New York, 1996), p. 35.

[6]   *See* Chalmers' discussion, David J. Chalmers, *The Conscious Mind: In Search of a Fundamental Theory*, Oxford University Press (New York, 1996), pp. 32 – 33, 36, 66, 73; *see also* the discussion of strong supervenience in Jaegwon Kim, *Supervenience and Mind*, Cambridge University Press (New York, 1993), pp. 64–67.

minute, would result in a change in the biological properties of that world. It would not be possible for the other world to be physically identical to ours and not have exactly the same biological properties. Conceivability, in other words, is the essence of logical supervenience.

3. Myriad's Implicit Holding

Now let's return to *Myriad* and reexamine it within the conceptual framework of supervenience. The initial impression one gets when reading *Myriad* is that it is about chemical composition. But the DNA molecules at issue are significant not because of their molecular structure, but because of the information they encode— the information that entails the increased risk of certain kinds of cancers. The Supreme Court's analysis can be generally recast in the following way: (1) patentable inventions are primarily physical; (2) a particular composition bound up with information can be patent eligible so long as the claim is not too broad; (3) because the informational aspect of the claim is greater than the compositional aspect of the claim, the claim is too broad and therefore not patent eligible under § 101.

Consider proposition (3). Several necessary conclusions must obtain if the third proposition is to make any sense. If the informational aspect of the claim is broader than the compositional aspect, it necessarily follows that the informational properties of the DNA molecule are broader than the chemical composition properties. Phrased another way, some of the information extracted from the sequence of nucleotides is over and above the microphysical properties of a particular molecule. When a specific quantum of biological information is reduced to the sequence of nucleotides (that is, to the microphysical properties of DNA), there is some information left over that cannot be explained by the physical facts.

There is an important reason why the Court's observation about the breadth of the claim entails the foregoing proposition: The genetic code is reductively explainable by the microphysical facts of the DNA molecule. Assume that we can know the identity of the microphysical composition of the DNA molecule, including its spatiotemporal and energy characteristics, and the information encoded in it. Once the physical facts have been fixed, it is metaphysically necessary that the high-level facts—the information encoded in the DNA molecule—are identical, at the microphysical level, with the low-level facts. [1] That is, the information is reductive to physical facts about the molecule. When we know all the *A* facts (the microphysical facts about the DNA), we know everything about the *B* facts (the information encoded in the DNA).

Suppose we adopt an alternative interpretation that the Supreme Court's proposition is simply about the focus of the claim's breadth—that the claim focuses too much on information and too little on chemical composition. However, the alternative interpretation yields the same consequence. All genetic information is identical to the physical properties of the DNA molecule. No matter how much the claim focuses on information encoded in the DNA, the fact remains that information in the DNA cannot be broader than the chemical composition of the DNA unless the genetic information is greater than whatever information is instantiated in the microphysical properties. So even if the ratio between high-level information and low-level chemical composition in the claim weighs heavily in favor of information, the actual information and its instantiation in the chemical composition of DNA remain in equipoise. Otherwise, some information would exist over and above the microphysical facts of the DNA after the rest of the information had been reductively explained by the microphysical facts. Yet, this is exactly what the Court's holding implies.

The problem with this holding is that an asymmetrical relationship between the low-level and high-level facts would not be possible under ordinary natural laws or even conceivable in a counterfactual world. Just as it is inconceivable that the microphysical facts in a counterfactual world could be identical to ours yet biologically different, it is inconceivable that there could be a counterfactual world in which some genetic information is not reductively explainable.

In sum, *Myriad* appears to say that the biological information encoded in the DNA is not logically supervenient on the physical properties of the DNA. This is an extraordinary proposition, calling to mind a contemporary debate among philosophers and scientists about whether consciousness is logically supervenient on

---

[1] David J. Chalmers, *The Conscious Mind: In Search of a Fundamental Theory*, Oxford University Press (New York, 1996), p. 32, 66.

the physical properties of the brain. ①

(1) Is Myriad's Analysis Correct?

Is *Myriad* right? Or is the information encoded in DNA logically supervenient on the physical properties of DNA? Imagine a counterfactual world in which the microphysical facts are identical to our world but the biological facts differ. In that imaginary alternative world, the microphysical properties that entail the biological properties of wolves exist, but wolves themselves do *not* exist. Because, by definition, biological facts are physical, it is inconceivable that wolves could not exist in that alternative world.

It would make no sense to posit that the molecular facts in which a species is instantiated could exist without the species itself being manifest in the biological sphere. Such a world could not be imagined in any rational and coherent way. Even God could not imagine such a world. ② But in all *conceivable* worlds, no change in the *A* facts could happen without a corresponding change in the *B* facts. ③ If a gene identical to one of the genes in *Myriad* is found in another possible world, the *B* facts (the information) entailed by the *A* facts supervene on the *A* facts (the microphysical properties of the gene). It is inconceivable that in a counterfactual world a DNA molecule with the same microphysical properties as a molecule in the actual world could vary in its genetic information. For example, no alternative world would be remotely conceivable in which the microphysical properties necessary to entail, say, a wolf produced an eagle. But in a counterfactual world, is it conceivable that some genetic information could not be reduced to the physical?

In answering this question, it would be useful to consider the Twin Earth thought experiment, originally introduced by Hilary Putnam, and presented in its

---

① David J. Chalmers, *The Conscious Mind: In Search of a Fundamental Theory*, Oxford University Press (New York, 1996), pp. 93 – 122; *cf.* Daniel C. Dennett, *Consciousness Explained*, Little Brown and Company (Boston, 1991).

② *See* David J. Chalmers, *The Conscious Mind: In Search of a Fundamental Theory*, Oxford University Press (New York, 1996), pp. 35.

③ Chalmers contends that once the physical facts in a world are fixed, "there is simply no room for the facts in question to vary." *See* David J. Chalmers, *The Conscious Mind: In Search of a Fundamental Theory*, Oxford University Press (New York, 1996), pp. 73.

various permutations by other scholars. [1]Twin Earth is identical to Earth, down to the molecular level, except for water. While water on Twin Earth is superficially indistinguishable from water on Earth, it is in fact composed of XYZ instead of H_2O. Oscar lives on Earth, yet his identical twin on Twin Earth has different beliefs about "water." Oscar believes that H_2O is a clear liquid, but Twin Earth Oscar believes that XYZ is a clear liquid. The point is that beliefs do not seem to be logically supervenient on the physical states of these people in the sense that in a counterfactual world water would not generate the same belief. [2]When someone uses the term "water", does that mean the same thing on Twin Earth? Does water mean the same thing across all counterfactual worlds? Water could have been XYZ, but scientific inquiry has determined that water is actually H_2O. In all possible worlds, therefore, water is H_2O, even if its appearance in some counterfactual world is different from its appearance in the actual world. [3]

The statement, "The genetic code of any DNA molecule is logically supervenient on the microphysical properties of DNA", seems to fall under this theoretical scheme. So far, this proposition seems to be the only conceivable expression of the relationship between genetic information and the microphysical properties of the molecule which holds this information. Like the statement "Water = H_2O", the relationship between genetic information and the microphysical facts of the DNA constitutes something like an identity statement. Let's suppose the microphysical properties of a specific DNA molecule in the actual world concern a

---

[1] Hilary Putnam, "Meaning and Reference", *Journal of Philosophy*, 70 (19): 699–711 (1973); *see also* Daniel C. Dennett, *Darwin's Dangerous Idea: Evolution and the Meanings of Life*, (Simon & Schuster, New York), pp. 408–412 (1995); David J. Chalmers, *The Conscious Mind: In Search of a Fundamental Theory*, Oxford University Press (New York, 1996), pp. 59–60; Jaegwon Kim, *Supervenience and Mind*, Cambridge University Press (New York, 1993), pp. 86–88; *see also* Curtis Brown, *Narrow Mental Content*, The Stanford Encyclopedia of Philosophy (Summer 2016 Edition), Edward N. Zalta (ed.), at URL = < http: //plato. stanford. edu/archives/sum2016/ entries/content-narrow/>.

[2] Jaegwon Kim, *Supervenience and Mind*, Cambridge University Press (New York, 1993), pp. 86–88.

[3] Saul Kripke, *Naming and Necessity*, Harvard University Press (Cambridge, Massachusetts, 1972), pp. 128–129; and as summarized by Chalmers, *see* David J. Chalmers, *The Conscious Mind: In Search of a Fundamental Theory*, Oxford University Press (New York, 1996), p. 59.

wolf. One might view this particular wolf as the animal counterpart of an Earthling, and in fact this wolf is a common variety found in North America. Dr. Green, a biologist, examines its DNA and determines that the microphysical properties are those of wolf DNA. The biologist hears about a starship equipped with an engine that can take him through hyperspace. Eager to explore new worlds, he obtains passage on the starship and travels to Twin Earth. Upon arrival, he notices immediately its startling similarity to Earth. In fact, Twin Earth is identical to Earth down to the microphysical level, with one important exception: On Twin Earth the genetic code of wolf DNA is only partially instantiated in its microphysical properties. (This fact would be the same as the proposition about DNA in *Myriad*.) However, Dr. Green has not discovered this important fact. He has no idea that encoded information of wolf DNA from Twin Earth is only partially instantiated in the microphysical properties of that molecule. As he is especially fond of wolves (and is indeed an expert on them), he takes with him a DNA sample of a northern wolf from Earth in sufficient quantities to permit cloning. After he arrives on Twin Earth, he begins cloning wolves from his DNA sample. No one on Twin Earth can discern that this wolf species is not native to that planet. This wolf yearns to live in a pack, can bite through bone, and howls. Both in its appearance and behavior, to Dr. Green and the people of Twin Earth, this species is a wolf.

We might argue that when the people of Twin Earth talk about wolves, they are not actually referring to wolves. Their belief that these wolf-like animals that live in the woods are wolves would be false. The DNA of their species, unlike wolves, contains encoded genetic information that cannot be reduced to the microphysical properties of the DNA molecule. This essentialist argument focuses on the dependence of Dr. Green's beliefs about wolves on extrinsic factors, such as historical properties or other specific microphysical properties, for otherwise, as Jaegwon Kim would argue, we could not explain the specific content of Dr. Green's beliefs. [1] We could not, in other words, otherwise explain how the beliefs of Dr. Green are not about wolves, but about a species similar to wolves, but differing

---

[1]　Jaegwon Kim, *Supervenience and Mind*, Cambridge University Press (New York, 1993), p. 87.

at the molecular level. Of course, Dr. Green could analyze the DNA of wolves on Twin Earth and compare it to an analysis of the clone's DNA. He would, in that case, discover the difference in the cloned DNA and wolf DNA on Twin Earth. But assuming that Dr. Green never discovers the true molecular properties of Twin Earth wolves, his beliefs about wolves would be false.

The DNA of the Twin Earth wolf contains some (but not all) of its genetic information over and above the microphysical properties of the molecule. Initially, we might make the easy but superficial statement that the unreduced genetic information in this DNA molecule cannot be reduced to the microphysical properties of this molecule. The notion is that whatever genetic information is not reductively explainable can never be reduced to the microphysical. But is that a correct assumption? It certainly cannot be denied that genetic information is local and specific—that is, a specific genetic code must be contained somehow within a DNA molecule, or at the very least localized within the spatiotemporal domain of that molecule. Specific genetic information regarding the appearance of a wolf, for example, would not be localized in the DNA of an owl. Thus, in the foregoing hypothetical scenario, the theory is that a portion of the genetic information in wolf DNA is not logically supervenient on the microphysical properties of the DNA molecule. There is, however, a competing theory: that the genetic information which is not reduced to the physical may, under some conditions, be reduced to the physical. It has not yet been reduced to the physical, but it could be. Another way of looking at this thought experiment is to frame it as two competing theories. In the first theory, a portion of genetic information in DNA cannot be reduced to the microphysical properties of the model; in the second theory, some of the genetic information has not been, *but is capable of being*, reduced to the physical. In Kim's discussion of a similar reduction issue in the context of eliminative or replacement reduction of theories, especially in psychology and neuroscience, one theory is reduced to another in a situation in which all the facts or data from the first theory can be explained by the second. [1] However, if the

---

[1] Jaegwon Kim, *Supervenience and Mind*, Cambridge University Press (New York, 1993), pp. 260–264.

second theory explains more than the first theory, the weaker first theory can only survive in a reduced state, that of the second theory. Kim discusses various reasons why this reduction is analytically necessary, concluding that the two theories ultimately compete against each other in the same domain, and thus one is eliminated.

The same reductive process seems to hold regarding partially reduced genetic information. In this model the first theory—the nonreductive genetic information—is opposed and ultimately superseded by the second theory—the reductive genetic information. Where as the second theory of complete reductive capability sets out to explain, and therefore to account for, all the genetic information instantiated in the DNA molecule, the first theory of partially reductive capability cannot, as yet, explain in what capacity the unreduced information is stored, or how it is instantiated. By comparison, the second theory allows the possibility, the capability, of this information being reduced to a microphysical state and thus, whatever its inadequacies as an explanatory theory, it allows for a transformation of the genetic code from a partially inexplicable state to a material state. For the material state of the genetic information can be read, and therefore all the data from the first theory can be explained by the second.

Therefore, if we rely on the second theory to explain a Twin Earth wolf, or identical wolf on any counterfactual world, the unreduced genetic information instantiated in the DNA can be reduced to microphysical properties. The superior second theory explains the genetic peculiarities of the Twin Earth wolf by resurrecting the first theory in a reductive form. Whatever questions we have about partially reductive DNA of the Twin Earth wolf can be explained by the second theory. Given this theoretical capability, it is conceivable across all counterfactual worlds that the physical facts entail the genetic code. More than this, it does not seem possible that this fact could be any other way than how it is; thus, it is a necessary truth. [1] If a nucleotide sequence were rearranged in the DNA in this world, then information derived from the DNA in other possible worlds would

---

[1] Saul Kripke, *Naming and Necessity*, Harvard University Press (Cambridge, Massachusetts, 1972), p. 36.

supervene on the microphysical properties of the DNA only in situations where the nucleotide sequence was identical with that in this world. So in every possible world, the microphysical properties of the gene entail the information encoded in those properties. Thus, there is an implicit causal relationship between the low-level facts and the high-level facts. It follows that the genetic code—the information constituting that code—is reductively explainable by the microphysical facts. [1]

It may turn out that further empirical research will reveal a yet undetectable source of information, perhaps over and above the physical facts of the DNA. In that case, the statement, "The genetic code supervenes on the microphysical properties of DNA" would prove to be false, at least regarding the genetic information that is not identical with the information contained in the molecule in the actual world. This epistemic issue, however, would not defeat the proposition that facts about the genetic code logically supervene on the microphysical facts of DNA. In light of this conclusion, it should be clear that *Myriad*'s analysis of the patentability of BRCA1 and BRCA2 is inadequate.

(2) Are These DNA Molecules Patentable?

Myriad of course focused on the compositional aspects of patentability under § 101, and ultimately rejected its claims for patents on the two isolated DNA molecules, even though those molecules were structurally altered because of their separation and even though, under an alternate theory of composition, the biological information *is* logically supervenient on the properties of the DNA. The foregoing discussion was aimed to show how *Myriad*'s analysis of genetic information amounts to a statement that the biological information instantiated in the genes is not logically supervenient on the physical properties of those genes. Assuming that *Myriad* is, in this respect, incorrect, does a supervenience analysis lead to the conclusion that the BRCA1 and BRCA2 genes are patent eligible?

In the Supreme Court's view, and relying on *Mayo*, the chief barrier to making the two DNA molecules in question patent eligible is that the claims were

---

[1] David J. Chalmers, *The Conscious Mind: In Search of a Fundamental Theory*, Oxford University Press (New York, 1996), pp. 47-48.

151

essentially for a discovery (of a process) rather than a new composition. What Myriad discovered, the Supreme Court reasoned, existed before humans uncovered its secrets. But discovery alone, the Court pointed out, is inadequate for patent protection.

Consider this rationale through the lens of supervenience. A change in the physical properties of the genes would include the breaking of the covalent bonds at both ends of the DNA molecule. The composition or structure of a molecule supervenes on low-level microphysical properties of the molecule. The two isolated genes in this case experienced a change in their compositional and structural nature by the severance of those bonds—that is, as a result of their severance from the protein scaffolding constraining the molecule. (This last point regarding severance was relied on by one of the Federal Circuit judges below and recently argued by one commentator.[①]) Thus, the larger microphysical property—the DNA's structure—supervenes on a smaller microphysical property—severed covalent bonds. Consequently, a change in the microphysical properties of the molecule entails a change in at least one aspect of its molecular structure, and such a change would happen in all counterfactual worlds. Thus, the molecular *structure* of DNA supervenes on lower level microphysical properties.

The application of supervenience to this issue would support the patentability of the gene and the process of isolating it. No worries about the product of nature exception: The isolated molecule cannot be found in nature. Only human intervention can produce this species of DNA. But this is really not the point. Rather, the point is: If there is a change in the A properties, there is a corresponding change in the B properties. When the covalent bonds of the DNA are broken (the A properties), the larger structure of the molecule is transformed (the B properties). Any change in the A facts, no matter how trivial, will entail a change in the B facts, and that subsequent change will distinguish the molecule from a DNA molecule that exists in its natural state. Because the B facts logically supervene on the A facts, the change in the structure and composition of the

---

① Dan L. Burk, "Edifying Thoughts of a Patent Watcher: The Nature of DNA", 60 *UCLA L. Rev. Disc.* 92, (2013).

isolated DNA molecule is inextricably connected to the underlying microphysical change. Consequently, even if we stipulate that the product of nature exception is a valid or useful doctrine, the BRCA1 and BRCA2 genes do not constitute natural phenomena in the conventional sense. Thus, assuming they meet the basic requirements for patentability (novelty, utility, and nonobviousness), they are patent eligible under § 101. But is the product of nature doctrine itself coherent?

(3) The Product of Nature Doctrine

Supervenience may be brought to bear on another issue in *Myriad*. The Court held that the artificially created DNA molecules were patent eligible because they did not exist in nature, but withheld this distinction from BRCA1 and BRCA2 because they were not modified from their natural condition. By contrast, the synthetic "cDNA" in that case omitted portions of the nucleotide segment that do not provide the code for proteins, and thus were patent eligible. This is in conformity with the rule that natural phenomena do not qualify for patents.

But consider a hypothetical situation in which, unlike cDNA, the synthetic DNA is identical in its coding sequence as DNA found in nature. This new synthetic DNA would not be "naturally occurring," to use the Supreme Court's phrase. Would the Court's reasoning still be sound? This hypothetical problem concerns the relevance and importance of external content to an individual's intrinsic properties, and so we return to the Twin Earth thought experiment for help. Consider the following variation of Twin Earth.

Imagine a counterfactual world in which synthetic DNA constitutes the basis of all life. It is identical to the DNA of this world, except that it was artificially created. However, there is nothing about the molecule itself that would show it was artificially created; extrinsic facts about its origin must be introduced to reach that conclusion. Consequently, the other world is identical to ours at the level of microphysical facts, including energy fields and the movement of electrons. However, life in that world was created by a race of superbeings who, as part of a grand experiment, populated it with creatures like us. They manufactured DNA molecules identical to ours except that they were not the result of evolution and, until their introduction to that counterfactual world, could not be found in the natural environment. They called their invention aDNA. One day a scientist on that world was pouring through documents left by the race of superbeings, now extinct, and discovered that these highly intelligent creatures had replicated aDNA from the original DNA that exists in this, the actual world. Immensely curious, he stole a starship and flew to this world. Fearing that he would be shunned by humans, the scientist decided to make Earth his permanent home, but kept secret the facts about his origin. In his newfound home, he cannot be distinguished from other people, even at the microphysical level. He lives in what is from his perspective a counterfactual world, but in this, the actual world, and in every other counterfactual world, there cannot be a change in the molecular structure of his artificial DNA without a change in the genetic information.

From the space ship thought experiment it should be clear that a product of nature is a characterization derived from the facts about the history of the scientist's aDNA—external facts of the kind that would normally be inaccessible. This raises an interesting issue about local supervenience as contrasted with global supervenience. Whereas in local supervenience the A facts of an individual determine the B facts of that individual, the B facts of global supervenience, by contrast, supervene on the A facts of the world. [1] For example, returning to Kim's argument discussed above in Part 4, in Putnam's Twin Earth scenario, if Oscar and Twin Earth Oscar are duplicates on separate Earth's, they can still have separate and distinguishable beliefs. [2] Rejecting Putnam's argument that mental states such as beliefs are examples of global supervenience, Kim argues that these beliefs are necessarily determined by the physical properties of the twins, including local "relational historical properties," because otherwise we could not explain why the beliefs of these two people are different. [3] Compare the historical properties of the artificial and natural DNA in the foregoing thought experiment to the mental states in the Twin Earth scenario. Is artificiality of the DNA explained

---

[1]　David J. Chalmers, *The Conscious Mind: In Search of a Fundamental Theory*, Oxford University Press (New York, 1996), pp. 33-34.

[2]　Jaegwon Kim, *Supervenience and Mind*, Cambridge University Press (New York, 1993), pp. 86-88.

[3]　David J. Chalmers, *The Conscious Mind: In Search of a Fundamental Theory*, Oxford University Press (New York, 1996), pp. 33-34.

by local or global supervenience? The encoded information of the aDNA (the *B* facts) is determined by, and therefore supervenes locally on, the microphysical properties of the aDNA (the *A* facts). However, unlike the Twin Earth scenario, what aDNA actually does is not analogous to differing beliefs of the two Oscars, for DNA and aDNA perform exactly the same functions. Consequently, any two possible aDNA molecules that "instantiate the same A-properties instantiate the same B-properties."[①] Taking this proposition to the next step, any possible aDNA molecule that instantiates the same A-properties as DNA instantiates the same B-properties as DNA. This is more of a relational property, to use Kim's terminology, which can be accurately described a local supervenience.

Interestingly, the question of what constitutes a product of nature has recently been construed as nothing more than a human construct.[②] That argument may be invalid, but here I will stipulate that this is accurate in the sense that the differentiation of natural phenomena from artificial products is determined by human thought alone. (Of course, what we now call DNA exists with or without a referent denoting it, nor is it necessary for someone to know about an object for it to exist.)

With this in mind, let's briefly examine this proposition from the narrower perspective of modal theory. Simply put, in modal theory facts about modality are

---

① David J. Chalmers, *The Conscious Mind: In Search of a Fundamental Theory*, Oxford University Press (New York, 1996), pp. 33–34.

② At least one commentator, Dan Burk, has challenged the traditional product of nature doctrine in the context of DNA patents. *See* Dan L. Burk, "Edifying Thoughts of a Patent Watcher: The Nature of DNA", 60 *UCLA L. Rev. Disc.* 29, (2013). Burk's essay was written when *Myriad* was pending review before the United States Supreme Court. Burk argues that *Myriad* illustrates the assumption that genes are indisputable natural facts. He contends that this assumption is false, and that the concept of a gene is a human construct and not something that exists separately in nature. Thus, it makes no sense to exclude products of nature from being patent eligible when, at bottom, products of nature are essentially human concepts. However, what Burk is really talking about is the difference between a referent and the object it denotes. The physical molecule exists whether we conceptualize it as a gene, surely in the same way that scientific theories are concepts, or human constructs, attempting to explain natural phenomena.

facts about what might be, what could have been, or what must be. [①]For example, Kripke describes a statement such as "water = H_2O" as a relationship between two "rigid designators," which are terms that denote the same object across all counterfactual worlds. Because these identity statements denote the same object (whatever their actual descriptor) in all possible worlds, they are, therefore, identical in all possible worlds. [②] Water is essentially H_2O, and its essential properties are identical to H_2O across all counterfactual worlds.

However, the A facts in the thought experiment are identical in all possible worlds because the a DNA is identical to DNA found in nature. This identity of the composition in both molecules is true even at the microphysical level. Likewise, the B facts—the genetic information—are the same in all possible worlds in the case of artificial DNA that is identical to natural DNA. Thus, a change in the A facts entails a change in the B facts. In this thought experiment, it does not matter if the DNA originates in nature or in a laboratory.

Viewed in this light, the distinction between DNA found in the "natural" world and artificial DNA is illusory. At most, the difference in terms is the result of assigning a separate descriptive phrase to a molecule based on a property about its origin. Although DNA has the same essential properties as an artificial DNA molecule (aDNA), its identity is the same in all possible worlds, for what we call "DNA" and "aDNA" denote the same object across all counterfactual worlds. To use Kripke's terminology, they are rigid designators.

But what is meant by essential? Kripke uses an example of gold in his discussion about determining the essential properties of natural phenomena. Gold has the atomic number 79, but could it be the case that gold does not have this atomic number? In this example, assume that scientists have discovered that 79 is the atomic number of gold, and that it is an essential part of this substance. But there is another metal, iron pyrites or "fool's gold," that has some of the same

---

① Anand Vaidya, *The Epistemology of Modality*, The Stanford Encyclopedia of Philosophy (Summer 2015 Edition), Edward N. Zalta (ed.), at URL = < http: //plato. stanford. edu/archives/sum2015/entries/modality-epistemology/>.

② Saul Kripke, *Naming and Necessity*, Harvard University Press (Cambridge, Massachusetts, 1972), pp. 47–49, 110–113, 128–129.

properties as gold, such as its yellow and shiny appearance, but lacks the atomic number 79. In a counterfactual situation, however, we discover iron pyrites in the mountains where gold was found in the actual world. This metal would not be gold, but something else. Thus, the scientific discovery that gold has the atomic number 79 is not a contingent truth, but a necessary truth. That gold is an element having the atomic number 79 is an essential property of gold. ①

Compare the foregoing discussion of gold with synthetic DNA. Artificiality is a property of the synthetic DNA molecule, but not an *essential* property. The composition of both molecules is the same, and thus both molecules would encode the same genetic information. It is the genetic *information* they encode that makes their properties essential. In any counterfactual world, a particular DNA molecule would have the same composition, the same structure, and would encode the same genetic information. ② Yet, even if they did not encode the same genetic information, both molecules would encode information of some type. This capability is an essential property of any DNA molecule. However, the quality of identity would remain the same even if the property of artificiality proves to be false. Suppose the scientist in the thought experiment discovers *a posteriori* that the superbeing creators did not synthesize the DNA, but rather used samples of "naturally" occurring DNA molecules to generate the human species. In all possible worlds, the DNA would no longer have the property of artificiality. However, this finding would not matter. The statement that aDNA and DNA are identical in all possible worlds is a necessary truth, for even if it turns out that the aDNA lacks the property of artificiality, it would be DNA, and any object is identical with itself.

It follows that, because the genetic code logically supervenes on the DNA, it also logically supervenes on aDNA. In fact, aDNA *is* DNA. The entailment is

---

① Saul Kripke, *Naming and Necessity*, Harvard University Press (Cambridge, Massachusetts, 1972), pp. 123−125.

② Although isolated noncoding nucleotide sequences of introns superficially appear different from coding sequences of exons, the genetic information "is usually identical." *See* Daniel M. Lorentzen, "Note: Do These Genes Fit? The Gene as Patentable Subject Matter", 60 *Drake L. Rev.* 933 (2012), p. 958.

identical in both kinds of DNA. Thus, the concept of "naturally occurring," at least it some circumstances, is not coherent. If the essential properties of DNA and aDNA are identical, it is not coherent to distinguish aDNA by reliance on its history. Similarly, one commentator has argued that any investigation of DNA alters the molecule from its natural state to some extent. [①] In this light, *Myriad*'s product of nature analysis is flawed to the extent that it holds that any naturally occurring phenomenon would fall within the exception to § 101.

Conclusion

A mere revision of the natural phenomena doctrine would be inadequate to resolve these problems because the doctrine lacks a coherent analytical framework. Although it is true, in *Myriad*, that cDNA is created in the laboratory and thus, unlike DNA, lacks introns, the two molecules share an essential characteristic of containing genetic information. What is critical is not that the information be identical, but that there is biological information instantiated in these molecules. This feature is an essential property of both cDNA and DNA. This property is essential, even to artificially created DNA. The product of nature doctrine could never achieve any analytical clarity in this situation.

It is foreseeable that the same or similar issue will arise in future patentability cases involving DNA. But to carve out an exception to the product of nature doctrine for DNA patents alone would be to ignore the underlying weakness in the doctrine in light of rapidly developing biotechnology. Jettisoning this doctrine will not deprive future scientists of a platform for biotechnological innovation. The concept of what constitutes a product of nature has changed from the perception of natural phenomena as a distinguishable object to merely a way we perceive the natural world, of which we are a part. Humans now create natural phenomena.

No longer constrained by the product of nature doctrine, at least in its present form, courts could apply other policy levers to winnow out weak claims. For

---

① Dan L. Burk, "Edifying Thoughts of a Patent Watcher: The Nature of DNA", 60 *UCLA L. Rev. Disc.* 101, (2013).

example, two commentators have argued for encouraging investment in biotechnology patents by lowering the disclosure requirement while boosting the doctrine of equivalents and raising the nonobvious threshold under 35 U. S. C. § 103. [1] After *Myriad*, however, it seems unlikely that courts will reform the doctrine or even question its analytic coherence. For the present, we must live with the constraints as they have been fashioned.

Supervenience and DNA Patents: A Preliminary Analysis

Terrence E. Dean

Abstract: Analytic philosophy and patent law are rarely found in the same universe of discourse. Yet, these two disparate disciplines, when bound together in the same analysis, expose a lack of coherence in a recent but controversial United States Supreme Court case, Association for Molecular Pathology v. Myriad Genetics, Inc. Rejecting the patentability of two isolated DNA molecules under the product of nature exception, the Supreme Court implicitly framed the deficiency in the claims as an excess of genetic information after the encoded information has been reduced to the microphysical properties of the molecules. This essay will demonstrate that the Court's implicit holding is incoherent when analyzed by applying a concept from analytic philosophy. It will be shown that the product of nature doctrine does not automatically disqualify DNA molecules of this type, and that the doctrine itself is of questionable validity.

Keywords: Patent; DNA; Supervenience; Product of Nature

---

① *See* Dan L. Burk & Mark A. Lemley, *The Patent Crisis and How the Courts Can Solve It*, The University of Chicago Press, (Chicago, 2009). pp. 150–153.

法律史学

大法官法院历史概览：
从起源到沃尔西大法官[*]

威廉·琳赛·卡尔内 著　黄　辛　樊雪娇 译　陈　锐 校^{**}

内容摘要：托马斯·沃尔西可以说是中世纪最后一位伟大的衡平大法官，是大法官法院发展早期的标志性人物。作为一种衡平法院，英格兰的大法官法院和普通法院一样，起源于早期诺曼统治者设立的、古老的御前会议，或国王的咨议会——该机构是所有皇家法院的共同母体。由于国王的咨议会拥有独特的优越地位，因此经常收到臣民的诉状，慢慢就形成了一种解决纠纷的机制与机构，大法官法院应运而生。在早期，大法官法院主要受理那些普通法无法救济的案件，包括口头合同纠纷案件、信托和用益纠纷案件等，但也拥有一些普通法案件的管辖权。最初，向大法官法院提起诉讼非常简便：可以用法语或英语而非拉丁语起诉，甚至可以口头起诉；无须交纳诉讼费用；大法官法院审理案件进展较快，经常采取庭外解决方法。但后来变得与普通法院没有明显区别。大法官法院由衡平大法官主持，其下设有12名主事，协助其处理日常事务。与普通法院相比，大法官法院的主要工作是"管理与保护"，而非"司法与惩处"；衡平大法官作为"国王良心的"的守护者，有能力通过"披露"的方式审查那些不诚实、狡诈的被告的良心，这是大法官法院相较于普通法院的优越之处。

关键词：衡平法院　大法官法院　国王的咨议会　衡平大法官　国王的良心

　＊　原载于 *The Virginia Law Register*, New Series, vol. 13, No. 7（Nov., 1927），pp. 391-421。

＊＊　〔英〕威廉·琳赛·卡尔内（William Lindsay Carne），曾在费尔法克斯律所任律师，并子承父业担任费尔法克斯先驱报编辑，其他不详。译者黄辛，西南政法大学硕士，香港中文大学 L. L. M.，重庆市司法局法律援助中心工作人员；樊雪娇，重庆大学法学院 2018 级法律硕士研究生。

大法官法院（The High Court of Chancery）和普通法院一样，都起源于早期诺曼统治者设立的、古老的御前会议（curia regis），或国王的咨议会（king's council）。该机构是所有皇家法院的共同母体。这些皇家法院一度都作为国王咨议会的一部分而存在，且无一例外地从中分离出来，只是分离得时间不同而已，并且，最终每一个都成了一种独立的存在。为了更好地理解大法官法院的特点和管辖权限，同时也为了更好地了解普通法院，我们有必要详细地研究御前会议的起源、组成以及管辖权限。

御前会议（或国王的咨议会）的起源与国王作为封建主这一观念密不可分。封建体系的一个既定方针是：每个封臣都有义务协助其领主，这种协助既包括在咨议会中向领主建言，又包括在战场上用自己的剑捍卫领主。因此，诺曼征服者及其继任者就把自己征服的撒克逊人土地分封给了那些在黑斯廷斯战役中协助自己打败哈罗德国王的诺曼贵族，让他们成为自己手下的封建领主。在这些领主之下，还有伯爵、公爵等附庸。这些伯爵、公爵们又以类似的方式将土地分封给了手下的男爵和单个的骑士，并据此获得他们的效忠。那些直接从国王处受封土地的领主（除国王外，这些领主之上再没有其他地位更高的领主可干涉他了）被称为"直属封臣"（tenants in capite）。① 正是这些直属封臣们组成了国王的咨议会。但该咨议会的成员并非固定不变的，原因很明显，因为并非每个被国王征召的贵族每次都能如期出席咨议会。除这些直属封臣外，朝廷里一些位高权重的大臣〔例如，御前大臣，首席摄政官（the Chief Justiciar），司库（the Lord Treasurer）以及内廷管家（the Chamberlain）等〕是这一机构当然的成员。此外，国王还可以征召自己中意的任何人进入咨议会。② 国王咨议会的管辖权非常大，用今天的政治经济学术语说，该咨议会可谓集司法和立法权于一身。"同一个机构……既是国王的咨议会，又是法院；在必要时，还是一般的议会；它交替行使立法、行政及司法权力，这些权力之间并不存在明显的界限。"③

---

① William Searle Holdsworth, *A History of English Law*, vol. 1（Boston：*Little Brown and Company*, 1922）, p. 332.

② William Searle Holdsworth, *A History of English Law*, vol. 1（Boston：*Little Brown and Company*, 1922）, p. 33.

③ James Fosdick Baldwin, *The King's Council in England during the Middle Ages*（Oxford：The Clarendon Press, 1913）, p. 4.

众所周知，大咨议会的成员由许多神职人员和世俗贵族组成，他们中的很多人住在远离伦敦的地方，这非常不利于这一机构处理政府的日常事务。因此，事实上，日常事务都被交给了由前述的位高权重的大臣们组成的"小咨议会"打理。无论国王是在伦敦城，还是处于全国巡回的旅途中（早期金雀花王朝的君主们非常热衷于巡视他们的王国），这些枢机大臣们总是随侍御前。因此，只有在商讨国家的大政以及外交等重大事务时，国王才召开大咨议会。比如，威廉一世时期修改"忏悔者"爱德华制定的法律，以及亨利二世时期讨论王子的加冕、公主的婚姻以及战争与和平等重大事务。大咨议会实际上还是一个针对国王麾下直属封臣的封建法庭。1088年，（国王）依据《克拉伦登宪章》和《克拉伦登诏令》召开了大咨议会，审判犯有叛国罪的达勒姆主教（Bishop of Durham）；1165 年，大咨议会则以国王（亨利二世）的名义审判了托马斯·贝克特（Thomas à Becket），因为他冒犯了国王的御马监（king's marshal）约翰。此外，国王的大咨议会还于1777 年审理了卡斯蒂和纳瓦尔两地国王之间的争端，亨利二世亲任仲裁者。① 尽管大咨议会的历史本身非常有意思（因为该机构是英国国会的雏形），② 但我们的兴趣点在小咨议会。正是在这一机构的基础上，才产生了英格兰的法院系统。

我们不能将"小咨议会"看成由大咨议会分离出来的一个独立机构。"小咨议会"和大咨议会一样，都是咨议机构，③ 且"小咨议会"管辖的都是那些相对不怎么重要的事务。"在（小咨议会）会期期间，它可以管理王国的资产；人们还采取了一定的措施，使小咨议会成了一种法庭，对所有诉至咨议会的案件进行审理。"④ 国王将其执掌的有关臣民司法事务的特权移交给了这一咨议会，这一咨议会因此变成了一个王室法庭。在其组成人员中，首席摄政官（justiciar）最初是最重要的官员，他是国王委派的总督（viceroy），国王不在国内期间，由他总领朝政。在威廉·鲁弗斯（William

---

① William Searle Holdsworth, *A History of English Law*, vol. 1 (Boston: Little Brown and Company, 1922), p. 39.

② William Searle Holdsworth, *A History of English Law*, vol. 1 (Boston: Little Brown and Company, 1922), p. 40.

③ George Spence, *Equitable Jurisdiction of the Court of Chancery*, vol. 1 (London: V. and R. Stevens and G. S. Norton, 1846), p. 3.

④ William Searle Holdsworth, *A History of English Law*, vol. 1 (Boston: Little Brown and Company, 1922), p. 40.

Rufus）国王时期，首席摄政官这一职位甚至成了一个常设职位。[1] 除首席摄政官外，御前大臣也是小咨议会的成员，他既是国王的忏悔神父，又是掌管王玺者。同时，他还作为国务大臣总领各部。所有王室令状均由其执掌的官衙（即文秘署）起草并封印，因此，御前大臣是"王室的首席牧师"。[2] 副摄政官（justiciae）协助首席摄政官工作，同时还担任巡回法庭的大法官。[3]

财税法庭

小咨议会日常处理的首要事务便是财政事务，它负责打理王室的财政收入。正因如此，才从小咨议会中衍生出了财税法庭。当咨议会需要解决财政问题时，就从自身中分出了一个委员会，该委员会被称为"财政咨议会"（consilio in scaccario）。"exchequer"一词据称来源于铺在该衙门桌子上棋盘状的花格子布，这一格子布的作用在于方便算账。[4] 包括御前大臣在内的所有国务重臣都要参加这个"财政咨议会"，但后来，御前大臣连自己衙门的事务都忙不过来，他发现自己再参加"财政咨议会"非常不便，于是，大约于亨利三世当政的第 18 年（circa 18 Hen. Ⅲ），他指派属下的一名职员作为自己的副手，出席财政咨议会。渐渐地，这一职员便被称为"财政大臣"（the chancellor of the exchequer）。[5]

我们不难发现，征税工作本就包含了一定量的司法事务；与之关联的就有审理和解决争端、审查所谓的已付款与免税等事务。在一般性的负责税收工作的这一机构中，人们遇到的大部分事务都容易解决，因此，财税咨议会便逐渐地分成了两个部门。其中的一个层级较高的部门专门解决国

---

[1] William Searle Holdsworth, *A History of English Law*, vol. 1 (Boston: Little Brown and Company, 1922), p. 36.

[2] William Searle Holdsworth, *A History of English Law*, vol. 1 (Boston: Little Brown and Company, 1922), p. 37.

[3] William Searle Holdsworth, *A History of English Law*, vol. 1 (Boston: Little Brown and Company, 1922), p. 38.

[4] Thomas Madox, *The History and Antiquities of the Exchequer of the Kings of England*, vol. 1 (London: Printed for William Owen, etc., 1711), p. 160.

[5] James Fosdick Baldwin, *The King's Council in England during the Middle Ages* (Oxford: The Clarendon Press, 1913), p. 4.

王与其债务人（这些债务人主要是各郡郡长）之间的争议，财税咨议会中的一些贵族和职员会被指派审理这些案件。[①] 这些在财税咨议会听讼的贵族被称为"财税法庭法官"（barons of the exchequer）。他们拥有的这一头衔一直保持到 19 世纪下半叶。这些财税法官最初并不是由职业律师担任，但到了爱德华二世时期，其中的一些财税法官已是职业律师，而且，首席财税法官通常都由律师担任。[②]

财税法庭（即前文所谓的财税咨议会）是第一个从咨议会中分离出来，并宣称自己存在的皇家法院。当然，明确地断言财税法庭具体于何时才从咨议会中分离出来，几乎是不可能的（这一论断同样适用于其他一些普通法院和大法官法院）。[③] 在 13 世纪，财税法庭和大咨议会之间的关系仍非常紧密，大约到了 14 世纪伊始，财税法庭才逐渐成为一个独立机构。[④] 而在此之前，财税法庭不仅是一个单纯的负责王国财政的机构，而且是"一个总揽政府各项商务的秘书处"。[⑤] 该机构负责保管王国签订的各种条约，大咨议会还会不定期在此召集会议。因此，在爱德华一世当政第 14 年，财税法官们曾被国王召集到财税法庭，商议英国商人和佛兰德斯商人之间关系问题，以及摆在大咨议会面前的与苏格兰即将缔结的条约问题。[⑥]

财税法庭的法官们很早就发现，如果由另一个、不同于处理一般征税事务的机构来审理案件，会便利得多，因此，他们将财税咨议会所承担的司法功能从财税征收功能中剥离开来。[⑦] 有时，那些与财税征收没有紧密关

---

① William Searle Holdsworth, *A History of English Law*, vol. 1 (Boston: Little Brown and Company, 1922), p. 43.

② William Searle Holdsworth, *A History of English Law*, vol. 1 (Boston: Little Brown and Company, 1922), p. 235.

③ William Searle Holdsworth, *A History of English Law*, vol. 1 (Boston: Little Brown and Company, 1922), p. 231.

④ William Searle Holdsworth, *A History of English Law*, vol. 1 (Boston: Little Brown and Company, 1922), p. 44.

⑤ James Fosdick Baldwin, *The King's Council in England during the Middle Ages* (Oxford: The Clarendon Press, 1913), p. 210.

⑥ James Fosdick Baldwin, *The King's Council in England during the Middle Ages* (Oxford: The Clarendon Press, 1913), p. 215.

⑦ William Searle Holdsworth, *A History of English Law*, vol. 1 (Boston: Little Brown and Company, 1922), p. 44.

系的事务也会递交给财税法官，① 他们还要审理那些没有初始令状、发生在臣民之间的诉讼，但正如随后显示的，此类诉讼有必要由民事上诉法院处理。② 故而立法机关制定法令，严禁（他们行使）此类未经许可的司法管辖权。但财税法官们却以这样的说辞规避上述规定：被告无力清偿债务的行为影响了原告纳税的能力（故而财税法庭有管辖权）——同样的说辞后来出现在"财税法庭通过虚构方式获取普通民事诉讼管辖权的令状"（the writ of quominus）之中。③ 财税法庭的司法管辖权并不受原始令状范围的限制，就像民事上诉法院一样（由于财税法庭是御前会议的一个分支），因此，它开始行使御前大臣执掌的、准衡平性的司法管辖权。④ 但在下面的情况下，它又丧失了这种衡平性的管辖权：在 1295 年（大约在爱德华二世当政时期），考文垂和利奇菲尔德的主教沃尔特·朗顿（Walter Langto）担任财政大臣，大肆地扩张财税法庭的权力，以致议会各方〔得到了温切尔斯大主教兼御前大臣约翰·朗顿（John Langto）的支持〕撤掉了他的职务。不久后，沃尔特·朗顿又短暂复职，但旋即又被撤职。这一系列波折对财税法庭的影响是致命的，并且，从这一时期起，文秘署开始走到前台，成为首要的政府机关，财税法庭甚至连财政事务都不能决定。⑤ 我们可以在爱德华三世时期的一份羊毛津贴的征收文件中看出这一点，因为该文件是由文秘署制作并下发的。⑥ 同时，财税法庭的司法管辖权也在爱德华三世当政的第一年即被剥夺，爱德华三世斥责财政大臣及其手下的财税法庭法官们，因为他们试图在没有令状的情况下审理一桩涉及直属封臣封地的案件。这一事实表明，财税法庭开始被人们视为一种成熟形式的普通法院。⑦

---

① William Searle Holdsworth, *A History of English Law*, vol. 1 (Boston: Little Brown and Company, 1922), p. 44.

② James Fosdick Baldwin, *The King's Council in England during the Middle Ages* (Oxford: The Clarendon Press, 1913), p. 217.

③ James Fosdick Baldwin, *The King's Council in England during the Middle Ages* (Oxford: The Clarendon Press, 1913), p. 218.

④ James Fosdick Baldwin, *The King's Council in England during the Middle Ages* (Oxford: The Clarendon Press, 1913), p. 224.

⑤ James Fosdick Baldwin, *The King's Council in England during the Middle Ages* (Oxford: The Clarendon Press, 1913), p. 229.

⑥ James Fosdick Baldwin, *The King's Council in England during the Middle Ages* (Oxford: The Clarendon Press, 1913), p. 229.

⑦ Cal. Close Rolls, 1 Ed. Ⅲ, 194.

民事上诉法院

要了解咨议会这一分支的历史，就有必要简单地考察威廉一世及其直接继任者当政时期的司法体系。诺曼征服者并没有急着一下子摧毁所有古老的撒克逊司法制度。相反，他还尽可能地保留了它们。因此，那些旧有的由郡长主持的郡县法庭被原封不动地保留了下来，一般的起诉者仍可从那里获取正义。这些郡县法庭的法官是由郡的自由民组成的，因此，那些起诉者自己也是法官。故而我们可以认为，我们不能将这些判决描述为具有非常详尽的推理与高深的法律知识。相反，它们经常带有极度的偏见，并且，会因地域歧视和个人影响而左右摇摆。① 这种郡县法庭拥有一般的民事和刑事案件的管辖权。② 在撒克逊时代，当事人可以将判决的结果上诉至国王或者贤人会议（the Witenagemot）。③

除郡县法庭外，还存在一些大封建主开设的个人法庭或"庄园法庭"（manorial courts，宗教法庭和世俗法庭皆有）。国王的法庭就是这些个人法庭中的一种，因为国王的法庭主要是为国王的直属封臣而设的。在今天看来，这一国王法庭不过就是行使司法管辖权的咨议会。相较于郡县法庭，国王的法庭审判效率较高，也更加公正；这使得这一法庭很快便塞满了那些希望充分利用咨议会的便利而寻求司法救济者的诉状。

由于咨议会还要忙于国政及其他重大事项，很难抽出时间，专门审理臣民之间的诉讼，因此，以其他方式处理臣民之间的诉讼显得非常必要。这一难题很快就由亨利二世化解了。④ 这位睿智而谨慎的君王发现，若将所有案件交由王室的法庭办理，那么，他不仅可以极大地加强并扩展王室的影响，而且可以向那些贪图王室法庭特权的人收取一笔费用，从而为自己

---

① Frederick Pollock and Frederic William Maitland, *History of English Law*, vol. II,（Cambridge：At the University Press, 1895）, pp. 535–537; William Searle Holdsworth, *A History of English Law*, vol. 1（Boston：Little Brown and Company, 1922）, p. 10.

② William Searle Holdsworth, *A History of English Law*, vol. 1（Boston：Little Brown and Company, 1922）, p. 44.

③ William Stubbs, *The Constitutional History of England in Its Origin and Development*, vol. 2,（Oxford：Oxford University Press , 1903）, p. 135, 446.

④ William Searle Holdsworth, *A History of English Law*, vol. 1（Boston：Little Brown and Company, 1922）, p. 52.

赚取一笔额外的收入。根据阿伯特·本尼迪克特（Abbot Benedict）的说法，亨利二世采取了一些步骤，以实现这一目的："国王选定了五个人，两个书记官和三名非专业人员，他们全都是自己的亲属。他任命这五人负责听审全国所有的案件，并由他们做出裁判；而且规定，这五人不得自外于咨议会，应当在咨议会审理人们的诉讼。若有任何问题五人无法决断，则需要将该问题提交国王审理，国王将按照自己认为有利以及王国内贤明人士认为较恰当的方式处理。"① 我们需牢记，该五人并非组成了一个独立于咨议会的机构。事实上，他们只是组成了一个处于大咨议会之下担负一项特殊任务（即专门审理臣民之间的诉讼）的委员会；但纵使如此，他们仍只是咨议会的一部分。直到约翰王当政（即1224年）以后，民事上诉法院才开始将自己的卷宗从咨议会的卷宗中分离出来。民事上诉法院的管辖范围非常有限，并严禁越权。② 对于所有不同寻常的事情，咨议会都保留了最后的裁决权，因此，民事上诉法院法官的管辖权受到了初始令状的限制，这些初始令状是由文秘署签发的，规定了司法救济的范围。③ 民事上诉法院被限定管辖有关罚款、收回或返还土地之类的诉讼，以及一些普通法诉讼（比如债务之诉，请求返还动产之诉，盖印合同之诉及账户查验之诉，等等）。④随后我们将揭示，王座法院与财税法庭是如何通过一系列虚构的手段，成功地从民事上诉法院处"偷走"了相当部分的案件管辖权。民事上诉法院的法官们最初都是神职人员，但在1316年之后，除了斯丹东的哈维（Harvey of Staunton）——此人随后于1326年担任首席大法官——被任命为民事上诉法院的法官外，民事上诉法院的法官便不再由神职人员担任。⑤ 根据《自由大宪章》的规定，民事上诉法院的驻地在威斯敏斯特，在1879年前，它一直驻在那里。

---

① "Benedictus Abbas（R.S.）", In Hugh Chisholm, *Encyclopædia Britannica*,（Cambridge：Cambridge University Press, 1911）, pp. 207-208.

② James Fosdick Baldwin, *The King's Council in England during the Middle Ages*（Oxford：The Clarendon Press, 1913）, pp. 40-50；Bracton De Legibus, iii 80 ff B61.

③ James Fosdick Baldwin, *The King's Council in England during the Middle Ages*（Oxford：The Clarendon Press, 1913）, p. 10.

④ William Searle Holdsworth, *A History of English Law*, vol. 1（Boston：Little Brown and Company, 1922）, p. 198.

⑤ James Fosdick Baldwin, *The King's Council in England during the Middle Ages*（Oxford：The Clarendon Press, 1913）, p. 52.

王座法院

王座法院同样起源于咨议会主持的法庭，与坐落于威斯敏斯特的民事上诉法院并非同一机构。长久以来，王座法院与咨议会保持着紧密的联系。事实上，咨议会本身就承担着皇家法院的某些功能。[1] 王座法院是从咨议会中分离出来的最后一个法院，在民事上诉法院从咨议会分离出去约 100 年之后，王座法院才被人们看成一个单独的司法机构。[2] 最初，国王亲自到这一法庭主持司法工作，但在一段时间之后（柯克认为，这最早出现在亨利六世当政时期），[3] 国王就不再亲自听讼。王座法院的官员主要是由国王任命的法官组成，但咨议会的另一些成员似乎也参与到了审判工作之中，如在 1315 年的一个案件中，王座法院的法官得到了民事上诉法院的同僚、财税法庭的法官们、财政大臣、御前大臣以及咨议会其他成员的协助。[4]

从某种特殊的意义上讲，王座法院是国王自己的法院，审理事关王室的所有事情。因此，它是这一王国最重要的刑事法院，因为所有的刑事犯罪本质上都是对国王的和平、安宁的冒犯，故而是对国王威严的冒犯。因此，王座法院的法官们是"王国秩序的最高守护者与土地的最终裁判者"。[5] 王座法院负责审理暴力侵权（trespass vi et armis）之诉，返还财产（replevin）之诉以及债务之诉（在很多案子中，王座法院的官员也牵扯其中）。此外，若被告人已被王座法院羁押，该法院还可审理与该被告有关的所有对人之诉。这一事实使得王座法院极大地扩张了自己的管辖权限，它可以借助一种捏造的侵权而通过虚构的手法逮捕被告，从而获得了数量可观的、本属于民事上诉法

---

① James Fosdick Baldwin, *The King's Council in England during the Middle Ages* (Oxford: The Clarendon Press, 1913), p. 52.

② William Searle Holdsworth, *A History of English Law*, vol. 1 (Boston: Little Brown and Company, 1922), p. 204.

③ Edward Coke, *The Institutes of the Laws of England*, vol. 4 (London: Printed for Andrew Crooke, etc, 1669), p. 71.

④ Y. B, 13 Ed. Ⅲ (R. S.), XCIV; William Searle Holdsworth, *A History of English Law*, vol. 1 (Boston: Little Brown and Company, 1922), p. 207.

⑤ George Spenee, *Equitable Jurisdiction of the Court of Chancery*, vol. 1 (London: V. and R. Stevens and G. S. Norton, 1846), p. 113.

院管辖的案件。① 王座法院还是财税法庭②之外的所有法院的上诉法院。在财税法庭内部，设有一个名为财政署内室法庭（the exchequer chamber）的特别法庭（该法庭成立于爱德华三世执政的第 31 年，即 1357 年，由财政大臣和御前大臣组成），财税法庭的错案可以在此得到纠正。③

咨议会剩余的司法管辖权

迄今为止，我们已了解到，在早期的诺曼君主统治之下，王国的最高司法权掌握在咨议会手中，其司法管辖的范围非常大，且完全没有限制。此外，我们还看到，在不同的时期里，这一司法管辖权的很大一部分已被转移到了咨议会下设的一些委员会。在很长的时间里，这些委员会仍是咨议会这一重要机构的一部分，但这些委员会最终都被分离了出去，拥有各自独立的权力，并因而形成了各种类型的法院。这些法院的管辖权受到了严格的限制，咨议会仍保留了对它们拥有绝对的、不受限制的控制权，这些控制权似乎经常被人们行使。④ 由于普通法院自身的特点，使得其不能对所有类型的案件都给予全面的司法救济，并且，其每一次试图扩张司法管辖权的尝试都遭到了当时社会富裕阶层和地主们的反对。⑤ 因为在当时，每个封建贵族都拥有自己的法庭，故而对国王的法院不怎么看得顺眼，因为它们是"司法这一有利可图的事业的竞争者"。⑥ 甚至在《威斯敏斯特法Ⅱ》这一有名的法规通过后（该法规允许对相似的案件颁发类似的令状），普通法院仍被告知说："创设新的令状将受到那些心生妒忌的贵族们的严格审查。"⑦ 无论是签发令

---

① George Spenee, *Equitable Jurisdiction of the Court of Chancery*, vol. 1 (London: V. and R. Stevens and G. S. Norton, 1846), p. 113.

② George Spenee, *Equitable Jurisdiction of the Court of Chancery*, vol. 1 (London: V. and R. Stevens and G. S. Norton, 1846), p. 114.

③ George Spenee, *Equitable Jurisdiction of the Court of Chancery*, vol. 1 (London: V. and R. Stevens and G. S. Norton, 1846), p. 114.

④ Case of the Stauntons, Y. B. 13 Ed. Ⅲ (R. S.). XXXVI-XL iii, 1340-1345); Y. B. 12, 13, Ed. Ⅲ (R. S.), XCIV-C (1336-1341).

⑤ Edward Jenks, *Edward I: the English Justinian or the making of the common law* (New York and London: G. P. Putnam's Sons. 1902), p. 218.

⑥ Edward Jenks, *Edward I: the English Justinian or the making of the common law* (New York and London: G. P. Putnam's Sons. 1902), p. 218.

⑦ James Fosdick Baldwin, *The King's Council in England during the Middle Ages* (Oxford: The Clarendon Press, 1913), p. 65.

状的文秘署职员，还是执行这些令状的法官们，都受到了很大的威胁，以致在发布令状时，都不得不严格地遵守令状的传统形式。有关这些问题，我们在后文将详尽地讨论。

即便与初始令状有关的一些难题不存在了，普通法和普通法院的组成也存在一些困难，以致它不可能对每桩案件都给予司法救济。除了审理那些最简单的诸如侵权、债权债务、契约之类的案件以外，陪审团被阻止审理任何其他案件，那些比较复杂的案件必须留给那些更聪明、受过更多训练、更适合判决这些事务的人士审理。

在了解了上述事项之后，我们可以很容易地看出，普通法院经常不能给予法律救济，因此，在很多案件中，有必要诉诸咨议会剩余的司法管辖权。"在普通的法院或普通的法律无法实现正义的地方，国王自然会借助咨议会，行使其为臣民实现正义的特权。[①] 在有些时候，这些事情超出了普通法院司法管辖权的范围，而在另一些时候，是由于普通法的范围太窄，不足以将这些事情涵括其中。"[②]

人们有必要向咨议会提起申诉，我们可以从"奥德莱女士案"（the case of Lady Audley）这一具体的例子中看出这一点。[③] 在奥德莱勋爵与夫人结婚时，奥德莱勋爵的父亲立下字据，决定将一些土地置于这对新婚夫妇及其子嗣名下。但后来，他又反悔。作为儿子，奥德莱勋爵不愿意对其父提起诉讼；作为已婚女子（feme covert），奥德莱夫人也不能在普通法院提起诉讼。即便奥德莱勋爵愿意和夫人一起向其父提起普通法上的违约之诉，在此情况下，奥德莱夫妇也只能获得违约的损害补偿，而那种救济显然不充分。而且，这种普通法上的损害补偿只能由奥德莱勋爵获得，奥德莱夫人不能从中获得任何益处。故在此种情况下，奥德莱夫人便向咨议会提交诉状，咨议会做出判决，要求其公公履行该契约。[④]

在这一时期，此类事务的压力变得越来越大，咨议会发现，自己不可能亲自处理所有提交到面前的诉状。因此，如他们所称的，出现了下面的

① William Searle Holdsworth, *A History of English Law*, vol. 1 (Boston: Little Brown and Company, 1922), p. 478.

② William Searle Holdsworth, *A History of English Law*, vol. 1 (Boston: Little Brown and Company, 1922), p. 476.

③ 35 Edw. III, 1361.

④ 1 Pomeroy Eq. Juris. 37 n 2.

惯例，即将这些事务恩赐给御前大臣，由他采取自认为适当的行动，解决这些问题。这一惯例具体起源于何时，已渺不可考，但明显非常古老。爱德华三世当政第 22 年的法规规定，此类恩赐的事情应交给御前大臣或掌管王玺的大臣（the keeper of the privy seal）办理。人们有时引用这一规定，作为已确定此类案件管辖权的证据，但在当下，人们一般都接受这一观点：该法规不过是以书面的形式对长久以来既存的司法惯例予以宣告和确认。① "由于国王及其高级官员们的注意力长期放在国家管理事务上，因此，这一做法成了一种自然且必然的选择。"②

御前大臣的地位

中世纪御前大臣所处的地位，使得其尤其适合处理那些关乎国王"良心"而恩赐的事务，比如，国王会将那些与无行为能力者有关的事务指派给御前大臣。最初，御前大臣一直是神职人员，且通常是高级神职人员，如大主教或红衣主教。因为人们认为，这些高级神职人员具有洞悉正义和良心的能力，而这是咨议会里那些多少有些愚鲁的世俗人员无法拥有的能力。③ 此外，作为一个神职人员，他可以在较大程度上免受世俗的羁绊，这极大地提高了他的影响与声望。④ 在废除了首席摄政官之后，御前大臣代替了其位置，成为地位仅次于国王的权臣。⑤ 同时，御前大臣还是掌管国玺的大臣（the keeper of the great seal），启动普通法诉讼的所有原始令状都由其官署（即文秘署）发放，⑥ 该机构在当时"既是一个位居要津的秘书机构，

---

① George Spenee, *Equitable Jurisdiction of the Court of Chancery*, vol. 1 (London: V. and R. Stevens and G. S. Norton, 1846), p. 335.

② George Spenee, *Equitable Jurisdiction of the Court of Chancery*, vol. 1 (London: V. and R. Stevens and G. S. Norton, 1846), p. 335.

③ D. M. Kerly, *An Historical Sketch of the Equitable Jurisdiction of the Court of Chancery: History of Equity* (Cambridge: the University Press, 1890), p. 25.

④ George Spenee, *Equitable Jurisdiction of the Court of Chancery*, vol. 1 (London: V. and R. Stevens and G. S. Norton, 1846), p. 355.

⑤ George Spenee, *Equitable Jurisdiction of the Court of Chancery*, vol. 1 (London: V. and R. Stevens and G. S. Norton, 1846), p. 355.

⑥ William Searle Holdsworth, *A History of English Law*, vol. 1 (Boston: *Little Brown and Company*, 1922), p. 398.

又充当着掌管内政、外交以及司法部职能的机构"。[1]

咨议会与文秘署

我们已说到，财税法庭因在任命沃尔特·朗顿（Walter Langton）为财政大臣的争斗中落入下风而失势，这使得文秘署出人头地、一跃成为首要的政府机构。由于咨议会经常在那里召开，因此，人们称之为"文秘署的咨议会"（curia in cancellario）。正是在这些会议上，诸如奥德莱女士之类的诉讼当事人才将其诉状提交到咨议会，并且，审议这些诉讼当事人所请求的救济属于何种性质显得很有必要。

在有些案件中，原告可能因为疾病、贫穷等原因而无法获得普通法上的救济。[2] 而咨议会总是会给穷人特别的关照。此外，还可能存在这样的情况：一个强大的敌人妨碍原告向普通法院起诉，或被告可能是当地的一位官员（比如郡长），原告只能无奈地向该郡长治下的法庭起诉，并由郡长遴选陪审团。[3] 因而，古代的议案中充斥着侵害之诉、对不动产的非法侵占之诉以及对严重暴行和凌辱等行为的控诉。这些议案明显向我们展示了这个国家在那个时代的混乱和无序。尽管这些议案经常夸大其词，但它们却"依然实实在在地向我们描绘了当时穷人生活的混乱无序、不安定的图景。这些议案所载图景的颜色是那种最令人抑郁的色彩。比如，一贫如洗的寡妇和无助的老人受到攻击和殴打，他们的房子被强盗破门而入，财产被洗劫一空。这些抢匪头目在乡下尽人皆知，且这些头目从不掩饰自己的身份。因为惩罚他们的权力操控在遥不可及的御前大臣之手，而他不大可能突然降临到这些暴徒面前"。[4] "对于严重而恐怖的侵害行为"，当事人可以获得"刑事审判令状"（writs of oyer and terminer），[5] 但这些令状具有与普通法诉

---

[1] Frederick Pollock and Frederic William Maitland, *History of English Law*, vol. 1, (Cambridge: At the University Press, 1895), p. 71.

[2] D. M. Kerly, *An Historical Sketch of the Equitable Jurisdiction of the Court of Chancery: History of Equity* (Cambridge: the University Press, 1890), p. 71.

[3] D. M. Kerly, *An Historical Sketch of the Equitable Jurisdiction of the Court of Chancery: History of Equity* (Cambridge: the University Press, 1890), p. 71.

[4] D. M. Kerly, *An Historical Sketch of the Equitable Jurisdiction of the Court of Chancery: History of Equity* (Cambridge: the University Press, 1890), p. 71.

[5] Cal. Close Rolls, 41 Ed. Ⅲ, 392.

讼一样的缺陷。1354年，一名骑士闯进"刑事审判"法庭，控制住法官，并扬言要用拔出的剑杀死他。① 因此，我们在爱德华三世当政第29年编号为12和298的古代诉状中，看到了一份向咨议会提出的诉状，原因是原告由于害怕而不敢向刑事审判法庭（oyer and terminer）起诉。其他一些诉状还说到司法官员和不法行为人勾结②、陪审团被操控以及验尸官收受贿赂等。③

在一些案件中，普通法程序并不拒斥原告提起诉讼，除非原告欺诈性地利用法律程序压迫被告。这种滥用程序的情况在一些与遴选陪审团成员有关的问题上尤其突出。比如，在相当晚近的、发生在亨利七世当政时期的"*Grey v. Rice* 案"④ 中，肯特郡伯爵声称，他经常光顾 Walter ap Rice 酒馆，那一酒馆同意他赊账。现在，沃尔特向郡长法庭起诉，要求肯特伯爵支付赊欠的84英镑。伯爵不能证明自己已付过钱，酒馆老板也不承认伯爵已付钱。因此，沃尔特可能胜诉，因为"和他同在一个城市的陪审团成员们更偏向于沃尔特，对于陪审团的这些成员来说，沃尔特是一个特别熟的人"。面对如此窘境，肯特伯爵（向咨议会）申请传唤令状，要求讯问酒馆老板。⑤ 还有一些案件，有人申请禁制令，意图终止诉讼，以便困扰那些不受欢迎的商人，或者搁置那些在原告缺席的情况下做出的普通法判决。⑥

欺诈、伪造文件以及胁迫等行为均属"在文秘署的咨议会"介入的案件。⑦ 普通法同样承认此类行为是有效的抗辩事由，但这些抗辩理由却无力达成他们预期的使命。⑧ 因此，据爱德华三世当政第49年的密封卷宗（close rolls）第31号档案记载，有一个人从一个聋哑女孩处获得了封

---

① Cal. Patent Rolls, 28 Ed. Ⅲ. 165；Bald. 265 et seq.

② Anc. Pet. No. 15. 2.

③ Anc. Pet. No. 12. 824.

④ 1 Cal. CXXV.

⑤ D. M. Kerly, *An Historical Sketch of the Equitable Jurisdiction of the Court of Chancery：History of Equity*（Cambridge：the University Press，1890），p. 72.

⑥ D. M. Kerly, *An Historical Sketch of the Equitable Jurisdiction of the Court of Chancery：History of Equity*（Cambridge：the University Press，1890），p. 73.

⑦ George Spenee, *Equitable Jurisdiction of the Court of Chancery*, vol. 1（London：V. and R. Stevens and G. S. Norton，1846），p. 331；George Spenee, *Equitable Jurisdiction of the Court of Chancery*, vol. 1（London：V. and R. Stevens and G. S. Norton，1846），p. 269.

⑧ D. M. Kerly, *An Historical Sketch of the Equitable Jurisdiction of the Court of Chancery：History of Equity*（Cambridge：the University Press，1890），p. 74.

地，咨议会宣称这一行为无效；在"*Stonehouse v. Stonehouse* 案"中，原告在诉状中声称，被告将其灌醉，并让他在醉酒状态下签订了合同，转让了财产。"我一个身无分文的男人，由于害怕他实施不利于我的行为"，"我与我的妻子那天晚上完全被他愚弄了"。"我的年纪大了，我的脑子经常短路，大部分都不管用了"，"我当时签合同完全是自作主张，没有听我妻子的朋友以及其他原告的劝告"。① 因此，原告向"在文秘署的咨议会"请求，要求取消那一合同。依据亨利五世当政第 31 年的法令，御前大臣被授权，可以为那些人身受到控制的妇女因被胁迫而做出的有悖意志的行为提供救济。这一法规似乎承认了一个业已存在的、御前大臣享有的司法管辖权。②

在普通法估计没有救济手段的情况下，或者普通法的救济本身不够广泛以致难以涵括某些事项时，"在文秘署的咨议会"会因其超然的地位而使得许多诉状被提交到自己的面前。此时，文秘署也确实能提供一些便利，因为它能实施普通法不能实施的披露程序。"披露法案"（bills for discovery）最早见于亨利六世当政时期，③ 但其原理在那之前可能就已为人所知。④ 在"*Brown v. Say* 案"⑤ 中，原告布朗被 Say 勋爵监禁，因而被迫转让了土地的所有权，"后来，同一勋爵 Say 在得知自己由于牵扯进了恐怖的杰克·凯德叛乱而被判死刑后……除承认其他勒索之事外，还公开承认此事"，因此，他的牧师谴责他的忏悔者，指示 Say 还原告公道。忏悔者的话因此被要求审查。⑥ 在普通法领域之外，还有另一些海事和商事案件，它们在爱德华三世时期，被提交到了文秘署。⑦ 在 1350 年前后，一个特殊的海事法院出现了，它由海军大臣和咨议会的其他一些成员领导，⑧ 但它从未获得太高的声望，

① D. M. Kerly, *An Historical Sketch of the Equitable Jurisdiction of the Court of Chancery*: *History of Equity* (Cambridge: the University Press, 1890), p. 74.

② D. M. Kerly, *An Historical Sketch of the Equitable Jurisdiction of the Court of Chancery*: *History of Equity* (Cambridge: the University Press, 1890), p. 76.

③ 36 Hen. VI 26; George Spenee, *Equitable Jurisdiction of the Court of Chancery*, vol. 1 (London: V. and R. Stevens and G. S. Norton, 1846), p. 377.

④ 3 Rot. Parl. 79; D. M. Kerly, *An Historical Sketch of the Equitable Jurisdiction of the Court of Chancery*: *History of Equity* (Cambridge: the University Press, 1890), p. 77.

⑤ 1 Cal. XLVII.

⑥ D. M. Kerly, *An Historical Sketch of the Equitable Jurisdiction of the Court of Chancery*: *History of Equity* (Cambridge: the University Press, 1890), p. 77.

⑦ Rot. Parl. 1, 317.

⑧ James Fosdick Baldwin, *The King's Council in England during the Middle Ages* (Oxford: The Clarendon Press, 1913), p. 274.

而且，咨议会不久就收到了针对其判决提起的上诉。①

前文已经提到，贫穷一直是咨议会为当事人提供司法救济的一个理由。在很多诉状中，我们都能看到"年老体弱""陷入贫穷和不幸"等字眼。②但外国人却不能直接在国王的法院起诉，他们必须向咨议会申请，经许可后才可在国王的法院起诉。③

口头合同纠纷是大法官法院早期的案源之一。这些口头合同不能获得普通法的保障，因为盖印合同只适用于一些特殊事项，如按照承诺借钱与取回被扣押的特定动产等。④公众也不赞成用普通法来保障这些类型的协议，他们似乎更愿意将此类事情留给个人的良心。在早些时候，教会法庭为了拯救众生，承担了此类合同的审理工作，但《克拉伦登宪章》（the Constitutions of Clarendon）取消了教会法院对上述案件的管辖权，⑤因此，大法官法院成了那些不能依据普通法证明自己主张的诉讼者提出诉讼请求的唯一机构。但在普通法的简约之诉（the action of assumpsit，从爱德华三世和理查二世时期的"不法行为"扩展至亨利八世时期的"违约行为"）产生之后，大法官法院对于此类案件的管辖权又不复存在。⑥

摆在早期的大法官法院面前最重要的一类案件是信托和用益纠纷案件。信托和用益制度的起源众说纷纭。布莱克斯通⑦提出的正统观点是：它们是被中世纪的僧侣机构设计出来的，用来规避各种各样的针对"死手"（mortmain）的规定。这一观点被人们广泛接受。对于用益权的另一个常见说明是：它们是借鉴罗马法的信托赠与或信托遗赠制度（the fidei

---

① James Fosdick Baldwin, *The King's Council in England during the Middle Ages* (Oxford: The Clarendon Press, 1913), p. 274.

② James Fosdick Baldwin, *The King's Council in England during the Middle Ages* (Oxford: The Clarendon Press, 1913), p. 27.

③ 在英国法律史上，"咨议会"与"御前会议"、"大法官法院"、"国王的法院"等机构在功能上缠杂不清，也难以在某个准确的时间点上将它们剖析开来，因此，译者根据语境，在不同的地方，翻译为不同的语词。——译者注

④ D. M. Kerly, *An Historical Sketch of the Equitable Jurisdiction of the Court of Chancery: History of Equity* (Cambridge: the University Press, 1890), p. 86.

⑤ 10 Hen. Ⅱ and also 31 Hen. Ⅱ, 1247; George Spenee, *Equitable Jurisdiction of the Court of Chancery*, vol. 1 (London: V. and R. Stevens and G. S. Norton, 1846), p. 117.

⑥ D. M. Kerly, *An Historical Sketch of the Equitable Jurisdiction of the Court of Chancery: History of Equity* (Cambridge: the University Press, 1890), p. 87.

⑦ William M. Blackstone, *Commentaries on the Law of England*, vol. 3 (Portland: Thomas B. Wait & Co., 1807), p. 272.

cormmissa）发展而来的。这一观点也很常见。斯托里大法官认为，有很多权威性资料支持这一说法。① 在《法律季评》第 163 期的一篇文章中，霍姆斯大法官提出了一个比较新颖的说法：用益学说根本不是起源于上述这些渊源，而是起源于古老的条顿习俗，按照这一习俗，"将财产转让给另一个人，该人被称为'萨尔曼'（Salman），他必须按照不动产让与人的指示处分该财产"。②

尽管我们不能确定上述哪一说法正确，但我们能确定，此种封地用益权具有的便利和功效不久便广受人们欢迎，不仅受牧师阶层的欢迎，而且受各阶层民众的欢迎。③ 按照这一制度，某人可以在有关土地的遗嘱中将其遗产受益人的土地用益权转让给另外的人（因为用益权完全不受当时普通法对遗产继承的限制与要求），而且，如此可以避免因犯罪而导致土地被没收，因为不动产的用益权可对抗没收。普通法院不能受理此类在地产上设立用益权的案件，而只能认定土地用益权的受让人可以像土地所有人那样基于一切目的使用该土地。但衡平大法官通常将此类用益权的转让视为与良心有关的事情，并且，其管辖权是专属的。④ 与中世纪的用益权法相比，根本没有哪一个英格兰法学的分支对用益权有更复杂、更精巧、更令人着迷的了解，因此，本文对用益权以及有关用益权的法规解释（现代信托法由之产生）没有更多的东西可说。斯宾塞的观点是：直到亨利五世当政时期，⑤ 衡平大法官⑥才取得了有关用益权保障的管辖权，我们可以看到的最

---

① Joseph Story, *Commentaries on Equity Jurisprudence* (Boston：Charles C. Little & James Brown, 1846), p. 965.

② D. M. Kerly, *An Historical Sketch of the Equitable Jurisdiction of the Court of Chancery*：*History of Equity* (Cambridge：the University Press, 1890), p. 78.

③ Joseph Story, *Commentaries on Equity Jurisprudence* (Boston：Charles C. Little & James Brown, 1846), p. 969.

④ D. M. Kerly, *An Historical Sketch of the Equitable Jurisdiction of the Court of Chancery*：*History of Equity* (Cambridge：the University Press, 1890), pp. 78-79.

⑤ George Spenee, *Equitable Jurisdiction of the Court of Chancery*, vol. 1 (London：V. and R. Stevens and G. S. Norton, 1846), p. 442.

⑥ 在英国法律史中，"Chancellor" 一词也是一个多义词，可翻译为御前大臣、枢密大臣、衡平大法官，等等。本文这样处理这一语词的：凡讲到御前会议或咨议会，即将它翻译为"御前大臣"，凡讲到文秘署，即将之翻译为"枢密大臣"，凡涉及大法官法院，即翻译为"衡平大法官"。——译者注

早的案子是亨利五世时期的"*Dodd v. Browning* 案"。①

向"文秘署的咨议会"提起诉讼的程序

原告往往通过诉状或请愿书的形式向咨议会提起诉讼，在诉状或请愿书中通常会说明，自己无法获得普通法上的救济。有时，此类诉状只是请求咨议会颁发初始令状，以便原告可以在普通法院起诉。此种诉状在很多方面都不同于普通法的令状。首先，它是用法语书写的，或者（在 14 世纪下半叶）以英语而非拉丁语书写的。因此，它以"英语起诉状"（English Bill）这一独特的名称而为人所知。② 此种诉状无固定而明确的格式，不详实之处可以通过口头的形式补充。诉状的当事人无须交纳诉讼费。一般来说，这类诉状通常会以写给衡平大法官或其他达官贵人普通信件的形式提出。而且，这类信件往往是国王的法庭中一些匿名的书吏书写的。③ 据说有时甚至允许口头提出诉讼，但咨议会更偏好书面的诉状。④

此类诉状通常由三部分组成。

（1）称呼——国王、衡平大法官等。如"致伟大的国王陛下及尊贵的御前大臣以及明智的咨议会全体成员"，⑤ 或"致尊贵的御前大臣、伟大的国王陛下以及古老的文秘署中的咨议会"。⑥ 大约在 14 世纪中期（即 1345 年，爱德华三世在位的第 19 年），御前大臣被人们视为咨议会的首领，因而可直接将诉状提交给他，故而称呼也变成了："致尊贵的御前大臣及咨议会其他成员以及国王陛下。"⑦ 这一事实似乎表明，御前大臣无须获得咨议会的授权即可直接行动。在理查二世时期，这变成了一种成规，标志着大

---

① 1 Cal. XIII；D. M. Kerly, *An Historical Sketch of the Equitable Jurisdiction of the Court of Chancery：History of Equity*（Cambridge：the University Press，1890），p. 84.

② David Freeman-Mitford, *Pleadings in Chancery*（New York：John S. Voorhies，1833），p. 8.

③ James Fosdick Baldwin, *The King's Council in England during the Middle Ages*（Oxford：The Clarendon Press，1913），p. 282.

④ James Fosdick Baldwin, *The King's Council in England during the Middle Ages*（Oxford：The Clarendon Press，1913），p. 284.

⑤ Anc. Pet. No. 983；5 Rich. Ⅱ.

⑥ Anc. Pet. No. 983；5 Rich. Ⅱ.

⑦ Anc. Pet. No. 10471，28 Edw. Ⅲ.

法官法院进入了从咨议会分离的阶段。①

（2）诉状的第二部分陈述的是请愿者的"冤情"，这是诉状中唯一的非常必要的部分。这些诉状的特点我们已经一般性地介绍过，更特殊的例子我们随后将提到。

（3）该诉状还包括当事人请求获得救济的祈祷文，如"看在上帝的份上""看在上帝及其仁慈的份上""为了体现您的同情心""为此，前述的A、B请求你们这些和蔼可亲的大法官，看在上帝的份上，并展现你们的仁慈，为我们提供救济"。② 如我们已看到的，在早些时候，这些诉状数量众多。从爱德华一世当政时起，它们就被提交给了衡平大法官，亨利六世当政时期采取了同样的程序。③ 然而，这些诉状并非总是提交给衡平大法官的。如果请愿者认为向其他重要人物提出请求更有利于解决问题的话，他可以将自己的诉状提交给该大人物。因此，我们可以发现一些呈递给女王陛下以及咨议会其他成员——比如冈特的约翰（第一任兰卡斯特公爵）、马奇伯爵（the Earl of March）、威尔士亲王与护国主（the Protectors）以及贝德福德和格洛斯特——的诉状。这类诉状在亨利六世时期已不多见。④ 因为1390年的条例规定：涉及公共事务的诉状应先向咨议会提出，"争议不大"的当事人提出的诉状应在周三处理，并在周五予以答复。⑤

有时，这些诉状采取一种半刑事的形式，作为被指控犯罪的私人提出的"民众意见"（suggestions）。咨议会甚至鼓励如此的民众意见，这被登记在理查三世当政10年的密封卷宗的第15部分，它规定，任何人只要向国王及其咨议会自愿地披露有关（犯罪）信息，就将获得适当的优待。在有些时候，咨议会的成员也会充当告密者的角色。因此，在1420年，托马斯·厄平汉（Thomas Erpingham）爵士（咨议会的一名成员）告诉衡平大法官，两名萨福克地区的骑士打算带着全副武装的仆从到巡回法庭，那可能引发

① James Fosdick Baldwin, *The King's Council in England during the Middle Ages* (Oxford: The Clarendon Press, 1913), p.250.
② Anc. Pet. Nos. 12264, 13313; Bald. 250.
③ Anc. Pet. 111, 149, 214; Bald. 285.
④ James Fosdick Baldwin, *The King's Council in England during the Middle Ages* (Oxford: The Clarendon Press, 1913), p.285.
⑤ "Nicholas, I, 18a, 18b" cited in James Fosdick Baldwin, *The King's Council in England during the Middle Ages* (Oxford: The Clarendon Press, 1913), p.285.

骚乱。最后，这两名骑士被警告，要求保持冷静。① 由于这些"民众意见"是秘密的，极易遭到滥用。故而爱德华三世当政第 27 年的法规第 18 章、爱德华三世当政第 38 年的法规第 9 章、爱德华三世当政第 42 年的法规第 3 章以及理查二世当政的第 17 年法规的第 6 章都对此予以了规制。②

在递交了诉状或请愿书之后，接下来的步骤便是由衡平法院签发令状，传唤被告出庭应诉。最初，它们不过是由财税法庭和大法官法院（在爱德华一世时期）签发的普通令状，例如，说明理由令状（scire facias）、出庭令（monstravit）以及陪审员召集令（venire facias）等。③ 但随着时间的推移，这些令状都被传唤令状（the subpoena）取代。即便请愿书中没有要求逮捕被告，如果被告不服从令状的要求，也会遭到逮捕，以示惩罚。④ 布莱克斯通将这种传唤令状的发明归功于索尔兹伯里主教约翰·沃尔瑟姆（John Waltham），布莱克斯通说道，沃尔瑟姆曾担任理查二世时期的衡平大法官，在对《威斯敏斯特法 II》进行"牵强附会解释"的基础上，创设了传唤令状。为了支持自己的这一说法，布莱克斯通引用了亨利四世当政第 4 年第 28 号议会卷宗和亨利五世当政第 3 年第 6 号卷宗。在这两份卷宗中，下议院反对滥用这种令状，并提到其创制者为沃尔瑟姆。⑤ 但实事求是地讲，传唤令状比理查二世当政要更早，可能在爱德华三世时期，甚至更早时就已经存在。⑥ 沃尔瑟姆只是在这一令状中增添了一些威胁不服从者的语句。下议院似乎出于对神职人员干涉传统普通法的一贯厌恶而反对这一令状，这也解释了他们攻击沃尔瑟姆的原因。需要注意的是，沃尔瑟姆当时根本不是衡平大法官，只不过是大法官法院的一名职员，

---

① "Nicholas, ii, 272, 18b" cited in James Fosdick Baldwin, *The King's Council in England during the Middle Ages* (Oxford: The Clarendon Press, 1913), p. 285.

② "Nicholas, ii, 284, 18b" cited in James Fosdick Baldwin, *The King's Council in England during the Middle Ages* (Oxford: The Clarendon Press, 1913), p. 285.

③ James Fosdick Baldwin, *The King's Council in England during the Middle Ages* (Oxford: The Clarendon Press, 1913), p. 288.

④ D. M. Kerly, *An Historical Sketch of the Equitable Jurisdiction of the Court of Chancery: History of Equity* (Cambridge: the University Press, 1890), p. 66.

⑤ William M. Blackstone, *Commentaries on the Law of England* (iii) (Portland: Thomas B. Wait & Co., 1807), p. 51.

⑥ D. M. Kerly, *An Historical Sketch of the Equitable Jurisdiction of the Court of Chancery: History of Equity* (Cambridge: the University Press, 1890), p. 45.

且偶尔掌管国玺。只有在掌管国玺时，他才暂时代行衡平大法官的职权。[①]

　　大约在 1346 年，一项新的、被称为"无理由传唤被告到咨议会出庭的令状"（brevium quibusdaum de causis）被创设了出来。通过此种令状，被传唤者可以因未披露的"某些原因"，被命令放下手头的所有事情，到咨议会出庭。当然，这一令状也加入了一般性的刑罚条款。[②] 这种令状据说是借鉴教会法庭的传唤措施而来。在教会法庭，拒绝出庭的一方当事人将被施以开除教籍的处罚。[③] 这一令状与普通法令状的不同之处在于：它没有说出签发令状的理由。而且，它们不受议会的控制，可以通过使用王玺而成为向被告施压的工具。当这种盖有王玺的令状发出之后，就由文秘署的普通信使送给郡长，再由郡长负责转给被传唤的当事人。此时，就需要用专门的信使〔在爱德华六世时期，这些专门的信使被称为"国王的信使"（pursuivants）〕，由他直接将令状送达被传唤的当事人。在杰克·凯德叛乱期间，出于镇压暴乱的目的，上述令状得到了普通法的承认，并且，在亨利六世执政晚期，因为兰开斯特家族和约克家族的争斗导致英格兰陷入了内战，这一令状也得到了广泛运用。但议会一直强烈地反对上述令状的适用。尽管最终未能成功地阻止这一令状的适用，但它还是对之进行了规制。[④]

　　如果被告不服从传唤（无论是收到传唤令状，还是"无理由传唤被告到咨议会的令状"），就可以向该被告签发逮捕令。理查二世时期及随后一段时间都是这样做的。[⑤] 保证被告出庭应诉的另一种方法是签发出庭担保令状（the writ of mainprize），根据该令状，被告将缴纳一定的保证金，保证守法，并随时出庭应诉。[⑥] 若上述两种方法均不能让被告到庭，作为最后的手段，被告将被视为逃犯。抓住他的人将获得奖赏，并且所有人都不得为逃

[①]　Charles A. Keigwin, *Cases on Equity Pleading*, (Lawyers Co. -Op, 1924), p. 18 and note.

[②]　James Fosdick Baldwin, *The King's Council in England during the Middle Ages* (Oxford: The Clarendon Press, 1913), p. 289.

[③]　James Fosdick Baldwin, *The King's Council in England during the Middle Ages* (Oxford: The Clarendon Press, 1913), p. 289.

[④]　James Fosdick Baldwin, *The King's Council in England during the Middle Ages* (Oxford: The Clarendon Press, 1913), p. 291.

[⑤]　Cal. Pat. Rolls, 23 Rich. II; Joseph Story, *Commentaries on Equity Jurisprudence* (Boston: Charles C. Little & James Brown, 1846), p. 292.

[⑥]　William M. Blackstone, *Commentaries on the Law of England* (iii) (Portland: Thomas B. Wait & Co., 1807), p. 128.

犯提供饮食和住所。①

被传唤的被告必须在 14 日内到咨议会出庭。即使被告到了庭，在咨议会找到机会审理他的案子之前，经常要等待很长的时间。因此，我们才会在《克罗兰编年史》（*Chronicle of Croyland*）② 中看到，克罗兰修道院的院长曾在咨议会等待过多次，但都未得听讼的情形。③ 一旦咨议会准备好了，（工作人员）便会在咨议会大厅的门口高喊当事人的名字。

咨议会的审理工作进展很快，且试图在法庭之外解决问题。如果不能在庭外解决，那么，咨议会便会指定一个日期，要求被告答辩。最初，答辩是口头的（vive voce）。"这可以从 1407 年衡平大法官审理威廉·索伯被控异端案中看出。在本案中，大法官似乎要求被告快些进被告席，并与他进行了一次不愉快的对话。这可能代表了当时衡平大法官的习惯。"④ 在亨利六世时期，书面答辩的形式开始被衡平法院采用，并且，后来还加上了对起诉意见的异议、否认性的答辩意见（absque hocs）等从普通法制度借鉴而来的东西。⑤ 在这一时期，大法官法院与普通法在程序上似已变得没有明显的区别。因此，在著名的"*Hals v. Hyncley* 案"⑥ 中，我们看到，原告以"听由陪审团裁定"（ponet se super patriam）的方式终止了诉讼，被告也采取了同样的方式；在此情形下，衡平大法官用国玺召集了一个特别陪审团，以普通法"本法庭认为"（consideratum est）的方式做出了判决。⑦ 在本案之前，我们尚没有发现其他案子像这一案子一样。在被告做出答辩之后，原告经常需要对该答辩做出详尽的回应——这显示了普通法制度的影响，

---

① James Fosdick Baldwin, *The King's Council in England during the Middle Ages* (Oxford: The Clarendon Press, 1913), p. 293.

② *Chronicle of Croyland* , Trans. H. T. Riley (London: H. G. Bohn. 1854), p. 338ff.

③ James Fosdick Baldwin, *The King's Council in England during the Middle Ages* (Oxford: The Clarendon Press, 1913), p. 294.

④ D. M. Kerly, *An Historical Sketch of the Equitable Jurisdiction of the Court of Chancery: History of Equity* (Cambridge: the University Press, 1890), p. 66.

⑤ D. M. Kerly, *An Historical Sketch of the Equitable Jurisdiction of the Court of Chancery: History of Equity* (Cambridge: the University Press, 1890), p. 67.

⑥ 7 Hen. VI.

⑦ D. M. Kerly, *An Historical Sketch of the Equitable Jurisdiction of the Court of Chancery: History of Equity* (Cambridge: the University Press, 1890), p. 67.

因此，在"*Worsley v. Bettescombe* 案"① 中，甚至出现了原告的第二次辩驳（surrejoinder）。在原告答辩结束后，法庭会确定开庭日期，双方可以举证，法庭似乎偏好书面证据，口头证据很少使用。②

如果较简单的获取证据的方法没有奏效，就需要诉诸审问式调查方法（the inquisitorial examination，一种从教会法庭借鉴而来的方法）。法庭会提出一些书面的问题，被告的答辩也会被记录下来，不一致和相互冲突的地方会被抓住。在刑事审判中，在运用这种审问式调查的场合，不允许律师在场。因此，这一方法经常被视为压迫被告的根源。③ 我们已看到，这种审问式调查方法与普通法的"禁止自证其罪"（forbidding self-incrimination）规则直接对立。但考虑到这一时期的法律状况，如法庭的职员很容易被举证的困难吓住，陪审团很腐败等；再考虑到此时交叉询问方法（cross examination，这一方法是审查证据真实性的最好方法）尚未为人所知，因此，我们不能认为，这一时期的审问式调查制度一无是处。④ 教会在其法庭上采用这一方法，但同时要求它符合这一明显的道德原则：一个伤害另一个人的人在良心上必须说出与此事有关的真相，而不论自己会招致什么样的后果；如果对于受控告的伤害，他是无辜的，那么，真相对他也将无害。这一思想被咨议会吸收进自己的程序之中，而且，审问式调查方法似乎也为普通法院（如王座法院、财税法庭）和议会（在当时，议会这一机构还担负着一些司法功能，尽管很少见）所知。⑤ 因此，我们看到，一个在王座法庭受审的、被控使用巫术的人接受了法庭的审问式调查。咨议会从不使用拷问的方法（尽管大众的看法与此相反），但此种方法时不时出现在普通法庭上。⑥

---

① Cal. ii 47（temp. Edw. Ⅳ）；George Spenee, *Equitable Jurisdiction of the Court of Chancery*, vol. 1（London：V. and R. Stevens and G. S. Norton, 1846），p. 374.
② James Fosdick Baldwin, *The King's Council in England during the Middle Ages*（Oxford：The Clarendon Press, 1913），pp. 295-296.
③ James Fosdick Baldwin, *The King's Council in England during the Middle Ages*（Oxford：The Clarendon Press, 1913），p. 297.
④ James Fosdick Baldwin, *The King's Council in England during the Middle Ages*（Oxford：The Clarendon Press, 1913），p. 298.
⑤ James Fosdick Baldwin, *The King's Council in England during the Middle Ages*（Oxford：The Clarendon Press, 1913），p. 298.
⑥ James Fosdick Baldwin, *The King's Council in England during the Middle Ages*（Oxford：The Clarendon Press, 1913），p. 298.

如果证人的居住地远离伦敦，衡平法庭便会签发"授权令状"（writ of dedimus protestatem），委派法官和牧师到证人住处地，让他宣誓作证。[1] 这类证词只能是书面的，且只记录诸如 A 说了这些、B 说了那些之类的内容，然后由衡平法院的法官们尽可能地从证言中筛选出他们认为真实的东西。

有时，咨议会会亲自审理一些案件；但在更多时候，如前所述，咨议会会将案件提交给衡平大法官或其手下的职员审理。通常，咨议会会指派世俗的或神职的成员（衡平大法官无疑是最重要的成员）组成一个委员会，处理这些案件，有时会有普通法院的法官协助他们。[2] 这一委员会将向咨议会反馈他们的处理结果。如果诉讼各方无异议，该委员会自己会做出最终的判决。在所有的衡平案件中，都会遇到对法律进行的不同寻常的解释或者法律发生了改变的情形，这时，就需要向国王请示，并得到其首肯。[3] 有关财产权的案件亦是如此。在今天看来，这似乎有些奇怪，因为在法律明晰的情况下，国王的首肯并不被认为是刑事判决必需的。[4] 这一时期的判决相对比较简单[5]，它们由衡平法院的书记官按照起诉状的不同，分门别类地写在不同的羊皮纸上，然后，将两张羊皮纸缝起来，就形成了案件的记录。[6]

衡平大法官和咨议会的关系

在前文论及的所有时期，衡平大法官与咨议会的关系都非常紧密，甚至在当事人只是向衡平大法官提起诉讼时（即大约 1345 年以后）亦是如

---

[1] D. M. Kerly, *An Historical Sketch of the Equitable Jurisdiction of the Court of Chancery: History of Equity* (Cambridge: the University Press, 1890), p. 67.

[2] James Fosdick Baldwin, *The King's Council in England during the Middle Ages* (Oxford: The Clarendon Press, 1913), p. 300.

[3] James Fosdick Baldwin, *The King's Council in England during the Middle Ages* (Oxford: The Clarendon Press, 1913), p. 302.

[4] James Fosdick Baldwin, *The King's Council in England during the Middle Ages* (Oxford: The Clarendon Press, 1913), p. 302.

[5] D. M. Kerly, *An Historical Sketch of the Equitable Jurisdiction of the Court of Chancery: History of Equity* (Cambridge: the University Press, 1890), p. 69.

[6] James Fosdick Baldwin, *The King's Council in England during the Middle Ages* (Oxford: The Clarendon Press, 1913), p. 303.

此。事实上，以上提到的 1345 年前后这一时期仅仅标志着大法官法院发展的一种状态，因为它表明，衡平大法官可以不经咨议会的授权而受理案件。[①] 在理查二世时期，直接向衡平大法官起诉、寻求司法救济的情形已变得非常常见。但即使在那一时期，仍然有人将诉状呈递给国王和其他权臣。大法官法院的很多案子仍是通过授权的方式产生的。[②] 然而，理查二世当政时期是大法官法院开始从咨议会分离的一个标志性时期。[③] 直到大约 100 年后，"衡平大法官只是一个纯粹的法官"这一理念才最终确立起来。

衡平大法官主持"文秘署的咨议会"会议，其他成员只是建议人或评价人。而且，衡平大法官要亲自指挥大量的事务，因为他要负责召集各方当事人，[④] 指定审理日期，[⑤] 解答诉讼参与人提出的疑问，[⑥] 宣布法庭的判决。[⑦] 但尽管早在亨利五世当政时期，大法官法院的判决只是依据衡平大法官的权威做出的，但判决的形式仍采取"咨议会的决定或命令"（oradinatem et decretum est per consilium）。[⑧] 在"Saundre v. Gaynesford 案"[⑨] 中，判决是以"衡平大法官和出庭的其他法官"[⑩] 之名义做出的。[⑪] 在爱德华四世时，衡平大法官开始依据自己和大法官法院的权威做出判决。在理查三世当政时期，衡平大法官开始充当"实质上的大法官"，在一个有关海上被抢劫商人的案件中，衡平大法官依据爱德华三世当政第 27 年法规第 13

---

① James Fosdick Baldwin, *The King's Council in England during the Middle Ages* (Oxford: The Clarendon Press, 1913), p. 249.

② James Fosdick Baldwin, *The King's Council in England during the Middle Ages* (Oxford: The Clarendon Press, 1913), p. 252.

③ James Fosdick Baldwin, *The King's Council in England during the Middle Ages* (Oxford: The Clarendon Press, 1913), p. 252.

④ 7. Cal. Pat. Rolls, 20 Edw. Ⅲ, 136.

⑤ Anc. Pet. No. 12289, 23 Edw. Ⅲ.

⑥ Cal. Close Rolls, 26 Edw. Ⅲ, 470.

⑦ Anc. Pet. No. 14957; James Fosdick Baldwin, *The King's Council in England during the Middle Ages* (Oxford: The Clarendon Press, 1913), p. 246.

⑧ James Fosdick Baldwin, *The King's Council in England during the Middle Ages* (Oxford: The Clarendon Press, 1913), p. 246.

⑨ 2 Cal. ⅩⅩⅩⅧ, 29 Hen. Ⅵ.

⑩ James Fosdick Baldwin, *The King's Council in England during the Middle Ages* (Oxford: The Clarendon Press, 1913), p. 252.

⑪ D. M. Kerly, *An Historical Sketch of the Equitable Jurisdiction of the Court of Chancery: History of Equity* (Cambridge: the University Press, 1890), p. 148.

章的规定，对之进行了审理。① 但在《帕斯通书信集》（the Paston Letters）②
中，我们看到，在亨利七世当政的第 3 年（即 1487 年），衡平大法官奖励
了文秘署的官员 Reginald Bray 爵士与其他两人（后二人可能是法官），因为
他们配合衡平大法官审案。③

衡平大法官常常邀请普通法的法官们为其提供法律建议④，尽管来自下
院的反对者们抱怨说，由于这些法官经常参与大法官法院的工作，因而妨
碍了他们自己的工作，但这样的做法一直持续到 18 世纪末。⑤ 审判的记录
材料经常提到，大法官法院的判决是在"尊敬的国王陛下的奴仆和法官们
的建议和首肯下做出的"。⑥ 在爱德华四世当政时的一桩案件中，Henry
Sotehill 代表国王起诉被告人，指控他未能履行国王赋予的职责，于是，衡
平大法官在"法官、高级律师、辩护律师以及国王咨议会中其他人的建议
下"，判罚被告到海军服兵役。⑦

王玺的作用

咨议会工作繁忙，这一事实并不能为大法官法院的分离提供一种完全
令人满意的说明。这两个机构分离的另一个重要原因是：在王玺取代国玺
得以运用的机理与方法方面，咨议会与大法官法院也有所不同。⑧ 起初，国
玺其实就是国王的个人印玺，但随着时间的推移，它逐渐成为一种半公共
性质的图章。国王觉得有必要创设第二种印玺，以便用在那些需要保密的

---

① James Fosdick Baldwin, *The King's Council in England during the Middle Ages* (Oxford: The
Clarendon Press, 1913), p. 253.

② No. 1013.

③ James Fosdick Baldwin, *The King's Council in England during the Middle Ages* (Oxford: The
Clarendon Press, 1913), p. 253.

④ D. M. Kerly, *An Historical Sketch of the Equitable Jurisdiction of the Court of Chancery: History of
Equity* (Cambridge: the University Press, 1890), p. 59.

⑤ D. M. Kerly, *An Historical Sketch of the Equitable Jurisdiction of the Court of Chancery: History of
Equity* (Cambridge: the University Press, 1890), p. 59.

⑥ D. M. Kerly, *An Historical Sketch of the Equitable Jurisdiction of the Court of Chancery: History of
Equity* (Cambridge: the University Press, 1890), p. 57.

⑦ D. M. Kerly, *An Historical Sketch of the Equitable Jurisdiction of the Court of Chancery: History of
Equity* (Cambridge: the University Press, 1890), p. 58.

⑧ James Fosdick Baldwin, *The King's Council in England during the Middle Ages* (Oxford: The
Clarendon Press, 1913), p. 255.

文件上，并避免使用国玺的烦琐仪式和公开性。王玺的使用程序没有国玺的使用程序那么复杂、烦琐、不方便，运用起来更加快捷方便。[1] 因此，咨议会开始采用王玺，[2] 到了理查二世当政时期，掌管王玺的大臣开始充当咨议会的秘书，并替代了文秘署的秘书。王玺掌管大臣的工作方法不同于其文秘署的前任，比如，他们使用的是法语或英语，而非拉丁语，他们是在较薄的羊皮纸上书写文书等。[3] 在重要性上，王玺掌管大臣逐渐成为衡平大法官的竞争对手。一些人会将请愿书交给王玺掌管大臣，根据爱德华三世当政第22年（即1349年）的密封卷宗第615号的记载，祈求国王恩典的请愿书既可向衡平大法官提出，也可向王玺掌管大臣提出。[4] 在当时，是不允许以加盖王玺的形式发布普通法令状的，但在理查二世当政时期，王玺开始被赋予司法功能，签发令状时（如传唤令状与执行令状，传唤被告到咨议会的令状等）也可以加盖王玺，这带有明显的与大法官法院、普通法院竞争的味道。[5] 下议院非常反感王玺掌管大臣的这种越权行为，[6] 并且，这最终成为理查二世被废黜、王位被交到兰开斯特家族手中的原因之一。[7] 在亨利四世执政伊始，下议院便向国王请愿，要求所有个人的诉讼都必须按照普通法审理，且无须加盖王玺。[8]

但王玺受到了政府部门的偏爱，因为其运用更加快捷、更加秘密，并且，个人在进行诉讼时可进行选择：他可以选择快捷、廉价的王玺程序，但其合法性多少有些问题，也可选择使用国玺的大法官法院的诉讼程序，

---

① James Fosdick Baldwin, *The King's Council in England during the Middle Ages* (Oxford: The Clarendon Press, 1913), p. 256.

② James Fosdick Baldwin, *The King's Council in England during the Middle Ages* (Oxford: The Clarendon Press, 1913), p. 257.

③ James Fosdick Baldwin, *The King's Council in England during the Middle Ages* (Oxford: The Clarendon Press, 1913), p. 258.

④ James Fosdick Baldwin, *The King's Council in England during the Middle Ages* (Oxford: The Clarendon Press, 1913), p. 259.

⑤ James Fosdick Baldwin, *The King's Council in England during the Middle Ages* (Oxford: The Clarendon Press, 1913), p. 260.

⑥ James Fosdick Baldwin, *The King's Council in England during the Middle Ages* (Oxford: The Clarendon Press, 1913), p. 260.

⑦ James Fosdick Baldwin, *The King's Council in England during the Middle Ages* (Oxford: The Clarendon Press, 1913), p. 260.

⑧ James Fosdick Baldwin, *The King's Council in England during the Middle Ages* (Oxford: The Clarendon Press, 1913), p. 260.

这一程序更加合法，但诉讼成本高。

大法官法院、伯爵对大法官法院的反对

衡平大法官独特的司法管辖权的迅速增长招致了很多人尤其议会的不安和怨恨，因为议会长期为普通法律师们把持。纵观整个金雀花王朝，我们都能看到一种普遍的、反对干预普通法制度的倾向，尤其是由于衡平大法官是神职人员，他们所受的训练使他们或多或少地迷恋罗马法，尽管这些神职人员在普通法的早期发展过程中曾起过重要作用。这些对立集中地指向作为神职人员的衡平大法官及其法院。从理查二世当政时起，就有数不清的来自下议院的请愿书，提出了数量众多的或真或假的冤情。因此，在1390年（即理查二世当政第13年），下议院请愿说，无论是衡平大法官，还是任何其他人，都不允许做出有悖普通法的判决，并且，如果不经过法律上的正当程序，就不能推翻任何判决。① 他们还提出要求，不应当发布要求被告到咨议会应诉的令状与任何其他令状，逼迫某人到衡平大法官面前应诉，否则大法官将被处以100磅以上的罚款，发布令状的职员也将丢掉职位。对于上述这些请愿，国王的答复闪烁其词。② 在理查二世当政的第17年，下议院又提出请愿，要求授权衡平大法官，由他对胜诉的被告予以一定的补偿，并给予其损害赔偿。国王同意了这一请求。③ 在亨利四世当政的第2年，下议院又请求，将大法官法院受理的、存在抗辩理由的案件交给民事上诉法庭审理，以防止普通法院的法官们被迫离开他们自己的岗位，到大法官法院参与审判。对于该请求，国王回应说，如果衡平大法官愿意，他赞成授权衡平大法官这样做。在亨利五世当政的第3年，出现了一个著名的请愿案，下议院控告沃尔瑟姆主教创设并滥用传唤令状，人们还质疑当时的法官依据令状讯问当事人这一做法。④ 在亨利六世当政的第1年，下议

---

① D. M. Kerly, *An Historical Sketch of the Equitable Jurisdiction of the Court of Chancery: History of Equity* (Cambridge: the University Press, 1890), pp. 38-39.

② D. M. Kerly, *An Historical Sketch of the Equitable Jurisdiction of the Court of Chancery: History of Equity* (Cambridge: the University Press, 1890), pp. 38-39.

③ D. M. Kerly, *An Historical Sketch of the Equitable Jurisdiction of the Court of Chancery: History of Equity* (Cambridge: the University Press, 1890), pp. 39-40.

④ D. M. Kerly, *An Historical Sketch of the Equitable Jurisdiction of the Court of Chancery: History of Equity* (Cambridge: the University Press, 1890), p. 43.

院提出请愿，要求：除非有两名法官证明，在普通法中没有相应的救济措施，否则大法官法院不能签发传唤令状。在亨利六世当政的第 15 年，下议院进一步要求，惩罚那些本可以依照普通法解决问题，却向大法官法院提起诉讼的当事人。① 作为对这一要求的部分让步，下议院接着要求：若当事人执意向大法官法院起诉，在起诉前必须缴纳一定的费用作为保证。在当时，"普通法上的救济手段（存在问题）"这一借口应当是得到大法官法院起诉的最佳答案。② 在"Seton's Summary 案"③ 中，下议院提出了另一些控诉：人们被要求在大法官法院为他们自由保有的地产权作出诉答；大法官法院的审判程序一直是敲诈勒索的一种手段等。④

衡平大法官对普通法案件的管辖权

中世纪的衡平大法官们除了拥有独特的或衡平性的管辖权外，在前面的段落中，我们一直说到，在早期，他们还拥有一定的对于普通法案件的管辖权。在爱德华三世时期，出现了衡平大法官以"说明理由令状"为借口，撤销有关特许状（letters patent）、权利请愿书以及权利开示令状（monstrans de droit）的案件。在这些案件中，国王是当事人一方。⑤ 此外，大法官法院还可审理下列案件，即对充公调查报告有异议（traverse of offices）的案件，与具结担保的抗辩令状有关的案件，有关法律实施的案件，以及大法官法院的官员被卷入其中的对人之诉。⑥ 《弗莱塔》（Fleta）说道，衡平法大法官有权登记具结保证书和解决合同纠纷，并向郡长签发

---

① D. M. Kerly, *An Historical Sketch of the Equitable Jurisdiction of the Court of Chancery: History of Equity* (Cambridge: the University Press, 1890), p. 45.

② D. M. Kerly, *An Historical Sketch of the Equitable Jurisdiction of the Court of Chancery: History of Equity* (Cambridge: the University Press, 1890), p. 46.

③ D. M. Kerly, *An Historical Sketch of the Equitable Jurisdiction of the Court of Chancery: History of Equity* (Cambridge: the University Press, 1890), p. 21.

④ George Spenee, *Equitable Jurisdiction of the Court of Chancery*, vol. 1 (London: V. and R. Stevens and G. S. Norton, 1846), p. 344.

⑤ William M. Blackstone, *Commentaries on the Law of England* (iii) (Portland: Thomas B. Wait & Co., 1807), p. 256; Francis Hargrave, *Law Tracts*, vol. 1 (London: Macmillan and co., 1787), p. 299.

⑥ George Spenee, *Equitable Jurisdiction of the Court of Chancery*, vol. 1 (London: V. and R. Stevens and G. S. Norton, 1846), p. 336.

司法令状，要求郡长保证上述活动得到保障。[1] 在早些时候，[2] 普通法的司法管辖权与衡平大法官执掌的独特或衡平性的司法管辖权并没有明显地区分开来，一直到16世纪，这种混淆仍或多或少地存在。甚至在詹姆斯一世时期，柯克曾说道，[3] 在大法官法院内部，有一个普通法庭，即"王座法庭"或者"在国王陛下面前的法庭"（coram domino rege in cancellaria），还有一个独特的法庭，即"依据公平与正义（审判的法庭）"（secundum aequum et bonum）。[4] 衡平大法官拥有的这种普通法管辖权从来不是特别重要，[5] 并且，随着时间的推移，他的这一权力被其拥有的其他权力所遮蔽。此处，需要重点注意的是，衡平大法官并没有如一些作者一直相信的，已完全从普通法的范围和影响中消失了。

大法官法院的工作人员及其构成

最初，当大法官法院还没有从咨议会中分离出来时，其人员构成与咨议会类似，即多少带有不确定性。其成员包括民法博士与"那些应当被征召的人员"，"应当被征召的成员"这一短语反映其原始成员具有一定的模糊性和不确定性。[6] 但随着时间的推移，当咨议会成员不再作为法官参加大法官法院的审判时，其成员开始变得稳定起来，并且，一直到1875年的《司法法》废除衡平法院时为止，其成员实际上就没有太大的改变。

从最早起时，衡平大法官手下就有12名职员协助其处理官署的日常事务，这些人就是大法官法院的主事（the masters of chancery）。[7] 据说，这12

---

① William Searle Holdsworth, *A History of English Law*, vol. 1 (*Boston: Little Brown and Company*, 1922), p. 449.

② William Searle Holdsworth, *A History of English Law*, vol. 1 (*Boston: Little Brown and Company*, 1922), p. 449.

③ Edward Coke, *The Institutes of the Laws of England*, vol. 4 (London: Printed for Andrew Crooke, etc., 1669), p. 70.

④ D. M. Kerly, *An Historical Sketch of the Equitable Jurisdiction of the Court of Chancery: History of Equity* (Cambridge: the University Press, 1890), p. 49.

⑤ James Fosdick Baldwin, *The King's Council in England during the Middle Ages* (Oxford: The Clarendon Press, 1913), p. 240.

⑥ James Fosdick Baldwin, *The King's Council in England during the Middle Ages* (Oxford: The Clarendon Press, 1913), p. 245.

⑦ William Searle Holdsworth, *A History of English Law*, vol. 1 (*Boston: Little Brown and Company*, 1922), p. 416.

名主事在诺曼征服以前就存在，他们是"贤人会议"（the witenagemot）的主要咨议员，但随着他们只是充当衡平大法官的副手或提供建议者，[①] 他们逐渐丧失了尊贵的身份，只是分享大法官的部分权力。[②] 正是这 12 名职员签发了初始令状，如果没有这些令状，便无法启动普通法院的诉讼程序。他们还扮演着国王的秘书这一角色，在咨议会和大法官法院开会时协助国王工作，如收集书面证词等工作，[③] 并执行国王的命令。总而言之，他们承担了衡平大法官主持的大法官法院的一切日常行政管理工作。这 12 名职员往往由神职人员充任，在理查二世时期，他们被称为"主事牧师"（clericos deprima forma），[④] 据说直到爱德华三世统治时期，他们才被称为"主事"（masters）。[⑤]

12 名主事中的首领又被称为"掌卷法官"（master of the rolls）。掌卷法官的司法权威始于爱德华一世时期，[⑥] 此后，他很快便在司法权和重要性方面成了衡平大法官的竞争对手。掌卷法官还负责维持治安，协助大法官向国王提供法律意见。此外，掌卷法官还充任掌玺大臣一职，经常在未加盖国玺的情况下，授权衡平大法官进行诉讼活动。因此，人们在称呼掌卷法官时，往往在其名字前冠以"特别尊贵的"（right worshipful）这一前缀，以示恭敬。[⑦] 在亨利六世和爱德华六世执政时期，掌卷法官和其他法官一起听讼，[⑧] 并且，在亨利六世时期，有些诉讼是直接向掌卷法官提出的。到了亨利八世时期，掌卷法官开始被人们称为"副衡平大法官"（vice-chancellor）。从滕斯托尔（Tunstall, M. R.）开始，掌卷法官便开始作为衡

[①] D. M. Kerly, *An Historical Sketch of the Equitable Jurisdiction of the Court of Chancery: History of Equity* (Cambridge: the University Press, 1890), p. 59.

[②] D. M. Kerly, *An Historical Sketch of the Equitable Jurisdiction of the Court of Chancery: History of Equity* (Cambridge: the University Press, 1890), p. 59.

[③] D. M. Kerly, *An Historical Sketch of the Equitable Jurisdiction of the Court of Chancery: History of Equity* (Cambridge: the University Press, 1890), p. 59.

[④] George Spenee, *Equitable Jurisdiction of the Court of Chancery*, vol. 1 (London: V. and R. Stevens and G. S. Norton, 1846), p. 359.

[⑤] George Spenee, *Equitable Jurisdiction of the Court of Chancery*, vol. 1 (London: V. and R. Stevens and G. S. Norton, 1846), p. 359.

[⑥] George Spenee, *Equitable Jurisdiction of the Court of Chancery*, vol. 1 (London: V. and R. Stevens and G. S. Norton, 1846), pp. 357-358.

[⑦] Reg. Lib. B 1582 fol. 218.

[⑧] George Spenee, *Equitable Jurisdiction of the Court of Chancery*, vol. 1 (London: V. and R. Stevens and G. S. Norton, 1846), p. 358.

平大法官的副手审理案件。其时，沃尔西执掌大法官法院。在伊丽莎白统治时期，如果衡平大法官愿意的话，掌卷法官可以协助其断案。但到了查理一世时期，掌卷法官（作为衡平大法副手）的地位得到了人们的认可，他有权发布法庭规则。然而，直到 1730 年，掌卷法官的权力才得到官方承认。①

可以向掌卷法官提交诉状，最早发生在理查二世当政的第 21 年,② 这种行为在爱德华六世当政时得到了很大的推动，其时的衡平大法官是 Southampton（其政治副业使他没有时间处理司法事务），Southampton 任命了一个由掌卷法官和另外三名主事法官组成的委员会，在其缺席期间审案，并可在经其同意后做出判决。③ 他的这一做法招致了极大的非议。普通法的律师们（他们不喜欢衡平法院的主事法官，因为他们是民法学者）④ 提出了抗议。普通法的法官认为，在没有议会同意的情况下，这种授权是非法的。⑤ 然而，这种做法继续了下去，因为这些主事们并没有创设新的令状，也未牵涉国玺的使用问题，而且还可以将衡平大法官从其承担的部分工作中解放出来，使他有了一些空闲时间。⑥ 在这一过程中，大法官法院的大部分工作都是在内庭完成的，这引起了那些对大法官法院持敌对态度者的谴责，他们将大法官法院与普通法院进行了比较，认为，衡平工作上萦绕着所谓的秘密与黑幕，而普通法院是在开放的法庭里公开地处理每一件事的。鉴于主事们在内庭从事的大部分工作都是行政事务而非司法事务，因此，这些批判似乎难以完全成立。主事们的工作包括收集证人的誓书，收集当事人的答辩状，签收法律文书，等等。⑦ 他们也经常在内庭试图以温和的手

---

① D. M. Kerly, *An Historical Sketch of the Equitable Jurisdiction of the Court of Chancery*: *History of Equity* (Cambridge: the University Press, 1890), p. 127.

② George Spenee, *Equitable Jurisdiction of the Court of Chancery*, vol. 1 (London: V. and R. Stevens and G. S. Norton, 1846), p. 364.

③ John Reeves, *History of English Law*, vol. 4 (London: Reeves & Turner, 1869), p. 388.

④ George Spenee, *Equitable Jurisdiction of the Court of Chancery*, vol. 1 (London: V. and R. Stevens and G. S. Norton, 1846), p. 382.

⑤ George Spenee, *Equitable Jurisdiction of the Court of Chancery*, vol. 1 (London: V. and R. Stevens and G. S. Norton, 1846), p. 389.

⑥ George Spenee, *Equitable Jurisdiction of the Court of Chancery*, vol. 1 (London: V. and R. Stevens and G. S. Norton, 1846), p. 389.

⑦ D. M. Kerly, *An Historical Sketch of the Equitable Jurisdiction of the Court of Chancery*: *History of Equity* (Cambridge: the University Press, 1890), p. 128.

段解决当事人之间的争端，就像衡平大法官在法庭上经常做的那样。①

从理查二世时起，掌卷法官配备了6名属员，他们协助掌卷法官从事保存审理记录等项工作。每个职员要为自己的工作负责，如果错发了令状，就要对该错发令状的行为承担损害赔偿的责任。② 最初，这6名职员还要充当那些到大法官法院打官司的当事人的事务律师，在那个时候，尚不允许其他人做律师，③ 但到了培根担任大法官时，情况发生了变化，出现了可以代表当事人出庭的个人事务律师。④ 到了查理一世时期，这6名职员仅仅充当名义上的事务律师，他们为那些完全没有必要的工作索要高额的酬金。⑤ 随着时间的推移，这6名职员逐渐演变成了挂名的职位。他们及其领导（即掌卷法官）被爱德华三世恩准在大法官法院的档案室办公，理查二世对此予以了确认。在1843年他们的职位被废除之前，他们一直在那里办公。⑥ 在这6名职员的手下，每人还有10名宣誓就职的书记员，他们承担起了整个办公室的日常工作。

依据大法官法院早期发布的一项命令，它任命2名登记官（registrar）对法庭发布的判决和命令进行登记造册，由此汇编成册的东西就变成了先例。⑦ 大法官法院还任命了2名讯问官（examiner），协助掌卷法官在法庭上讯问证人。⑧ 随着时间的推移，数量众多的其他职位被创设了出来，这最终成了一件丑闻，实质上造成了老的大法官法院被撤销。

最初，大法官法院的主事是由国王任命的，但到了爱德华四世时期，衡平大法官可以任命除掌卷法官以外的所有人员，掌卷法官这一职位仍作

---

① D. M. Kerly, *An Historical Sketch of the Equitable Jurisdiction of the Court of Chancery*: *History of Equity* (Cambridge: the University Press, 1890), p. 126.

② George Spenee, *Equitable Jurisdiction of the Court of Chancery*, vol. 1 (London: V. and R. Stevens and G. S. Norton, 1846), p. 366.

③ George Spenee, *Equitable Jurisdiction of the Court of Chancery*, vol. 1 (London: V. and R. Stevens and G. S. Norton, 1846), p. 369.

④ George Spenee, *Equitable Jurisdiction of the Court of Chancery*, vol. 1 (London: V. and R. Stevens and G. S. Norton, 1846), p. 369.

⑤ D. M. Kerly, *An Historical Sketch of the Equitable Jurisdiction of the Court of Chancery*: *History of Equity* (Cambridge: the University Press, 1890), p. 128.

⑥ George Spenee, *Equitable Jurisdiction of the Court of Chancery*, vol. 1 (London: V. and R. Stevens and G. S. Norton, 1846), p. 357.

⑦ Renovat. Ord. Care Hen. V. Sec. 11, 13.

⑧ George Spenee, *Equitable Jurisdiction of the Court of Chancery*, vol. 1 (London: V. and R. Stevens and G. S. Norton, 1846), p. 366.

为国王的赏赐而存在。① 这一人事安排使衡平大法官有机会将主事的职位卖给那些出价最高的人，这种卖官鬻爵的行为如此公开、臭名昭著，以致成了公开的丑闻。到了 19 世纪中期，英国废除了大法官法院的主事这一职位，但在美国的一些州，这一职务仍然存在。

一个需要考察的问题：普通法院是否可以扮演大法官法院的角色？

在很多法律史作者的心中，似乎留有这样的印象：大法官法院并非英国法律体系中必要的机构，普通法院本来可以很好地实现其功能，但由于其愚蠢和狭隘，才使它们没有做到这一点。布莱克斯通对这一观点做了经典的说明。在谈到《威斯敏斯特法Ⅱ》时，布莱克斯通说道：这一条款［即《威斯敏斯特法Ⅱ》中的"相似的案件"（cosnsimili casu）条］对大法官法院的职员该如何组成说得不够清楚，对于大法官法院的作用是扩张而非限缩令状的救济性后果，也说得不够明白，而这些东西本来可以有效地说明设立大法官法院的目的。众所周知，大法官法院的设立并非只是为了在被告宣誓的基础上获得事实真相。

除非我们认为，布莱克斯通提出这一论点依据的是职业传统而非历史，否则我们很难理解他为何采纳上述观点。在普通法存在之前，以及在普通法院创立之前，国王的咨议会已拥有普遍的、未限定的衡平性管辖权。我相信，上述事实已在前面的段落中得到了充分的证明。正是从这一意义上讲，衡平法是先于普通法而存在的，而非被人们创造出来以补充普通法不足的。而且，有人认为，普通法的法官们由于受某种学术愿望的驱动，力图使普通法保持其原本的纯粹模样，这一论断几乎得不到支持。因为我们知道，这些法官的酬金在很大程度上依赖于他们所受理案件的数量。虽然普通法的法官们确实会有一小笔固定的工资，但实际上，他们维持生计，还有赖于收取诉讼费用。② 这些费用的多寡又取决于普通法的法官们办案数量的多少，如果他们可以通过任何手段增加办案数量，那么，他们的薪水就会相应地增长。③ 因此，如果有人认为，这些法官们（他们一般都不是特

---

① George Spenee, *Equitable Jurisdiction of the Court of Chancery*, vol. 1 (London: V. and R. Stevens and G. S. Norton, 1846), pp. 359-360.

② William Searle Holdsworth, *A History of English Law*, vol. 1 (Boston: Little Brown and Company, 1922), p. 25.

③ William Searle Holdsworth, *A History of English Law*, vol. 1 (Boston: Little Brown and Company, 1922), p. 25.

别富裕）① 会有意地避免新的业务摆在自己的面前，那肯定站不住脚。相反，我们应设想这样一幅图景：普通法的法官们眼巴巴地看着白花花的银子流水般地进入其竞争对手（即大法官法院）的腰包里，因而，他们竭力想通过一些手段，将一部分银子转移到自己的手里。他们的努力并未成功，这一点也不令人惊讶。我们应该还记得这样的事实：当国王的法院在民众中大受欢迎时，它们明显受到了当时有钱、有土地的所有利益阶层的反对。"在中世纪晚期，国王及其法庭不过是司法这一有利可图的事业众多竞争者之一。"② 教会法庭坚持教会有权决定某些事务，皇家法院不能染指这些事务，并且，"封建贵族，受特许的自治村镇，商会，郡法庭以及百户区法庭，全都是令人敬畏的竞争对手……若有谁草率地试图站在国王一边，主张国王拥有全面而排他性的司法管辖权，定会招致最激烈的反对。即使那还不足以导致国家陷于分裂状态"。③ 在这样的情况下，我们不难理解，为什么大法官法院的书记官们在签发令状、法官们在执行这些令状的过程中被迫谨守先例，并且，他们只是以缓慢、让人难以察觉的方式扩张自己的司法管辖权。"一旦机会来临，皇家的官员们一点一点地从其竞争对手那里'挖业务'；当某一主张被确立起来时，人们便会敬若神明般地在令状录上登记下来，那是皇家的大法官法院掌握的最珍贵财富之一。"④ 从前文所述的内容中，我们可以知道，尽管发布收回土地的令状在理论上可行，但在实践中该令状的应用却受到了极大限制。然而，一旦前述的诸多限制被移除，大法官法院便急不可耐地扩张其司法管辖权。这表明，他们根本不想限制自己的司法管辖权，而是急于扩张自己的管辖权；财税法庭通过"虚构性的一般管辖令状（writs of quominus）"、王座法院通过"潜逃拘捕令状"（writs of quominus）与特别在（隐性的）简约之诉基础上发展起来的类案诉讼，大大地拓展了自己的司法管辖权。

即使我们以上勾画的障碍已不复存在，也会有其他一些因素阻止普通

---

① D. M. Kerly, *An Historical Sketch of the Equitable Jurisdiction of the Court of Chancery*: *History of Equity* (Cambridge: the University Press, 1890), p. 95.

② Edward Jenks, *Edward I*: the English Justinian or the making of the common law (New York and London: G. P. Putnam's Sons. 1902), p. 218.

③ Edward Jenks, *Edward I*: the English Justinian or the making of the common law (New York and London: G. P. Putnam's Sons. 1902), p. 218.

④ Edward Jenks, *Edward I*: the English Justinian or the making of the common law (New York and London: G. P. Putnam's Sons. 1902), p. 218.

法院实施良心法院掌控的救济手段。首先，大法官法院处理的案件都是普通法院不能恰当处理的案件。实际上，如果普通法院不对其程序和体系做出变革，那么，它便无法对此类案件实施管辖。① 或者，如斯宾塞所言，如果"改变……就意味着对普通法的诉讼形式进行重构"。② 其次，普通法院的陪审团制度也使普通法院只能处理一些最简单的案件，而对诸如账户审查、安排以及管理等比较复杂的案件束手无策。因为这些问题完全超出了中世纪陪审团的理解范围，甚至对于现代的陪审团亦如此。最后，大法官法院的大量工作是"管理和保护"，而非"司法和惩处"。③ 它拥有适合此类工作的运行机制，这使得其有能力命令人们服从其命令（普通法院只是在非常有限的范围内能这样做），并且事实上，它拥有一批训练有素的官员（如掌卷法官与主事法官），可以处理此类事务，这些官员才是普通法院急需的。④

大法官法院有能力通过"披露"的方法审查那些不诚实、狡诈的被告的"良心"，在这方面，它拥有普通法院无可比拟的优势。在这方面，衡平大法官及其他法官的个性与立场是值得考察的另一因素。总的说来，普通法的法官们权力有限、权限模糊不清，他们的命令只有很少的人听从。⑤ 一旦暴力活动演变为无法遏制的骚乱，就需要一个像衡平大法官这样的位高权重的官员，去震慑大胆狂徒以及那些傲慢且蠢蠢欲动的封建贵族。⑥ 我们还必须记住，衡平大法官除了是这一国家的首席大臣外，还往往是高级神职人员，这可以极大地增强其所发布命令和判决的权威性。

引自克雷（D. M. Kerly）的这段话可能最适合作为我们的卷末结语：

---

① D. M. Kerly, *An Historical Sketch of the Equitable Jurisdiction of the Court of Chancery*: *History of Equity* (Cambridge: the University Press, 1890), p. 12.

② George Spenee, *Equitable Jurisdiction of the Court of Chancery*, vol. 1 (London: V. and R. Stevens and G. S. Norton, 1846), p. 703.

③ George Spenee, *Equitable Jurisdiction of the Court of Chancery*, vol. 1 (London: V. and R. Stevens and G. S. Norton, 1846), p. 704.

④ George Spenee, *Equitable Jurisdiction of the Court of Chancery*, vol. 1 (London: V. and R. Stevens and G. S. Norton, 1846), pp. 705-706.

⑤ D. M. Kerly, *An Historical Sketch of the Equitable Jurisdiction of the Court of Chancery*: *History of Equity* (Cambridge: the University Press, 1890), p. 95.

⑥ D. M. Kerly, *An Historical Sketch of the Equitable Jurisdiction of the Court of Chancery*: *History of Equity* (Cambridge: the University Press, 1890), p. 95.

有人认为，衡平法院的产生源自普通法院法官们的顽固和僵化，这一观点站不住脚；有人认为，衡平性司法管辖权的产生完全是由于普通法存在一些不足所知（致）（这同样站不住脚）。事实上，尽管以上所说"不足"能解释衡平法院产生的一些原因，但它只能说明早期衡平大法官承担的一小部分工作，并且，我们还只是从衡平大法官在 15 世纪（那是我们有大法官法院连续纪录的最早时期）的继任者所承担工作的特点来进行判断的。①

A Sketch of the History of the High Court of Chancery: From Its Origin to the Chancellorship of Wolsey

William Lindsay Carne, trans. by *Huang Xin and Fan Xuejiao*,
proofread by Chen Rui

Abstract: Thomas Cardinal Wolsey may justly be said to have been the last of the great medieval Chancellors, who was a symbolic people in the developing history of the High Court of Chancery. As a court of equity, the High Court of Chancery had its origin like the common law courts in the ancient *curia regis*, or King's Council, of the early Norman rulers, which was the common parent of all the royal courts in England. Because of the superiority of King's Council, a lot of subjects in England presented their complaints to King's Council, and this council had slowly formed a system of solving these complaints, so the High Court of Chancery was born at that time. In the Earlier days, the High Court of Chancery mainly dealt with those cases which can't solved by the Common Court, include the disputes of verbal contracts disputes, uses and trusts, etc., but at the same time, the High Court of Chancery had the jurisdictions on some cases about the Common Law also. At the beginning, initiating the actions to the High Court of Chancery is easy: people can use French or English, rather than Latin, even can prosecute orally, and they needn't hand in any litigation costs, and usually hearing

---

① D. M. Kerly, *An Historical Sketch of the Equitable Jurisdiction of the Court of Chancery: History of Equity* (Cambridge: the University Press, 1890), p. 95.

a case rapidly, and the methods of solving the disputes are flexible. But these differences had disappeared in the end. The High Court of Chancery is presided over by the chancellor, and there are 12 clerks who assisted him in carrying on the work of his office, who were called the Masters of Chancery. Comparing with the Common Court, the High Court of Chancery the great mass of the work of the Chancery was "administrative and protective" and not "judicial and retributive". As a keeper of the king's conscience, the chancellor was able by its ability to enforce discovery to search the conscience of dishonest and shifting defendants and in this respect had a tremendous advantage over the law courts.

Keywords: Thomas Wolsey; The High Court of Chancery; Curia Regis or King's Council; Chancellor; Keeper of the King's Conscience

大法官法院历史概览：
从沃尔西大法官到诺丁汉大法官[*]

威廉·琳赛·卡尔内著 黄辛 周新添译 陈 锐校[**]

内容摘要： 从沃尔西到诺丁汉任大法官的这一时期是大法官法院发展的黄金时期。在这一时期，大法官法院的审判程序逐渐固定下来，大法官们总结出了一些审判惯例与格言，这标志着大法官法院走向成熟。在这一时期，大法官法院的管辖范围也有了大幅度的扩张，传统的用益与信托诉讼已变得非常普遍，此外，大法官法院还受理与遗产管理和财产分割、慈善、已婚妇女独有的财产、抵押和担保、婴幼儿和智障人士以及精神病人的监护、欺诈和账目审查等有关的案件。大法官法院还拥有了颁发禁制令的特权，但这一特权遭到了普通法院的法官们质疑，进而引发了普通法院与衡平法院之间的紧张关系。著名的柯克大法官与埃尔斯米尔大法官之争就发生在这一时期。虽然大法官法院在与普通法院的斗争中占了上风，但继任的衡平大法官（如培根等）采取了比较温和的态度，从而消弭了普通法院与衡平法院之间的裂痕，从而奠定了英国普通法院与衡平法院并行不悖的二元机制。

关键词： 托马斯·沃尔西 诺丁汉大法官 禁制令 普通法院与衡平法院之争

---

[*] 原载于 *The Virginia Law Register*, New Series, Vol. 13, No. 7 (Feb., 1928), pp. 589-619。

[**] 威廉·琳赛·卡尔内（William Lindsay Carne），曾在费尔法克斯律所任律师，并子承父业担任费尔法克斯先驱报编辑，其他不详。译者黄辛，西南政法大学硕士，香港中文大学 L. L. M.，重庆市司法局法律援助中心工作人员；周新添，重庆大学法学院 2018 级法学硕士研究生。

在之前的一篇文章中，笔者试图从源头追溯大法官法院发展的历史，它从早期作为诺曼国王的御前会议或国王的咨议会，到最后被确立为一种拥有独立司法管辖权的法院，有权管辖一系列案件，由于历史方面的原因，普通法院无法审理这些案件。这一时期正好处于 15 世纪行将结束以及都铎王朝开始确立在英格兰的统治，是非常压抑的时期，大法官法院也声名狼藉。但好几个原因凑到一起才使这种结果得以产生。首先，亨利七世制定的明智、稳定且多少有些专制的政策使这一国家比较安宁，遏制住了这一国家无法无天、秩序混乱的浪潮，这种浪潮在整个中世纪一直在很大的范围内存在。"玫瑰战争"削弱了封建贵族的权力（当时的无序状况很大程度上与他们的横行霸道有关），贵族阶层被大量的刑事法规所管束，而这些刑事立法又是由星室法庭（the Star Chamber）严格执行的。① 在这种情况下，大法官法院不再需要用自己的权力镇压暴乱、矫治那些依靠暴力而进行的不法行为。同时，普通法院的重要性与日俱增，普通法院通过扩张类案诉讼，开始为那些以前被认为是大法官法院管辖的案件提供救济。最后，通过废除用益与信托——如我们前面所见，这构成了衡平法院所管辖案件中的很大一部分，亨利七世当政 27 年的法规（关于受益和注册登记制度的）给了大法官法院一记重击。当然，实事求是地讲，随着信托学说发展起来，衡平法的这一方面随后又复活了，但在亨利八世当政时期，没有哪位衡平大法官或其他法官冒险出头，敢于不服从表达那一专制国王意志的法规。

衡平大法官们

红衣主教托马斯·沃尔西可谓中世纪最后一位伟大的衡平大法官。② 和他的前辈们一样，沃尔西主教更像是政治家而非法官。国王手下的衡平大法官们承担的主要司法工作需要服从于国王的首席大臣承担的行政事务。沃尔西主教极大地扩张了衡平大法官的权力与影响，但在这样做时，遇到了普通法律师们的反对；在"玫瑰战争"后，随着中产阶层的崛起，普通

---

① 关于这一时期的一般观点，可参见 Richard Green, *History of the English People*（London：the Macmillan Company，1874），p. 496。

② D. M. Kerly, *An Historical Sketch of the Equitable Jurisdiction of the Court of Chancery：History of Equity*（Cambridge：the University Press，1890），p. 95.

法律师们的声望日隆。① 沃尔西主教主张，只要他认为有必要，他都有权干预和修正普通法。在沃尔西主教担任衡平大法官期间，大法官的权力得到了暂时的扩张。以致当时不得不创设了四个特别法庭（Commission Courts）——一个在白厅，第二个由国王的施赈官斯多克斯利博士（Dr. Stokesley）主持，第三个设在财政部大厅，第四个则由掌卷法官Cuthbert Tunstall 主持。② 尽管沃尔西采取高压与专断的方法行事，对普通法的态度极其轻蔑，但我们却不能否认，他是一个杰出的衡平大法官。他作为民法学家的天赋加上毋庸置疑的知识技能，为他赢得了杰出大法官的声望。③ 1529 年，沃尔西主教因介入亨利国王试图与阿拉贡的凯瑟琳（Catherine of Aragon）离婚问题而倒台，他被国王褫夺了职务，国玺也被交给了托马斯·莫尔（Thomas More）爵士掌管。

这一新的衡平大法官（即莫尔）并不像某些时候人们描述的那样是第一个世俗的大法官。在 1341 年，爱德华三世任命高级律师罗伯特·帕宁（Robert Parning）担任衡平大法官，他在这个位置上干了两年。帕宁的继任者们一直是神职人员，直到爱德华三世当政的第 45 年和第 46 年这一情况才有所改变。其时，民事上诉法院首席大法官索普（R. Thorpe）爵士与王座法庭首席大法官内维特（J. Knivet）爵士先后掌管国玺。这一时期由世俗人员充任衡平大法官，可能是爱德华三世执政的第 45 年国会请愿所致，当时，国会恳请国王只任命世俗人员充任该职。内维特担任那一职务一直到 1366 年，④ 但他的继任者又变成了神职人员，从"达戈代尔与哈迪图书馆的目录"（the catalogues of Dugdale and Hardy）可以看出，自理查二世执政第 3 年到理查三世执政第 3 年（即从 1380 年至 1486 年），所有衡平大法官均是教会人士。实际上，Fleta 认为，"除了诸如主教和担任较高教职的牧师之类智慧而审慎的人，没有其他人更适合担任衡平大法官"。然而，莫尔是第一

---

① D. M. Kerly, *An Historical Sketch of the Equitable Jurisdiction of the Court of Chancery*: *History of Equity*（Cambridge: the University Press, 1890），p. 95.

② John Reeves, *History of English Law*, vol. 4（London: Reeves & Turner, 1869），p. 518.

③ George Spenee, *Equitable Jurisdiction of the Court of Chancery*, vol. 1（London: V. and R. Stevens and G. S. Norton, 1846），p. 365.

④ George Spenee, *Equitable Jurisdiction of the Court of Chancery*, vol. 1（London: V. and R. Stevens and G. S. Norton, 1846），p. 339.

个被任命为衡平大法官的杰出律师。① 尽管莫尔来自一个敌视大法官法院的社会阶层［莫尔的父亲约翰·莫尔（John More）爵士担任过王座法庭的助理法官，而莫尔自己也是一名杰出的普通法律师］，但莫尔却宽宏大量地承认大法官法院管辖的大部分案件是正当的、必要的，甚至在大法官法院发布禁制令这件事上——那是普通法院与大法官法院尖锐对立的根源，莫尔也能保持客观中立。当莫尔担任衡平大法官时，大法官法院的业务量一落千丈，因此，莫尔能在发布传唤令状之前细读每一个呈送到自己面前的诉状。② 事实上，他清空了自己日程表上列出的、当时悬而未决的所有案件，他的继任者很少能重复他的这一壮举。③

在选择莫尔的继任者时，任命杰出律师担任衡平大法官这一先例并没有得到遵守。在莫尔之后，一些衡平大法官仍是神职人员（如玛丽当政时期的加德纳与希斯），其中的大多数人都非常不胜任他们担负的这一重要职位。但是，为了名副其实，他们中的大多数人仍努力研究，以增加他们对大法官法院规则与程序的认知。④ 在莫尔之后，尼古拉斯·培根（Nicholas Bacon）是第一个执掌国玺的律师，为奠定那一法院的程序与惯例做了大量工作。他的任期从1558年一直持续到1579年，即从伊丽莎白当政的第1年到第21年。正如坎贝尔大法官指出的，⑤ 正是在伊丽莎白当政时期，大法官法院的业务量陡增，因此，需要一位训练有素的律师全职担任衡平大法官。大法官案件数量大涨的原因在于：《遗嘱和用益法》引入了新的产权转让方式；被解散的修道院财产需要管理；以及伊丽莎白时期社会财富和商业活动获得了普遍增长。⑥ 因此，衡平大法官几乎要整天待在法庭与内庭，

---

① George Spenee, *Equitable Jurisdiction of the Court of Chancery*, vol. 1 (London: V. and R. Stevens. and G. S. Norton, 1846), p. 339.

② Charles A. Keigwin, *Cases on Equity Pleading* (Lawyers Co., 1924), p. 29, n. 4.

③ D. M. Kerly, *An Historical Sketch of the Equitable Jurisdiction of the Court of Chancery: History of Equity* (Cambridge: the University Press, 1890), pp. 96-97.

④ D. M. Kerly, *An Historical Sketch of the Equitable Jurisdiction of the Court of Chancery: History of Equity* (Cambridge: the University Press, 1890), p. 97.

⑤ John Lord Campbell, *The Lives of the Lord Chancellors and Keepers of the Great Seal of England*, vol. 2 (London, John Murry, 1846), p. 87.

⑥ D. M. Kerly, *An Historical Sketch of the Equitable Jurisdiction of the Court of Chancery: History of Equity* (Cambridge: the University Press, 1890), p. 98.

全年无休地工作，大法官法院也时刻都在开庭。① 在 1587 年至 1592 年，担任衡平大法官的克里斯托弗·哈顿（Christopher Hatton）爵士据传是由于舞姿翩翩而赢得女王的认可并被授予这一职位的，他非常聪明，任命斯维尔博士（Dr. Swale）——一名杰出的民法学者——作为自己的助手，这使得他的工作获得了颇为不错的声誉。② 哈顿爵士的继任者帕克瑞因（Puckering，1592~1596 年担任衡平大法官）和埃杰顿（Egerton，1596~1617 年担任大法官）都是律师出身。③

埃尔斯米尔大法官（即 Thomas Egerton）是第一位用我们现在惯用方式做出判决的衡平大法官。他还可以被说成第一位遵循先例和既判案件进行判决的衡平大法官。在他之前，衡平大法官应在多大程度上受先例的约束实际上是一个有争议的话题。柯克与布莱克斯通④等传统的观点认为，衡平大法官根本不需要遵从先例，而是按照自己的理据判决每一个案件。⑤ 因此，塞尔登做出了这样的经典评述："衡平法乃粗劣之法。"⑥ 此外，由于衡平大法官个人的良心构成了衡平法的标准，它似乎一直是衡平法判决的基础，它同样是粗劣之法。与之相反，斯宾塞则否认，衡平大法官们是在不顾先例的情况下进行判决的。在论及本文正在讨论的这一时期的衡平法的状况时，斯宾塞这样评述："没有什么被记录下来，作为大法官法院传承下来的东西，可以保证这样的迷信成立，即法官的个人意见或良心（或者两者也许是同一回事），大法官的奇思妙想或者反复无常——这些东西全都独立于原则与先例——是判决的合法性理由。"⑦ 斯宾塞的这一论断或许有点

---

① D. M. Kerly, *An Historical Sketch of the Equitable Jurisdiction of the Court of Chancery: History of Equity* (Cambridge: the University Press, 1890), p. 98.

② D. M. Kerly, *An Historical Sketch of the Equitable Jurisdiction of the Court of Chancery: History of Equity* (Cambridge: the University Press, 1890), p. 98.

③ D. M. Kerly, *An Historical Sketch of the Equitable Jurisdiction of the Court of Chancery: History of Equity* (Cambridge: the University Press, 1890), p. 98.

④ William M. Blackstone, *Commentaries on the Law of England* (iii) (Portland: Thomas B. Wait & Co., 1807), p. 430.

⑤ D. M. Kerly, *An Historical Sketch of the Equitable Jurisdiction of the Court of Chancery: History of Equity* (Cambridge: the University Press, 1890), p. 100.

⑥ John Selden, *The Table-Talk of John Selden*, vol. 4 (London: John Russell Smith, 1856), p. 2028.

⑦ George Spenee, *Equitable Jurisdiction of the Court of Chancery*, vol. 1 (London: V. and R. Stevens and G. S. Norton, 1846), p. 415.

过头。但我们由此理解到，尼古拉斯·培根爵士就曾免除过一个败诉原告需承担的诉讼费用，仅仅因为该原告是一个"不足 12 岁、衣衫褴褛的可怜男孩"。① 此外，埃尔斯米尔大法官在一个案件中给出了自己的判决理由："（前述的因瘟疫而死亡的）父母可怜的呼唤，孤儿祈求上帝的拯救，打动了大法官，使得他转而同情他们，进而做出了这样的判决。"② 在著名的"牛津伯爵案"中，埃尔斯米尔大法官这样论述道：由于人类行为复杂多样，因此，无法做出任何普遍性的判决，因此，衡平大法官必须有自由裁量权。③ 斯宾塞认为，大法官法院的法官们应遵循罗马法的先例，④ 但是，Kerly 则宣称，只有罗马法中的先例与自然权利和自然正义的原则相一致时，法官才遵循这些先例。因此，大法官法院的法官们自己将创设这样或那样的独特的实施法律的学说，这些学说是罗马法所没有的。⑤ 因此，Kerly 的结论是：衡平大法官应遵循普通法的先例和传统，但又不一定严格地受这些先例和传统的约束。⑥ 从当时的法庭记录看，衡平大法官们肯定拥有自由裁量权，其继任者在某种程度上保留了这种自由裁量权，即使到了今天，纵使衡平法本身已变得像普通法一样稳定和确定，但衡平大法官依然享有一定的自由裁量权。

1617 年，维鲁兰勋爵弗朗西斯·培根（Francis Bacon）执掌大法官法院。就学识而言，培根无疑是执掌衡平大法官这一职位的最伟大法官。如同坎贝尔大法官所言，培根的偏好与品味更像一个哲学家而非律师，尽管如此，培根还是通过他的几部杰出的著作丰富了大法官这一职业的文献，并且，他对大法官法院的程序与惯例进行了诸多改革。在培根因其行为不检而倒台之后，神学家威廉博士（Dr. Williams）被任命为衡平大法官。威

---

① D. M. Kerly, *An Historical Sketch of the Equitable Jurisdiction of the Court of Chancery*: *History of Equity* (Cambridge: the University Press, 1890), p. 99.

② D. M. Kerly, *An Historical Sketch of the Equitable Jurisdiction of the Court of Chancery*: *History of Equity* (Cambridge: the University Press, 1890), p. 99.

③ D. M. Kerly, *An Historical Sketch of the Equitable Jurisdiction of the Court of Chancery*: *History of Equity* (Cambridge: the University Press, 1890), p. 100.

④ George Spenee, *Equitable Jurisdiction of the Court of Chancery*, vol. 1 (London: V. and R. Stevens and G. S. Norton, 1846), p. 712.

⑤ D. M. Kerly, *An Historical Sketch of the Equitable Jurisdiction of the Court of Chancery*: *History of Equity* (Cambridge: the University Press, 1890), p. 101.

⑥ D. M. Kerly, *An Historical Sketch of the Equitable Jurisdiction of the Court of Chancery*: *History of Equity* (Cambridge: the University Press, 1890), p. 101.

廉努力学习，以提高自己对于衡平法原则和惯例的认知，但成效一般。因此，威廉的工作并不出色。[①] 考文垂大法官（1625 年至 1640 年任职）习惯于遵循先例，并创设了许多程序性规则。[②] 在大叛乱和共和国时期，大法官法院被视为封建特权和国王特权的残余而遭到了猛烈抨击。在 1649 年衡平大法官逃亡之后，由怀特洛克（Whitelock）和基布尔（Keble）组成的一个委员会认命了新的掌管共和国国玺的大法官。[③] 1654 年，克伦威尔废除了大法官法院，并按照自己的意思设立了一个新法院。[④] 但是，在王室复辟后，清教派所做的所有工作都被肃清。大法官法院也恢复了旧有的风貌。1568 年，克拉伦登（Clarendon）勋爵出任衡平大法官。

这一时期大法官法院的程序和惯例

人们几乎都认为，伊丽莎白时期之前的大法官法院的审判形式与那一法院被废除时期的形式是一样的。[⑤] 它们建立在中世纪御前会议使用的程序方法基础之上，但非由其直接发展而来。大法官法院的诉讼是由原告提交起诉书（bill）开始的，（原告们的）诉求五花八门，包括申请传唤令状或向纠察官（sergeant-at-arms）提出申请，以保证被告出庭应诉，申请禁制令，或者请求一般的救济。[⑥] 起诉书必须由律师签字，如果包含诽谤等诸多情形，起诉将被驳回。[⑦] 托马斯·莫尔大法官以及一些早期的衡平大法官在对起诉书进行审查并获得首肯之前是不会签发传唤令状的。为此，他们有

---

① D. M. Kerly, *An Historical Sketch of the Equitable Jurisdiction of the Court of Chancery*: *History of Equity* (Cambridge: the University Press, 1890), p. 101.

② D. M. Kerly, *An Historical Sketch of the Equitable Jurisdiction of the Court of Chancery*: *History of Equity* (Cambridge: the University Press, 1890), pp. 105–106.

③ D. M. Kerly, *An Historical Sketch of the Equitable Jurisdiction of the Court of Chancery*: *History of Equity* (Cambridge: the University Press, 1890), p. 157.

④ D. M. Kerly, *An Historical Sketch of the Equitable Jurisdiction of the Court of Chancery*: *History of Equity* (Cambridge: the University Press, 1890), p. 160.

⑤ George Spenee, *Equitable Jurisdiction of the Court of Chancery*, vol. 1 (London: V. and R. Stevens and G. S. Norton, 1846), p. 379.

⑥ George Spenee, *Equitable Jurisdiction of the Court of Chancery*, vol. 1 (London: V. and R. Stevens and G. S. Norton, 1846), p. 368.

⑦ George Spenee, *Equitable Jurisdiction of the Court of Chancery*, vol. 1 (London: V. and R. Stevens and G. S. Norton, 1846), p. 368.

时会听取法官们的建议，① 但这种习惯后来被弃之不用，律师的签字代替了衡平大法官的审查。② 在亨利八世当政第 15 年之前，出于对起诉书进行审查的目的，衡平法大法官们有时会咨询并采纳普通法法官的意见。但这一审查行为后来被废止。申请传唤令状需要提供担保，但在伊丽莎白时期，这逐渐流于形式。③

在 16 世纪早期，大法官法院和普通法院一样，尽管许可被告（从大法官的六个主事法官中选择一人）担任律师，但会向被告施加很大的压力，要求其出庭。除了极个别的案件，"如同承认诉状"（bills pro confesso）这一形式尚不为人实际地了解。④ 因此，那些顽固不化的诉讼当事人，会被判处监禁在弗利特监狱、没收财产甚至充军等严厉的刑罚。⑤ 有时，出于案件审理的需要，大法官法院会签发禁制令、附原因解交令（habeas corpus cum causis）或者禁止出国令（a writ of ne exeat regno）等。⑥ 在有些情况下，衡平大法官会本着息事宁人的原则，致信被告，敦促其还原告以公道。⑦ 如我们已知的，大法官法院的主事法官们惯于设法用友好和善的方式当庭解决原被告之间的争端。

除非被告年老或患病，那样的话他会获得加盖有国玺的"我们已授权"令状（dedimus potestatem），⑧ 否则需要在 8 日内对诉状中的书面质询做出诉答。⑨ 若不能做出充分的答辩，就会被处以刑罚，还会被二次质询。被告可

---

① D. M. Kerly, *An Historical Sketch of the Equitable Jurisdiction of the Court of Chancery: History of Equity* (Cambridge: the University Press, 1890), p. 118.

② George Spenee, *Equitable Jurisdiction of the Court of Chancery*, vol. 1 (London: V. and R. Stevens and G. S. Norton, 1846), p. 368.

③ D. M. Kerly, *An Historical Sketch of the Equitable Jurisdiction of the Court of Chancery: History of Equity* (Cambridge: the University Press, 1890), p. 119.

④ D. M. Kerly, *An Historical Sketch of the Equitable Jurisdiction of the Court of Chancery: History of Equity* (Cambridge: the University Press, 1890), p. 119.

⑤ D. M. Kerly, *An Historical Sketch of the Equitable Jurisdiction of the Court of Chancery: History of Equity* (Cambridge: the University Press, 1890), p. 119.

⑥ George Spenee, *Equitable Jurisdiction of the Court of Chancery*, vol. 1 (London: V. and R. Stevens and G. S. Norton, 1846), pp. 369-370.

⑦ George Spenee, *Equitable Jurisdiction of the Court of Chancery*, vol. 1 (London: V. and R. Stevens and G. S. Norton, 1846), p. 368.

⑧ D. M. Kerly, *An Historical Sketch of the Equitable Jurisdiction of the Court of Chancery: History of Equity* (Cambridge: the University Press, 1890), p. 120.

⑨ D. M. Kerly, *An Historical Sketch of the Equitable Jurisdiction of the Court of Chancery: History of Equity* (Cambridge: the University Press, 1890), p. 120.

以对诉状本身提出反诉，或者对管辖权提出异议，或者对当事人是否适格提出异议，此类异议可以在被告正式答辩之前以口头或书面的形式做出。上述异议通常是向主事法官提出，但培根大法官亲自聆听此类抗辩。一旦前述异议获得法庭的支持，被告即无须支付诉讼费，① 但该做法经常致被告于不利境地，因为在这样的情形下，原告可以通过缴纳 20 先令诉讼费的方式撤诉，让被告承担自己为自己辩护而花的费用。②

在被告进行辩解和诉答之后，就到了原告的次轮反驳环节。如我们已经看到的，在古代，诉讼的程序比这还要复杂，就像在普通法系统中一样，在我们正在讨论的这一时期，到了原告的反驳环节，诉讼程序就结束了。人们需要做的是对诉答和反驳进行修正。③ 在 16 世纪末时，原告的反驳已不太常见。④

大法官法院调查证据的方法与普通法院使用的方法有很大的不同，除了在开放的法庭上当着法官和公众的面讯问目击证人以外，在衡平案件中，还会按照当事人提供的书面材料进行交叉质证，并对目击证人进行私下讯问，在这些质证场合下，一般都有一位官方的讯问人员指挥，并只能问那些提供给他的问题。⑤ 在有些案件中，誓书也可作为证据而采纳，但对于证明那一问题及其他重大事项，誓书并非好的证据。⑥ 证人证言一经公布，除非对一些附属的事项，该证人将不需要提供进一步的口供。⑦ 有时，大法官法院会将某个问题提交给普通法院审理，并且，目击证人也会在听讼过程

---

① D. M. Kerly, *An Historical Sketch of the Equitable Jurisdiction of the Court of Chancery*: *History of Equity* (Cambridge: the University Press, 1890), p. 120.

② D. M. Kerly, *An Historical Sketch of the Equitable Jurisdiction of the Court of Chancery*: *History of Equity* (Cambridge: the University Press, 1890), p. 121.

③ George Spenee, *Equitable Jurisdiction of the Court of Chancery*, vol. 1 (London: V. and R. Stevens and G. S. Norton, 1846), p. 374.

④ D. M. Kerly, *An Historical Sketch of the Equitable Jurisdiction of the Court of Chancery*: *History of Equity* (Cambridge: the University Press, 1890), p. 121.

⑤ D. M. Kerly, *An Historical Sketch of the Equitable Jurisdiction of the Court of Chancery*: *History of Equity* (Cambridge: the University Press, 1890), p. 121.

⑥ D. M. Kerly, *An Historical Sketch of the Equitable Jurisdiction of the Court of Chancery*: *History of Equity* (Cambridge: the University Press, 1890), p. 122.

⑦ D. M. Kerly, *An Historical Sketch of the Equitable Jurisdiction of the Court of Chancery*: *History of Equity* (Cambridge: the University Press, 1890), p. 122.

中被公开询问。① 在伊丽莎白当政时期，大法官法院还流行一种独特的取证方式，即在证据公布后继续对证人进行询问或再次询问，询问的结果只交于衡平大法官一人过目，并由该法官自行决定是否披露该询问内容。②

在双方诉答过程中，判决书就被起草出来，由六名主事法官中的一名宣读，然后由衡平大法官签字，最后被记录在案，在这个时候，判决书就不能更改了。除非能获得复审令或直接向国王请愿，否则当事人没有上诉的机会。③ 培根大法官曾发布"培根命令"，要求双方服从判决，这是获得向国王请愿的前提条件，除非这一判决剥夺了请愿者的权利。④ 当然，在这一命令由大法官签名之前，其效力是待定的，大法官法院可以重新考虑该判决是否适当。⑤ 不服从判决者将被判罚关进弗利特监狱（从亨利六世时起到查理一世时止都是这样）或没收财产。⑥ 如果判决是与土地有关的，被告又拒不执行该判决，在一些情况下，大法官法院会将该土地让与原告占有，⑦ 由于人们一般都认为，大法官"仅仅只能强制个人"，因此，普通法院经常抗议上述活动，它们宣称，大法官法院仅仅只能通过监禁的手段保障其判决。大法官法院并不理会这一异议，因此，这一反对并未奏效。⑧ 事实上，大法官法院做出判决之后经常复审——实际上，非常频繁地复审，在詹姆斯一世时竟达到了滥用的程度。⑨

---

① D. M. Kerly, *An Historical Sketch of the Equitable Jurisdiction of the Court of Chancery*: *History of Equity* (Cambridge: the University Press, 1890), p. 122.

② George Spenee, *Equitable Jurisdiction of the Court of Chancery*, vol. 1 (London: V. and R. Stevens and G. S. Norton, 1846), p. 381.

③ D. M. Kerly, *An Historical Sketch of the Equitable Jurisdiction of the Court of Chancery*: *History of Equity* (Cambridge: the University Press, 1890), p. 124.

④ D. M. Kerly, *An Historical Sketch of the Equitable Jurisdiction of the Court of Chancery*: *History of Equity* (Cambridge: the University Press, 1890), p. 124.

⑤ D. M. Kerly, *An Historical Sketch of the Equitable Jurisdiction of the Court of Chancery*: *History of Equity* (Cambridge: the University Press, 1890), pp. 123–124.

⑥ George Spenee, *Equitable Jurisdiction of the Court of Chancery*, vol. 1 (London: V. and R. Stevens and G. S. Norton, 1846), p. 390.

⑦ George Spenee, *Equitable Jurisdiction of the Court of Chancery*, vol. 1 (London: V. and R. Stevens and G. S. Norton, 1846), p. 392.

⑧ George Spenee, *Equitable Jurisdiction of the Court of Chancery*, vol. 1 (London: V. and R. Stevens and G. S. Norton, 1846), p. 392.

⑨ George Spenee, *Equitable Jurisdiction of the Court of Chancery*, vol. 1 (London: V. and R. Stevens and G. S. Norton, 1846), p. 392.

对大法官法院审判活动各种各样的说明

已知最早的"复审诉状"（bills of revivor）出现于伊丽莎白当政时期。一旦诉讼的一方死亡或作为诉讼一方的单身女性结婚，再进行诉讼，就需要提交复审诉状，此类诉状的提出或针对的是死亡一方当事人的代理人。①

在这一时期，诉讼中出现了一些不恰当的、花样百出的舞弊行为，这受到了人们极大的厌恶，因此，1596 年，一位名叫 Mylward 的当事人用 120 页纸起草了一份答辩书，该答辩书本来可精简到 16 页。法官命令人在该书状中间钻孔，并将 Mylward 的头放进这个孔中，然后，Mylward 被人以这种方式牵着，到威斯敏斯特的每一个法庭游街。除此之外，Mylward 还被处以 10 英镑的罚金，并需要支付 20 个贵族参与诉讼的费用。②

在伊丽莎白当政时期，衡平大法官和掌玺大臣经常用仲裁的方式解决争端。掌卷法官以及其他一些主事法官，或者首席大法官之一，甚至衡平大法官亲自充当仲裁者。若仲裁的结果得不到认可，那么，全案将被发还给大法官法院重审，然后将结果告知双方当事人。③

这一时期的衡平大法官经常诉诸这样的公理：寻求公正的人自己必须是公正的。因此，他们有时会将一些纯道德义务加于当事人，比如服从、感激等。因此，在一个案子中，尼古拉斯·牛顿（N. Newton，时任掌玺大臣）爵士命令原告收回其诋毁、中伤被告的言论，否则将驳回他的诉状。④在另一个涉及女儿起诉母亲的遗产纠纷案中，牛顿爵士命令原告，要求她"谦恭一些，安守作女儿的本分"，并且，要求被告支付给原告 150 马克，而非原告主张的 500 马克。⑤

有时候，大法官法院会将指向被告的判决转向原告头上。在哈顿（Hatton）大法官审理的一个案件中，原告的律师菲利普先生到大法官法院，

---

① D. M. Kerly, *An Historical Sketch of the Equitable Jurisdiction of the Court of Chancery: History of Equity* (Cambridge: the University Press, 1890), p. 120.

② D. M. Kerly, *An Historical Sketch of the Equitable Jurisdiction of the Court of Chancery: History of Equity* (Cambridge: the University Press, 1890), p. 119.

③ George Spenee, *Equitable Jurisdiction of the Court of Chancery*, vol. 1 (London: V. and R. Stevens and G. S. Norton, 1846), p. 385.

④ Fol. 519, 5 and 6, Eliz.

⑤ A 1573, fol. 135.

要求法庭驳回如此的一项判决，理由是无先例可循。然而，事实上，自亨利八世当政时起，就产生了大量的先例，菲利普先生因其草率的主张而被关进了弗利特监狱。① 而且，衡平大法官有时也会停止执行判决，以强迫原告接受被告给予的合理补偿。

如我们已经看到的，自古以来，贫穷都是在国王的咨议会司法救济的一个理由。根据亨利六世当政第 11 年的法规第 12 章的规定，只要穷人提起诉讼，衡平大法官便会免费签发初始令状或者传唤令状，并依据自己的职权为其指定律师。在伊丽莎白一世、詹姆斯一世及查理一世当政时期，经常出现"穷人诉讼"（forma pauperis）。有时，只要有律师提供的证明，加上有关案件是非曲直的申请书，就可启动穷人诉讼，但当时更容易得到承认的方式是原告提供誓书，保证其财产价值不足 5 英镑。②

在亨利八世当政时期，大法官法院才引入复审诉状制度。③

这一时期衡平法法庭的主要案件管辖范围

尽管人们常常将诺丁汉大法官称为"现代衡平法之父"，但真实的情况却是：从沃尔西到诺丁汉这 158 年间，几乎今天能看到的衡平法的主要东西都已出现，今天衡平法法庭运用的很多规则在这一时期也已变得确定起来。因此，关于这一问题，我提议对大法官法院这一时期管辖的各种主题进行讨论，并且，我将尽可能地遵从斯宾塞先生曾经做出的安排。④

信　托

用益和信托在这一时期已变得非常普遍。⑤ 《用益法》（*The Statute of*

---

① George Spenee, *Equitable Jurisdiction of the Court of Chancery*, vol. 1 (London: V. and R. Stevens and G. S. Norton, 1846), p. 423.

② George Spenee, *Equitable Jurisdiction of the Court of Chancery*, vol. 1 (London: V. and R. Stevens and G. S. Norton, 1846), p. 381.

③ George Spenee, *Equitable Jurisdiction of the Court of Chancery*, vol. 1 (London: V. and R. Stevens and G. S. Norton, 1846), p. 394.

④ George Spenee, *Equitable Jurisdiction of the Court of Chancery*, vol. 1 (London: V. and R. Stevens and G. S. Norton, 1846), pp. 429-433.

⑤ D. M. Kerly, *An Historical Sketch of the Equitable Jurisdiction of the Court of Chancery*: *History of Equity* (Cambridge: the University Press, 1890), p. 131.

Uses）不仅沉重地打击了传统的产权转让形式，而且创造了其他一系列英国财产法独有的、复杂且技术性非常强的法律规则（包括当时尚未生效的不动产遗嘱，当时尚未定型且蓬勃发展的用益、盖印合同规则开始成形等）。在"Tyrrel 案"中，普通法的法官们拒绝保障 A 将其产权转让给 B 及其继承人，A 获得终身用益权。并且从那时直到 1634 年，再也没有发生过此类案件。但在 1634 年，在"*Sambach v. Dalston* 案"① 中，尽管大法官法院依旧认为，一项用益权不能建构在另一项用益权基础之上，但大法官法院命令，允许"根据当事人的意图"进行如此的产权转让。"*Sambach v. Dalston* 案"发生在《用益法》颁布后的第 99 年，从那时开始，这一情况变得更加普遍，因为一位在此方面颇有造诣的总检察长（1660 年担任此职）确立了这样一种观念：如果没有要求支付对价的话，在用益权上设立用益权是恰当的，但是相反，封地承受者在任何情况下都可以获得收益。在"*Sumons v. Turner* 案"② 中，尽管《用益法》仍然有效，大法官仍提出了创设用益和信托的三种方法。

遗产管理

从很早时起，大法官法院就开始管辖与遗产管理有关的案件。事实上，此类案件主要是由教会法庭管辖的，但它们对遗产执行人和管理者的管辖必然带有一定的缺陷，因此，在很多情况下，大法官法院对之进行干预变得很有必要。③ 在《遗嘱法》（*The Statute of Wills*）颁布前的那段时间里，立遗嘱人往往会在他们的遗嘱中指定用益受封人（feoffees to uses）处理他们的土地，这就使得此类行为特别适合大法官法院的管辖。不仅如此，在管理账目及查找财产等问题上，大法官法院采用的方法和机制都要优于教会法院。普通法院同样可以管辖遗嘱检验事宜（比如，受理地产的债权人提起的债权之诉）。但普通法的程序除了能证明债务的存在以外，并不适于处理此类事情，无法确定债权的清偿顺序、查找涉债财产、处理衡平法上

---

① George Spenee, *Equitable Jurisdiction of the Court of Chancery*, vol. 1（London：V. and R. Stevens and G. S. Norton，1846），p. 433.

② 1. Eq. Ca. Abr. 383n（1700）.

③ Joseph Story, *Commentaries on Equity Jurisprudence*（Boston：Charles C. Little & James Brown，1846），pp. 530-540.

的资产以及遗嘱执行等问题。① 对于此类问题，无论是教会法院，还是普通
法院，都必须得到大法官法院的协助。

如果用益受封人将信托的地产出卖，那么，受益人无法从普通法上获
得救济，因为普通法院并不承认用益权的存在。但从亨利六世时起，衡平
大法官强迫封地的遗嘱执行人必须对受益人进行赔偿。②

大法官法院不能在第一时间受理一桩简单的遗产诉讼，而是让争讼各
方前去教会法院起诉。这么做的原因在于：如果只是确定遗嘱执行人是不
是信托地产的受托人这一简单的事实，尚不足以构成衡平大法官干预这样
一桩遗产诉讼案的充分理由。③ 但从伊丽莎白当政第 40 年的一桩案件开始
（即 1588 年），衡平大法官直接受理遗产继承案的惯例逐渐被人们接受。在
查理一世当政之前，大法官法院对遗产管理案件享有管辖权的制度被确立
了下来，这是由于以下几个原因：（1）所谓的遗产不足以清偿债务的案件；
（2）大法官法院可以强迫遗产继承人向可能的债权人出具保函，承诺向其
支付赔偿；（3）大法官法院可以为已婚妇女（femes covert）的遗产提供保
护，对抗其丈夫的干预；（4）死者的债务可以在遗产继承前清偿，对于这
些事情，教会法院已经变得不重要了。④ 在埃尔斯米尔担任大法官之后的一
段时期里，大法官法院开始采用教会法院一直沿用的民法规则，处理遗产
管理问题。⑤

慈　善

斯托里大法官认为，慈善制度是由罗马法继受而来的。⑥ 在伊丽莎白当

---

① Joseph Story, *Commentaries on Equity Jurisprudence*（Boston：Charles C. Little & James Brown, 1846），p. 535.

② George Spenee, *Equitable Jurisdiction of the Court of Chancery*, vol. 1（London：V. and R. Stevens and G. S. Norton, 1846），p. 580.

③ George Spenee, *Equitable Jurisdiction of the Court of Chancery*, vol. 1（London：V. and R. Stevens and G. S. Norton, 1846），p. 580.

④ D. M. Kerly, *An Historical Sketch of the Equitable Jurisdiction of the Court of Chancery：History of Equity*（Cambridge：the University Press, 1890），p. 140.

⑤ D. M. Kerly, *An Historical Sketch of the Equitable Jurisdiction of the Court of Chancery：History of Equity*（Cambridge：the University Press, 1890），p. 140.

⑥ Joseph Story, *Commentaries on Equity Jurisprudence*（Boston：Charles C. Little & James Brown, 1846），p. 1143.

政第 43 年颁布的著名法规之前，有关慈善问题的规定在英国尚不明确——以致人们普遍认为，大法官法院对慈善问题拥有管辖权的唯一法律依据是伊丽莎白当政时颁布的这一法规。这是拉夫伯勒（Loughborough）大法官在 "*Attorney General v. Bowyer* 案"① 中表达的观点，也是首席大法官马歇尔在著名的"浸信会诉哈特案"②（*Baptist Association v. Hart*）中的观点。但稍后的研究已经证明，上述观点不正确。从 15 世纪的几个案例中，似乎可以看出，衡平大法官似乎已习惯于对那些通过遗嘱的方式指明将应用于慈善目的的土地和用益权案件行使管辖权，这些案件通常是由教会的常任法官（ordinary）管辖的，对于那些基于同样的目的而在世时赠与的土地，衡平大法官也开始行使管辖权。③

在"Porter 案"④ 中，一些土地以非限嗣继承地产的形式遗赠给了 A，条件是：她需要资助一所免费的学校，并帮助一些需要生活的贫困男女。这被认为是一项好的有关用益权的例子。柯克大法官与托马斯·埃杰顿当时是这一案子的律师，他们只是引用了普通法院的先例。这一事实诱使拉夫伯勒大法官认为，大法官法院对于此类事项本来没有管辖权，但今天的人们通常认为，大法官法院本来有权管辖慈善性的信托案件，伊丽莎白当政第 43 年的那一法案不过是对业已存在的习惯进行的宣告。⑤

伊丽莎白颁布的那一法案的一些条款授权衡平大法官审查并确认一系列法律明确列举的慈善行为。⑥ 哈德威克大法官在 "*Bailiff of Burford v. Lenthall* 案"⑦ 中说道：大法官法院对于这些事项的管辖权是由其对信托案件的一般管辖权与这一法规所授予的特别管辖权组成的。⑧ 作为结论，我

① 3 Vestris, 714, 726.

② 4 Wheaton, 1.

③ George Spenee, *Equitable Jurisdiction of the Court of Chancery*, vol. 1 (London: V. and R. Stevens and G. S. Norton, 1846), p. 587.

④ Joseph Story, *Commentaries on Equity Jurisprudence* (Boston: Charles C. Little & James Brown, 1846), p. 1143.

⑤ Joseph Story, *Commentaries on Equity Jurisprudence* (Boston: Charles C. Little & James Brown, 1846), p. 591.

⑥ Joseph Story, *Commentaries on Equity Jurisprudence* (Boston: Charles C. Little & James Brown, 1846), p. 1159.

⑦ 2 Atk. 553.

⑧ George Spenee, *Equitable Jurisdiction of the Court of Chancery*, vol. 1 (London: V. and R. Stevens and G. S. Norton, 1846), p. 591.

们可以这样说：在那一法案颁布以后，衡平大法官一直非常热衷于受理那些能为穷人提供救济的慈善案件，并喜欢执行那些案件标的不低于 10 英镑（大法官法院一般管辖案件所涉金额的下限）的案件。①

已婚妇女独有的地产

帝国时代的罗马法将已婚妇女视为独立于丈夫的个体，拥有独立的法律人格，可以单独作为起诉和被起诉的对象。这一观点为教会法庭所继承。② 而大法官法院在最初时却采纳了"夫妻人格统一体"（the unity of the conjugal personality）这一普通法学说。③ 在某些个案中，大法官法院被推向了这样的窘境：其判决似乎与人们一直认为的、其所执掌的公正与善良的良心不一致。因此，在爱德华四世执政的第 7 年，衡平大法官内维尔（Nevil，同时是埃克塞特的主教）认为（其他法官也这样认为），在一个已婚妇女 W 已从她的用益受封人那里收取了购买土地的价金的情况下，且用益受封人应 W 及其丈夫 H 的要求，将土地转让给了 P。在丈夫 H 身故后，W 可以从其用益受封人处再次获得土地的收益，或直接从 P 处收回该土地，除非 P 能证明，他确实不知道已婚妇女的法律身份。内维尔大法官的上述观点也是同时期普通法法官们的观点。④

后来，大法官法院修正了上述观点，不再将已婚妇女的法律人格完全视为丈夫的附庸。这一新的学说最早出现在有关夫妻分居的案件中，即在"*Sanky v. Golding* 案"⑤ 中，妻子 W 在与丈夫 H 分居期间，卷入了一个将隶属于她的不动产销售出去的案件之中，H 以该不动产买卖的部分收益为 W 创设了一项信托基金。在这种情况下，W 有机会起诉受托人的代理人，但代理人提出异议，因为 H 并非共同诉讼人（non-joinder），该抗辩被驳回，

---

① D. M. Kerly, *An Historical Sketch of the Equitable Jurisdiction of the Court of Chancery: History of Equity* (Cambridge: the University Press, 1890), p. 142.

② James Hadley, *Introduction to Roman Law* (New York: D. Appleton and Company, 1902), p. 143.

③ George Spenee, *Equitable Jurisdiction of the Court of Chancery*, vol. 1 (London: V. and R. Stevens and G. S. Norton, 1846), p. 594.

④ George Spenee, *Equitable Jurisdiction of the Court of Chancery*, vol. 1 (London: V. and R. Stevens and G. S. Norton, 1846), p. 595.

⑤ 22 Eliz.; Cary, 124.

法庭命令该受托人必须立即诉答。另一个类似的案例①发生在詹姆斯一世当政的第 21 年。但是，妻子直接起诉丈夫的理念有悖于那一时代人们的观念，以致直到萨默斯（Somers）担任大法官时（即 1695 年），这才成为现实。②因此，在查理一世执政第 15 年的一桩案件中，妻子 W 通过诉讼代理人起诉其丈夫 H，请求执行一项婚姻财产协议（marriage settlement），该诉状被驳回，因为除了夫妻分居的案件以外，根本没有先例可循。"Danby v. Peele案"③ 以及 "Simpson v. Simpson 案"④ 也遇到了同样的结果。妻子拥有转让财产的权利，⑤ 但她不能通过遗嘱的形式处分其私有地产，⑥《遗嘱法》明确禁止妇女这样做。她只有在丈夫同意后方能立遗嘱处分个人财产。⑦ 已婚妇女的私有地产要么来自其积蓄，要么来自转让给信托受托人的财产。⑧

抵　押

神职的衡平大法官认为普通法的"没收学说"不太令人满意，无疑明显地受到了 1178 年拉特兰会议（the Lateran Council）颁布的法案影响。这一法案指责在债务人已偿付了债权人的债务及其利息费用的案件中，仍没收抵押物的惯例。⑨ 在亨利六世和爱德华四世时期，⑩ 人们就熟悉了土地抵

---

① George Spenee, *Equitable Jurisdiction of the Court of Chancery*, vol. 1（London：V. and R. Stevens and G. S. Norton, 1846），p. 595.

② George Spenee, *Equitable Jurisdiction of the Court of Chancery*, vol. 1（London：V. and R. Stevens and G. S. Norton, 1846），p. 596.

③ Tot., 961；13 Car. I.

④ Tot., 961；13 Car. I.

⑤ D. M. Kerly, *An Historical Sketch of the Equitable Jurisdiction of the Court of Chancery：History of Equity*（Cambridge：the University Press, 1890），p. 142.

⑥ D. M. Kerly, *An Historical Sketch of the Equitable Jurisdiction of the Court of Chancery：History of Equity*（Cambridge：the University Press, 1890），p. 142.

⑦ George Spenee, *Equitable Jurisdiction of the Court of Chancery*, vol. 1（London：V. and R. Stevens and G. S. Norton, 1846），p. 596.

⑧ D. M. Kerly, *An Historical Sketch of the Equitable Jurisdiction of the Court of Chancery：History of Equity*（Cambridge：the University Press, 1890），p. 142.

⑨ George Spenee, *Equitable Jurisdiction of the Court of Chancery*, vol. 1（London：V. and R. Stevens and G. S. Norton, 1846），p. 601.

⑩ John Reeves, *History of English Law*, vol. 3（London：Reeves & Turner, 1869），p. 338.

押这种形式，在 A 将黑田（Blackacre）① 转让给 B 作为借款的抵押物并约定某一天还款的案件中，如果到了约定的那一天，A 按时还款了，衡平大法官就应强迫 B 将该地块还给 A。在这一问题上，大法官法院似乎已取代了普通法院，因为后者只能针对违约行为给予损害赔偿。②

下一步是在抵押人因意外事故、欺诈、误解或其他特殊原因无法按约定的期限清偿债务的案件中，用衡平法救济抵押人。早在爱德华四世时期，就出现了对这种人进行救济的案件。③ 但直到詹姆斯一世当政时期，衡平法上的抵押物赎回权才被人们承认为一项普遍应用的权利，而不管是否出现特殊情形。④ 在"Call v. Wood 案"⑤ 中，大法官法院发布了一项法庭命令，它要求：若抵押人不能按期偿还其抵押债款及利息，那么，他将丧失其抵押物的回赎权。同时，该命令还规定：一旦抵押人清偿了本金、利息和其他相关费用，那么，抵押权人须"同意"放弃作为抵押标的之土地。⑥

衡平法上赎回抵押物的权利在查理一世时期最终得到了人们的认可。⑦ 大法官法院对之似乎有特别的偏好，并且，在一个案例中，⑧ 大法官法院宣称，其将"永远保护抵押回赎权"。⑨ 同样的精神也体现在这一时期得到了改良的另一学说中，按照这一学说，宣布放弃衡平法上的赎回权是无效的。⑩ 同样地，大法官法院还否认双方协议将未结清的利息计入本金的做法

---

① "黑田"、"白田"（Whiteacre）、"绿田"（Greenacre）以及"褐田"（Brownacre）是人们虚构的地上房地产的名称，常见于普通法地区的教学活动中。

② George Spenee, *Equitable Jurisdiction of the Court of Chancery*, vol. 1（London：V. and R. Stevens and G. S. Norton，1846），p. 601.

③ George Spenee, *Equitable Jurisdiction of the Court of Chancery*, vol. 1（London：V. and R. Stevens and G. S. Norton，1846），p. 601.

④ George Spenee, *Equitable Jurisdiction of the Court of Chancery*, vol. 1（London：V. and R. Stevens and G. S. Norton，1846），p. 601.

⑤ Reg. Lib. 1604 fol. 462.

⑥ George Spenee, *Equitable Jurisdiction of the Court of Chancery*, vol. 1（London：V. and R. Stevens and G. S. Norton，1846），p. 602.

⑦ George Spenee, *Equitable Jurisdiction of the Court of Chancery*, vol. 1（London：V. and R. Stevens and G. S. Norton，1846），p. 602.

⑧ Bacon v. Bacon, Tot., 133, 15 Car. I.

⑨ D. M. Kerly, *An Historical Sketch of the Equitable Jurisdiction of the Court of Chancery：History of Equity*（Cambridge：the University Press，1890），p. 144.

⑩ George Spenee, *Equitable Jurisdiction of the Court of Chancery*, vol. 1（London：V. and R. Stevens and G. S. Norton，1846），p. 603.

是有效的，因为那会"导致高利盘剥和压迫"。①

婴幼儿与监护人

在普通法中，因父亲提供骑士服务而持有土地的婴儿，其监护责任应由封建领主承担，作为对其所费心力的补偿，在被监护人成年之前，封建领主有权获得中间收益（mesne profits）。② 为了规避这一点，土地经常被转让以获得用益，以致仅仅只有衡平性利益能传递下来，这逃避了封建义务。《用益法》的序言中提到了人们对这种规避义务行为的抱怨。一个因农役而保有土地的婴儿监护人是与之血缘关系最近的男性亲属，对于他来说，这些土地是不能继承的。③ 此外，有一些依据肯特郡的习俗（男子均分土地）以及伦敦城等的习俗而形成的监护关系；还有一些依公簿持有土地的案件，依据特殊的庄园习俗，形成了独特的监护关系。对于这些问题，没有进一步关注的必要。④

大法官法院对幼儿监护问题拥有管辖权，其来源难以考证。一般认为，它来自作为"国家监护人"（parens patriae）的国王的权力，目的是保护国王治下那些无力自保的臣民。后来，国王将这一权力与其他特权一道交给了大法官法院。这一观点得到了斯托里大法官的支持，尽管同时也存在相当多的反对意见。⑤ 因此，在很早的时候，大法官法院可能就开始对幼儿及其财产的相关问题行使管辖权了。由于此类案件的管辖是基于指派和命令而非由常规的对抗式诉讼引发的，因此，此类案件未能保留下特别的记录。这解释了人们不太关注大法官法院早期诉讼中此类案件的原因。第一个被记录下来的、有关此类命令的布告出现在"Reg. Lib. B, fo. 177"（1582 年，

---

① George Spenee, *Equitable Jurisdiction of the Court of Chancery*, vol. 1（London：V. and R. Stevens and G. S. Norton，1846），p. 603.

② George Spenee, *Equitable Jurisdiction of the Court of Chancery*, vol. 1（London：V. and R. Stevens and G. S. Norton，1846），p. 605.

③ George Spenee, *Equitable Jurisdiction of the Court of Chancery*, vol. 1（London：V. and R. Stevens and G. S. Norton，1846），p. 605.

④ George Spenee, *Equitable Jurisdiction of the Court of Chancery*, vol. 1（London：V. and R. Stevens and G. S. Norton，1846），p. 606.

⑤ Joseph Story, *Commentaries on Equity Jurisprudence*（Boston：Charles C. Little & James Brown，1846），pp. 1327–1334.

即伊丽莎白当政的第 24 年）这一文件之中。在这一布告中，一名监护人被指定去接收一个幼儿的财产。① 从此时起，才有了要求监护人对账目予以说明的诉讼案件，才有任命监护人的法庭命令等。② 大法官法院控制了普通法庭产生的监护人，有时，出于保护被监护人利益的需要，会撤销他们的监护资格。③ 不仅如此，被监护的幼儿还能在大法官法院（就其被监护财产的账目问题）起诉监护人，尽管他们也可以利用普通法的账目诉讼救济自己的权利。④

从萨默斯大法官时起（即 1696 年），就开始由大法官法院负责指定监护人，保护婴幼儿的利益和福祉，这一管辖权已确定下来，并得到了人们的广泛认同——事实上，认同是如此普遍，以致有一位作者⑤在其著作中宣称，大法官法院对于此类的管辖权始于这一时期，且是通过篡夺御前大臣权力的方式而取得的。然而，如斯托里大法官所观察的，在稍晚的时期（尤其鉴于 1688 年光荣革命引发的公众情感），御前大臣几乎不可能通过自己的首创而拥有如此广泛的权力，或者说议会几乎不可能容许他拥有如此广泛的权力。⑥ 任命上述监护人，可以不经过诉讼而通过请愿的方式得以实现。⑦

在将婴幼儿财产的全面监督权揽入自己手中之后，大法官法院需要为受监护的未成年人提供生活、教育和婚姻所需的费用。⑧ 因此，除非得到了大法官法院的指示，否则，任何人均不得以任何方式挪用被监护人的财产，违者将因藐视法庭的理由而遭到惩罚。绑架或藏匿被监护的幼儿，违反法庭发出的关于幼儿教育及生活的命令，或未经法庭的许可与被监护人结婚

① George Spenee, *Equitable Jurisdiction of the Court of Chancery*, vol. 1（London：V. and R. Stevens and G. S. Norton，1846），p. 611.

② George Spenee, *Equitable Jurisdiction of the Court of Chancery*, vol. 1（London：V. and R. Stevens and G. S. Norton，1846），p. 611.

③ George Spenee, *Equitable Jurisdiction of the Court of Chancery*, vol. 1（London：V. and R. Stevens and G. S. Norton，1846），p. 611.

④ George Spenee, *Equitable Jurisdiction of the Court of Chancery*, vol. 1（London：V. and R. Stevens and G. S. Norton，1846），p. 611.

⑤ Francis Hargrave, *Law Tracts*, vol. 1（London：Macmillan and Co.，1787），p. 89a.

⑥ Joseph Story, *Commentaries on Equity Jurisprudence*（Boston：Charles C. Little & James Brown，1846），p. 1332.

⑦ George Spenee, *Equitable Jurisdiction of the Court of Chancery*, vol. 1（London：V. and R. Stevens and G. S. Norton，1846），p. 612.

⑧ George Spenee, *Equitable Jurisdiction of the Court of Chancery*, vol. 1（London：V. and R. Stevens and G. S. Norton，1846），p. 612.

等情形，均属上述藐视法庭之行为。① "*Eyre v. Countess of Shaftesbury* 案"②
就是违反上述规定的典型案例，尽管该案发生的时期比我们正在探讨的这
一时期要稍晚一些。

接下来，我们将探讨易发生的、与幼儿监护权有关的一些程序性问题。
首先，我们发现，要求幼儿通过诉讼代理人提起诉讼，是一种非常古老的做
法。③ 在米特福德（Mitford）的《大法官法院的诉讼》④（*Chancery Pleading*）
一书中，作者认为，最早提及"通过诉讼代理人起诉"是在《威斯敏斯特法
Ⅱ》的第 5 章。斯托里大法官评述说："诉讼代理人代表被监护的幼儿提起诉
讼的权力似乎源自爱德华一世执政时通过的一些法规。"⑤ 此外还有一些其他
的权威资料，人们经常引用的有《威斯敏斯特法Ⅰ》第 48 章⑥与《威斯敏斯特
法Ⅱ》第 15 章。⑦ 但这并不能保证未成年人因自己的失当行为而免受惩罚。⑧
在伊丽莎白执政的第 12 年，一名幼儿因不服从法庭的命令而被判监禁在弗利
特监狱。⑨ 在伊丽莎白执政的第 37 年及詹姆斯一世和查理一世当政时期，此
类案件时有发生。在这些案件中，儿童在未成年时必须遵守大法官法院的
命令。⑩ 在 "*Weston v. Talpell* 案"⑪ 中，大法官法院判令一名幼儿，"必须受
其命令的约束，直至其成年后，才可以提交诉状，申请取消约束"。⑫ 但在

---

① George Spenee, *Equitable Jurisdiction of the Court of Chancery*, vol. 1（London：V. and R. Stevens and G. S. Norton, 1846）, p. 613.

② White & Tudor Lead. Cas., In Eq., 538.

③ George Spenee, *Equitable Jurisdiction of the Court of Chancery*, vol. 1（London：V. and R. Stevens and G. S. Norton, 1846）, p. 616.

④ 7th Am. Ed., 1849, ff26.

⑤ Joseph Story, *Commentaries on Equity Jurisprudence*（Boston：Charles C. Little & James Brown, 1846）, p. 89.

⑥ Edward Coke, *The Institutes of the Laws of England*, vol. 2（London：Printed for Andrew Crooke, etc., 1669）, p. 267.

⑦ Edward Coke, *The Institutes of the Laws of England*, vol. 2（London：Printed for Andrew Crooke, etc., 1669）, p. 390.

⑧ George Spenee, *Equitable Jurisdiction of the Court of Chancery*, vol. 1（London：V. and R. Stevens and G. S. Norton, 1846）, p. 616.

⑨ Tot., 172.

⑩ George Spenee, *Equitable Jurisdiction of the Court of Chancery*, vol. 1（London：V. and R. Stevens and G. S. Norton, 1846）, p. 617.

⑪ Tot., 172; 37 Eliz.

⑫ George Spenee, *Equitable Jurisdiction of the Court of Chancery*, vol. 1（London：V. and R. Stevens and G. S. Norton, 1846）, p. 617.

"*Cary v. Berty* 案"① 中，大法官法院却宣称，不应以发布命令的方式约束未成年人，除非是告诉其在成年后的某一天，可以提起诉讼。② 总而言之，在詹姆斯一世时期，大法官法院就开始保护未出生的遗腹子利益，③ 尽管普通法院不承认这类小孩的受遗赠权。④

智障人士及精神病人

大法官法院对心智不健全者行使管辖权的起源比较复杂，这部分是由于王室特权的一般性授权，⑤ 部分是由于爱德华二世当政第 17 年颁布的法规规定得不明确。该法规规定，国王（而不是受封的领主）应监护那些有智障的臣民。⑥ 据说，这一法规得以通过的原因在于：当时的封建领主们滥用了对于此类事项的行政管理权。⑦ 国王将这部分权力授予御前大臣个人，而非大法官法院的头儿，该授权需要国王的亲自签名。⑧ 因此，我们需要区分大法官法院对于智障人士的一般管辖权与御前大臣的特别授权，尽管两者在实践中只有非常细微的区别。带有国王亲笔签名的授权书让御前大臣有权"为智障人士提供生活所需，看护其人身和财产，但没有授予更多的权力"。⑨ 因此，被授予这种特殊权力的御前大臣有权将智障人士的监护权再授予给一个委员会，由这一委员会对他们的生活予以安排。对于所有其他事项，诸如发布并执行与财产有关的命令等，御前大臣依据其作为"国王良心的守护者"这一一般的身份，而非作为衡平法院的法

---

① 2 Vern., 342, 1696.

② 2 Vern., 342, 1696.

③ Tot., 134; *March* v. *Kirby*, 10 Car. I.

④ I Bl. 130; 2 ib., 169.

⑤ George Spenee, *Equitable Jurisdiction of the Court of Chancery*, vol. 1 (London: V. and R. Stevens and G. S. Norton, 1846), p. 618.

⑥ George Spenee, *Equitable Jurisdiction of the Court of Chancery*, vol. 1 (London: V. and R. Stevens and G. S. Norton, 1846), p. 617.

⑦ George Spenee, *Equitable Jurisdiction of the Court of Chancery*, vol. 1 (London: V. and R. Stevens and G. S. Norton, 1846), p. 617.

⑧ George Spenee, *Equitable Jurisdiction of the Court of Chancery*, vol. 1 (London: V. and R. Stevens and G. S. Norton, 1846), p. 618.

⑨ Joseph Story, *Commentaries on Equity Jurisprudence* (Boston: Charles C. Little & James Brown, 1846), p. 1364.

官，发挥作用。① 由于这一原因，在此类案件中，如果需要对衡平大法官的命令提起上诉，上诉就要提交给国王及其咨议会，而非上议院。

鉴于智障人士需要类似于未成年人一样的关怀，因此，我们已做出的、有关未成年人的一些评论同样适用于智障人士。大法官法院的规则似乎不得不尽可能地关心智障人士的财产，无须过多地考虑先例。②

欺　诈

如以上已经看到的，衡平法的这一方面规定出现得非常早。根据亨利六世第 3 年律令第 4 章的规定，以欺骗债权人的方式获得之货物及动产赠与是无效的。该规定被伊丽莎白第 17 年律令第 4 章所沿用。③ 根据著名的伊丽莎白第 13 年律令第 5 章的规定，若土地、房屋、货物及其他动产的受封、赠与、转让和继承"有拖延、妨碍及欺诈债权人之情形"，"应当……明显而彻底地无效"。④ 伊丽莎白第 27 年律令第 4 章将欺骗随后的买主的行为认定为犯罪（伊丽莎白第 39 年律令第 18 章将这一规定确定下来）。⑤ 按照这些法规，对于这类欺诈行为，无论是大法官法院，还是普通法院，都享有管辖权。在"*Leach v. Dean* 案"⑥ 中，大法官法院认为，与支付了相应对价的财产转让相比，无偿的产权转让是表面上无效的。⑦ 这似乎成了一种一般性学说。⑧

在这一时期，关于"什么构成了欺诈"的理念变得更加完善，衡平大法官们在确定欺诈方面也更加老到。在这一方面，"默示的欺诈"或"推定的欺诈"等概念被人们发展出来，以区别于赤裸裸的、实际的欺诈。由此，

---

① Joseph Story, *Commentaries on Equity Jurisprudence* (Boston: Charles C. Little & James Brown, 1846), p. 1364.

② George Spenee, *Equitable Jurisdiction of the Court of Chancery*, vol. 1 (London: V. and R. Stevens and G. S. Norton, 1846), p. 618.

③ George Spenee, *Equitable Jurisdiction of the Court of Chancery*, vol. 1 (London: V. and R. Stevens and G. S. Norton, 1846), p. 623.

④ 17 Eliz., c. 4.

⑤ 27 Eliz. c. 4.

⑥ 1 Rep. Ch., 78 (16 Car. I).

⑦ George Spenee, *Equitable Jurisdiction of the Court of Chancery*, vol. 1 (London: V. and R. Stevens and G. S. Norton, 1846), p. 623.

⑧ George Spenee, *Equitable Jurisdiction of the Court of Chancery*, vol. 1 (London: V. and R. Stevens and G. S. Norton, 1846), p. 623.

一些契约总是由于实际的欺诈行为而被驳回，但在詹姆斯一世当政时期，大法官法院开始撤销那些由于身体上缺陷而无能力从事交易的人订立的合同，尽管交易能力的欠缺并不是普通法上充分的抗辩理由。[①] 对于欺骗性的仲裁，大法官法院给予了同样的救济，即使判决已执行完毕。[②]

我们刚提到，此一时期的衡平大法官们更善于发现欺诈的行为，这使他们对欺诈行为的认识比普通法院更加深刻，甚至与普通法规则相对立。[③] 在普通法上，是否存在欺诈，必须得到证明，或者在交易的层面上必须是明显的。但在大法官法院，是否存在欺诈，可以从当时的情形推导出来。[④] 大法官法院甚至走得更远，他们宣称，可以从公共政策的动机出发，宣布某些交易本身将被认为是欺诈，而不用考虑某些伴随的情形。这一学说主要适用于处于信托关系中的人与另外的人之间的关系，比如禁止监护人从被监护人的财产中牟取个人利益等情况。[⑤] 衡平大法官还可以撤销那些涉及未出生的继承人地产的合同。[⑥]

在普通法中，对于那种由于采取不公平的方法而使人在赌博时输钱的行为，可以通过类案诉讼的方式予以恢复。[⑦] 大法官法院走得更远，甚至认为，可以恢复那些为赌博债务提供担保的抵押物，并且，这一救济是建立在公共政策的考量基础之上。[⑧] 星室法庭在一些案件中还将欺诈行为认定为刑事犯罪。[⑨]

[①] George Spenee, *Equitable Jurisdiction of the Court of Chancery*, vol. 1 （London：V. and R. Stevens and G. S. Norton，1846），p. 624.

[②] George Spenee, *Equitable Jurisdiction of the Court of Chancery*, vol. 1 （London：V. and R. Stevens and G. S. Norton，1846），p. 624.

[③] George Spenee, *Equitable Jurisdiction of the Court of Chancery*, vol. 1 （London：V. and R. Stevens and G. S. Norton，1846），p. 625.

[④] George Spenee, *Equitable Jurisdiction of the Court of Chancery*, vol. 1 （London：V. and R. Stevens and G. S. Norton，1846），p. 625.

[⑤] George Spenee, *Equitable Jurisdiction of the Court of Chancery*, vol. 1 （London：V. and R. Stevens and G. S. Norton，1846），p. 625.

[⑥] George Spenee, *Equitable Jurisdiction of the Court of Chancery*, vol. 1 （London：V. and R. Stevens and G. S. Norton，1846），p. 626.

[⑦] George Spenee, *Equitable Jurisdiction of the Court of Chancery*, vol. 1 （London：V. and R. Stevens and G. S. Norton，1846），p. 626.

[⑧] George Spenee, *Equitable Jurisdiction of the Court of Chancery*, vol. 1 （London：V. and R. Stevens and G. S. Norton，1846），p. 626.

[⑨] George Spenee, *Equitable Jurisdiction of the Court of Chancery*, vol. 1 （London：V. and R. Stevens and G. S. Norton，1846），p. 626.

意外事故

"实事求是地说，衡平法院对于与意外事件有关的案件的管辖权包括了原先按性质由普通法院管辖的或者在国王的大咨议会或王室法院（Aula Regis）解体时授予普通法院管辖的案件中的很大一部分（不过不是全部）案件。"① 如我们已看到的，在一开始时，大法官法院在此方面的权力出现在罚金、没收财产、没有提供侍役而被赠予封地的案件中。② 最初，如果要获得衡平大法官的干预，就必须证明存在一些特殊情况。但在腓力与玛丽当政时期，③ 救济那些纯属意外事件的诉讼出现了，到了伊丽莎白时期，这已经变得非常常见。④ 在"Reg. Lib. B., 1575, fo. 42"所录的一宗案件中，原告在诉状中指出，作为被告的租户，他将租金付给了被告的仆人，但该仆人却无权收取该笔租金，为此，他被迫又一次支付了租金。但原告因为贫穷很难再次凑齐租金。而且，当他最终到达被告的家里时，被告却拒绝接受租金，并告诉他，天色已晚。由于那天天空多云，被告的说法是否成立有待商榷。最后，被告提出了收回不动产之诉。但衡平大法官却判令被告不得妨碍原告使用该租赁的物业。⑤ 这一管辖权还延伸到了那些带有微小瑕疵的案件，即使没有意外事件作为借口，大法官法院也会管辖。事实上，在此类事情上，根本不需要借口。⑥ 在詹姆斯一世之前，大法官法院对此类案件的管辖权已很好地确立起来。柯克曾提及说，大法官法院的管辖权部分地建立在此类案件之上。⑦ 到了查理一世统治时期，大法官法院又确立了

---

① Joseph Story, *Commentaries on Equity Jurisprudence* (Boston: Charles C. Little & James Brown, 1846), p. 75.

② George Spenee, *Equitable Jurisdiction of the Court of Chancery*, vol. 1 (London: V. and R. Stevens and G. S. Norton, 1846), p. 628.

③ George Spenee, *Equitable Jurisdiction of the Court of Chancery*, vol. 1 (London: V. and R. Stevens and G. S. Norton, 1846), p. 628.

④ George Spenee, *Equitable Jurisdiction of the Court of Chancery*, vol. 1 (London: V. and R. Stevens and G. S. Norton, 1846), p. 628.

⑤ George Spenee, *Equitable Jurisdiction of the Court of Chancery*, vol. 1 (London: V. and R. Stevens and G. S. Norton, 1846), p. 629.

⑥ George Spenee, *Equitable Jurisdiction of the Court of Chancery*, vol. 1 (London: V. and R. Stevens and G. S. Norton, 1846), p. 629.

⑦ Joseph Story, *Commentaries on Equity Jurisprudence* (Boston: Charles C. Little & James Brown, 1846), p. 76.

这样的规则：在没收债券的案件中，债务人可以在合理的时间内偿还金钱，债权人不能就那一债券提起诉讼，以期得到预期的利益；① 同样的规则还适用于因未付租金而请求收回租赁业权的案件之中。②

大法官法院经常救济那些由于年深日久而遗失证据的案件当事人，③ 对于那些授权文档或文书遗失了的案件，大法官法院也予以救济，但普通法的诉讼规则要求提供这些物品。在普通法庭上，当事人绝对需要提供保证书（即承诺付款的契据）或其他独特的东西。如果此类文书遗失了，则其所代表的权利也就消失了，在此种情形下，当事人只能向衡平大法官提出申请，恢复这些权利。④

为了阻止当事人就陈年旧案提起诉讼，大法官法院经常发布命令，取消那些陈年的债券，要求人们不要依据这些陈年旧账进行诉讼，⑤ 因此，在"*Gibson v. Fletcheruian* 案"⑥ 中，大法官法院发布命令，取消了一项已经过17年时间、当事人并不意图提交的抵押物。同样地，在"*Goddard v. Goddard* 案"中，对于一项明显有瑕疵的法庭命令，原告默认了16年，大法官法院否决了原告试图通过再审诉讼质疑这一命令的权利。⑦

无知与错误

如出现在《神学博士与普通法学徒之间的对话》⑧ 一书中的一段话显示的，"对法律的无知不能作为免责的理由"这一规则在这一时期得到了人们

---

① George Spenee, *Equitable Jurisdiction of the Court of Chancery*, vol. 1（London：V. and R. Stevens and G. S. Norton，1846），p. 630.

② George Spenee, *Equitable Jurisdiction of the Court of Chancery*, vol. 1（London：V. and R. Stevens and G. S. Norton，1846），p. 630.

③ George Spenee, *Equitable Jurisdiction of the Court of Chancery*, vol. 1（London：V. and R. Stevens and G. S. Norton，1846），p. 630.

④ George Spenee, *Equitable Jurisdiction of the Court of Chancery*, vol. 1（London：V. and R. Stevens and G. S. Norton，1846），p. 630.

⑤ George Spenee, *Equitable Jurisdiction of the Court of Chancery*, vol. 1（London：V. and R. Stevens and G. S. Norton，1846），p. 630.

⑥ I Rep. Ch.，74.

⑦ George Spenee, *Equitable Jurisdiction of the Court of Chancery*, vol. 1（London：V. and R. Stevens and G. S. Norton，1846），p. 631.

⑧ Saint Germain, *Dialogues Between a Doctor of Divinity and a Student in the Laws of England*, vol. 2（Cincinnati：Robert Clarke & Co.，1874）.

的承认。但大法官法院经常宽恕人们对事实的认知错误，即使在面对那些要求严格执行的法律文件时也是这样。诱使普通法院看轻盖印合同上印玺的唯一事情就是"欺诈"，衡平法并不特别关注"禁止反言"这一学说，但会审视缔约各方的意图。因此，大法官法院更倾向于纠正因无知而产生的错误。① 而且，即使普通法院也会审查此类事情，但它们做得最多的事情一直只是宣称此类文件无效。因此，对于当事人来说，大法官法院提供的法律救济更加有效。② 在这一点上，我们应注意到，由于普通法院容许类案诉讼，因此，在存在法律认知错误的情况下，会提供那一制度所能提供的救济，但它缺乏更灵活的大法官法院程序所能提供的可靠救济手段。③

担　保

在 15 世纪、16 世纪以及 17 世纪，担保合同的商业价值得到了人们的承认，因为这种合同经常是人们能借钱的唯一手段。④ 鉴于担保之债是由保证人自由地为自己设立的能带来风险的义务，因此，早期的衡平大法官要求债权人公正地对待担保人。⑤ 在爱德华四世当政第 9 年的一个案子中，斯蒂林顿（Stillington）大法官免除了担保人的义务，因为债权人已收回了部分债务，并在未征得担保人同意的情况下，延长了债务人的还款时间。⑥ 对担保人持这种偏袒态度在大法官法院里延续了相当长的一段时间。在 "*Johnson v. Pudicott* 案"⑦ 中，A 是 B 的担保人，但在 B 行将破产时，大法官法院却不顾担保合同明示的规定，禁止债权人起诉担保人 A。在查理一世

---

① D. M. Kerly, *An Historical Sketch of the Equitable Jurisdiction of the Court of Chancery*：*History of Equity* (Cambridge：the University Press, 1890), p. 146.

② George Spenee, *Equitable Jurisdiction of the Court of Chancery*, vol. 1 (London：V. and R. Stevens and G. S. Norton, 1846), p. 634.

③ George Spenee, *Equitable Jurisdiction of the Court of Chancery*, vol. 1 (London：V. and R. Stevens and G. S. Norton, 1846), p. 634.

④ D. M. Kerly, *An Historical Sketch of the Equitable Jurisdiction of the Court of Chancery*：*History of Equity* (Cambridge：the University Press, 1890), p. 146.

⑤ D. M. Kerly, *An Historical Sketch of the Equitable Jurisdiction of the Court of Chancery*：*History of Equity* (Cambridge：the University Press, 1890), p. 146.

⑥ George Spenee, *Equitable Jurisdiction of the Court of Chancery*, vol. 1 (London：V. and R. Stevens and G. S. Norton, 1846), p. 637.

⑦ Tot., 181; 10 Jac. I.

当政时期的一桩案件①中，担保人的担保义务被大法官法院免除了，因为债权人已容许这一债务持续很长一段时间，并且，担保人相信，这一债务已经偿还。就在同一时期，各个担保人分摊担保份额的学说也已经明确地建立起来。② 在这一问题上，普通法院在很大程度上采纳了大法官法院的观点，但由于其机制不能完全适应对担保人的保护，因此，衡平大法官保留了对担保问题的管辖。③

选 择

"选择"（election，即在寡妇地产与遗嘱继承的地产之间做出选择）这一学说最早出现于有关遗嘱的案件中，之后才拓展到其他法律文件之中。④ 早在伊丽莎白当政时期，从"*Lacy v. Anderson* 案"⑤ 和 "*Rose v. Reinolds* 案"⑥ 中，人们才了解到"选择"这一问题。在第一个案例中，寡妇以公簿保有的形式替代了普通法中的寡妇地产（dower），并在持有地产 20 年后，因持有后夫自由保有土地的份额问题而被人控告，大法官法院认为，她应做出自己的选择。⑦ 在后一个案件中，一位寡妇被禁止持有其寡妇地产，但为她提供了替代物，尽管这一替代并非法律上禁止的。⑧

返还特定动产

请求返还特定动产（the recovery of specific chattels）的诉状始见于亨利

① D. M. Kerly, *An Historical Sketch of the Equitable Jurisdiction of the Court of Chancery：History of Equity*（Cambridge：the University Press，1890），p. 146.
② George Spenee, *Equitable Jurisdiction of the Court of Chancery*, vol. 1（London：V. and R. Stevens and G. S. Norton，1846），p. 638.
③ D. M. Kerly, *An Historical Sketch of the Equitable Jurisdiction of the Court of Chancery：History of Equity*（Cambridge：the University Press，1890），p. 147.
④ Joseph Story, *Commentaries on Equity Jurisprudence*（Boston：Charles C. Little & James Brown，1846），p. 1080.
⑤ Choice Cas. in Ch. 155, 24 Eliz.
⑥ Choice Cas. in Ch. 147, 23 & 24 Eliz.
⑦ George Spenee, *Equitable Jurisdiction of the Court of Chancery*, vol. 1（London：V. and R. Stevens and G. S. Norton，1846），p. 639.
⑧ George Spenee, *Equitable Jurisdiction of the Court of Chancery*, vol. 1（London：V. and R. Stevens and G. S. Norton，1846），p. 639.

五世时期。因此，此种返还特定动产的案件包括寻找诸如镀金十字架、耶稣受难像①以及深红色的床②等特定物件的案件。在此种情况下，普通法虽然规定了请求返还动产之诉（the action of detinue），但其所提供的救济不完善。这是因为：（1）在请求返还动产之诉中，人们必须将寻求返还的动产描述为具有一定独特性的东西，而这往往不可能做到〔尽管追索侵占物之诉（the action of trover）也可在一定程度上为人提供救济〕；（2）由于普通法只能提供损害赔偿，在被告坚持不放弃占有物时，普通法院不能要求被告返还特定物。

（履行）特定行为

与以上提到的（返还特定物之诉）衡平性管辖权的这一方面紧密相关的是"履行特定行为学说"（the doctrine of specific performance）。如我们已看到的，这是"文秘署的咨议会"最早拥有的衡平性管辖权。③ 普通法院为解决这方面的问题，提供了类案诉讼这一解决方式，就像它们为返还特定动产的请求提供返还特定动产之诉一样，但对此类案件而言，普通法上的救济并不能实现完全的正义。就像前面说到的请求返还动产之诉一样，普通法院只能要求非法占有人给予损害赔偿，而不能命令被告人履行其协议。④ 当衡平大法官考虑这一问题时，他经常会命令被告履行特定的行为，有时，他会听从普通法院法官们的建议。⑤ 在履行特定的行为对实现正义至关重要的案件中，在普通法院只能提供损害赔偿之诉时，或者普通法院不能提供救济时，大法官法院才一般地行使这种管辖权。它在很大程度上是（又非完全局限于）与履行转让土地合同有关的案件。⑥ 因此，早在爱德华

① *Watts* v. *Lady Fitzjames*, Reg. Lib., 36.; Hen. Ⅷ.
② George Spenee, *Equitable Jurisdiction of the Court of Chancery*, vol. 1（London: V. and R. Stevens and G. S. Norton, 1846), p. 642.
③ George Spenee, *Equitable Jurisdiction of the Court of Chancery*, vol. 1（London: V. and R. Stevens and G. S. Norton, 1846), p. 645.
④ Joseph Story, *Commentaries on Equity Jurisprudence*（Boston: Charles C. Little & James Brown, 1846), p. 716.
⑤ George Spenee, *Equitable Jurisdiction of the Court of Chancery*, vol. 1（London: V. and R. Stevens and G. S. Norton, 1846), p. 648.
⑥ George Spenee, *Equitable Jurisdiction of the Court of Chancery*, vol. 1（London: V. and R. Stevens and G. S. Norton, 1846), p. 648.

四世时期，发生了这样一桩案件，即"*Brandling v. Aslkey* 案",① 衡平大法官命令被告履行的特定行为乃是履行一份运送大宗木材的协议，这属于一种房屋建筑合同。查理二世当政 29 年律令结束了大法官法院的这一管辖权，即要求被告履行转让地产的口头信托。②

账目审查

早在亨利三世统治时期，普通法就已引入了账目审查之诉，③ 此类诉讼针对的是农役土地保有人的监护人、庄园或城堡的执行管家（bailiff）以及破产财产管理人（receiver），而非其他人。但通过法律拟制，可以称每个原告为商人，被告则被称为破产财产管理人，因此，原告可以提起针对被告的诉讼。然而，诸如合伙人之间的共同账户问题并未处于普通法诉讼的范围之内，而是由大法官法院负责，因为大法官法院的诉讼机制与众不同。在伊丽莎白、詹姆斯一世及查理一世统治时期，大法官法院主事法官的很大一部分工作都是在进行此类账目审查，并且，在这一时期，大法官法院实际上获得了此类案件的排他性管辖权，尽管普通法至少在理论上依旧保留着对所谓账目审查之诉的管辖权。这主要是因为大法官法院有管辖与账目有关案件的便利条件，即大法官法院对于合伙事务有排他性的管辖权。④

财产分割

在普通法上，财产分割令状要求郡长遴选陪审团，确定不同的土地保有人各自应得的份额，然后再由普通法庭对陪审团的决定予以确认。在伊丽莎白时期，大法官法院开始通过其内设的委员会处理财产分割问题，尤其是那些涉及幼儿不动产分割的案件。通过这种方式，大法官法院如此完美地确立起了对财产分割案件的管辖权，而普通法院的财产分割之诉则被

---

① Reg. Lib. 1 Mary fo. 36.

② *Tyngelden v. Warham*, Cal. vol. 11., p. 54.

③ George Spenee, *Equitable Jurisdiction of the Court of Chancery*, vol. 1（London：V. and R. Stevens and G. S. Norton, 1846）, p. 645.

④ D. M. Kerly, *An Historical Sketch of the Equitable Jurisdiction of the Court of Chancery：History of Equity*（Cambridge：the University Press, 1890）, p. 149.

威廉四世第 3 年和第 4 年律令第 27 章废止。① 同时，大法官法院开始使自己对财产分割事务感兴趣，并开始确定该财产的边界和范围，那一工作本来一直是由普通法院通过"分界令状"（the writs de rationalibus divisis）和"勘界令状"（the writs de perambulatione facienda）来做的。衡平法院处理此类问题的程序与普通法的财产分割诉讼程序一样。②

防止滥诉诉状

此类性质的诉状（bills of peace，防止滥诉诉状）始见于伊丽莎白执政第 8 年和第 9 年的第 104 号公文中。③ 它们是由租户和公簿保有地产者提出的，用以明确庄园的习俗，确定牧场的使用权和泥煤采掘权等权利。在伊丽莎白执政的第 2 年，首次出现了由债务人向几个债权人中的一人提起确定竞合权利之诉（bill of interpleade）。此类诉状最初出现在多人有相互冲突的权利案件中。④

禁（制）令

1. 特别禁令

从很早时起，诺曼国王们便通过行使君主特权禁止人们实施不当的行为，对于此种特权，普通的法律程序无法提供救济。历史上有记载的最早禁令是由亨利一世发布的，内容是禁止人们在泰晤士河的特定区域钓鱼。⑤ 这种阻却性的管辖权在一定程度上得到了普通法的承认，至少通过（禁止）滥垦土地令状和（因害怕权利受损而申请）禁制令状的形式，禁制令得到

---

① George Spenee, *Equitable Jurisdiction of the Court of Chancery*, vol. 1 (London: V. and R. Stevens and G. S. Norton, 1846), p. 655.

② George Spenee, *Equitable Jurisdiction of the Court of Chancery*, vol. 1 (London: V. and R. Stevens and G. S. Norton, 1846), p. 655.

③ D. M. Kerly, *An Historical Sketch of the Equitable Jurisdiction of the Court of Chancery: History of Equity* (Cambridge: the University Press, 1890), p. 149.

④ D. M. Kerly, *An Historical Sketch of the Equitable Jurisdiction of the Court of Chancery: History of Equity* (Cambridge: the University Press, 1890), p. 149.

⑤ George Spenee, *Equitable Jurisdiction of the Court of Chancery*, vol. 1 (London: V. and R. Stevens and G. S. Norton, 1846), p. 108.

了普通法暂时而部分的承认。在某些案件中，立法机关也试图通过《马桥法》①（the Statutes of Marlbridge）和《格罗斯特法》②（the Statutes of Gloucester）阻止预期的违法行为，这两个法规会判处那些违反禁令的行为以监禁或终身监禁。而且，《威斯敏斯特法Ⅱ》③授权共同承租中的某个承租人，可以强迫具有毁损土地行为的其他承租人保护被毁损的土地，否则就需提供保证，保证以后不再犯这种错误。所有这些救济措施都是部分性、临时性的，并且不能令人满意。因此，在很早的时候，大法官法院就开始签发禁制令，其效力远远高于那些古老的令状。

大法官法院最早签发的禁止毁损土地的禁令可追溯到理查二世当政时期。埃尔斯米尔大法官在一个案子中这样陈述道：A系某地产的终身保有人，在其死后，剩余地产权由B终身保有；B死亡后，剩余地产权由C无限嗣继承。在这种情况下，C不能因为A毁损（滥垦）土地的行为而对之提起普通法上的诉讼；但C可以向大法官法院申请，请求大法官法院签发禁制令。法官们可以提出建议，同时签发禁令，约束A毁损土地的行为。④在"Cal. i, p. 62, tem. Edw. Ⅳ"记载的一桩案子中，A以其地产信托管理人砍伐其地产上的树木而且威胁要砍更多的树为由，起诉该信托管理人，要求该管理人支付损害赔偿，并解除其共同管理人的身份。在伊丽莎白时期，此类案件非常普遍，⑤而且大法官法院签发禁令的原因五花八门，比如：禁止沿羊肠小道做垄耕种，禁止在传统的牧场或草场上翻耕，以及严禁阻碍牧师布道，等等。

大法官法院通过藐视法庭这一程序保证人们服从禁制令。因此，在"Reg. Lib. A, 1595, fo. 71"这一文件中，大法官法院提出了一项动议，要求对某个不服从禁制令的人实施惩罚。大法官法院宣称，其他的事情姑且不论，由于这个人对法庭可能作出的禁令语带不屑，因此，需要做出处罚。而且，只要当事人"有其他一些蔑损性的语言"，⑥大法官法院根本不需要

---

① 52 Hen. Ⅲ, c. 23.

② 13 Edw. I, c. 5.

③ 13 Edw. I, c. 22.

④ George Spenee, *Equitable Jurisdiction of the Court of Chancery*, vol. 1 (London: V. and R. Stevens and G. S. Norton, 1846), p. 670.

⑤ Choice Ca., 117, 19 & 20, Eliz.

⑥ George Spenee, *Equitable Jurisdiction of the Court of Chancery*, vol. 1 (London: V. and R. Stevens and G. S. Norton, 1846), p. 672.

任何理由，就可以发布禁制令。

普通法的法官们满怀嫉妒地看着衡平大法官手中握有"藐视法庭"这一强大的武器，他们通过扩张滥垦令状的范围，也乐得充分利用禁制令这一武器。但掌玺大臣埃杰顿勋爵却粉碎了他们的迷梦，因为他要求，"除非依据旧有的程序"——只在未定案的地产诉讼、毁损土地诉讼中，或者在恢复土地之诉判决后但未执行以前，才能签发禁制令——否则，将拒绝发布禁制令。在"*Savill v. Romsden* 案"①中，大法官法院签发了禁制令，禁止当事人收取租金和利息——这是我们已知的第一桩有关禁制令的案件。在我们已提到的这一案之后，大法官法院签发禁制令的范围比其他任何古老的令状（如滥垦令状）在范围上都要广很多，例如，对于衡平性的毁损土地与普通法上的毁损土地，它都予以禁止。②

2. 普通禁令

衡平大法官可以中止普通法院的审判程序，这一做法可以追溯到亨利四世时期。据"Cal. ii, p. 14 temp. Hen. Ⅵ"记载，大法官法院曾发布禁令，中止普通法院判决的执行，其给出的原因颇让人惊讶。普通法院的法官们在早期曾明确地反对大法官法院明显而独断地干预其所在法院审判独立性的做法。此类争斗持续了几乎一个半世纪，并取得了一定的成功。在爱德华四世当政第 22 年的年鉴中，记载了这样一个案子，王座法院的首席大法官赫西（Hussey）和法官费尔法克斯（Fairfax J.）宣称，因违反衡平大法官的命令而遭受的处罚不应得到执行。他们建议案件的当事人不理会大法官法院的禁令，并向当事人保证说，如果衡平大法官以藐视法庭为由将他们监禁，王座法院将依据"人身保护令"（habeas corpus）而释放他们。费尔法克斯法官还补充说，他会私下里与衡平大法官会晤，并尽力说服衡平大法官收回不当的禁令。费尔法克斯法官显然也这样做了，但没有成功。③

在随后的几个朝代，普通法院和大法官法院在禁制令问题上的冲突一直持续不断。据说沃尔西大法官曾因肆意发布禁制令而遭到警告这成为弹劾他的理由之一。沃尔西的继任者托马斯·莫尔爵士在签发禁制令时，通过坦率地与法官们沟通，得到了法官们的理解。但在伊丽莎白时期，两大

① Cal, i., p. 131, temp. ; Edw. Ⅵ.

② *Vane v. Barnard*, 1 Salk. 161.

③ Cal. ii, p. 14, temp. ; Hen. Ⅵ.

法院之间重新开始争吵，并且，一名律师被控触犯《侵犯王权罪法》（the statute of praemunire），因为他向大法官法院起诉，请求大法官法院发出禁制令，限制一项普通法院的判决执行。这一冲突在詹姆斯一世当政时趋于白热化。在"牛津伯爵案"（Earl of Oxford）① 中，普通法院判决将伯爵从租地上驱逐。在此情形下，衡平大法官埃尔斯米尔却发布禁制令，禁止该判决执行。这一举动激怒了王座法院首席大法官柯克，他决心强行执行上述判决，并试图一劳永逸地解决衡平大法官干涉普通法院审判活动的问题。柯克很快便逮到了机会，当时发生了这样一个案件：原告知悉被告的关键证人被灌醉了，因而不适合出庭作证，并由此获得不利于被告的判决。现在，被告向衡平大法官提起了上诉，并申请到了禁制令。据此，柯克建议起诉该被告及其律师，以及其他相关人员，理由是爱德华三世当政第 27 年律令禁止当事人向"其他法庭"提起上诉。② 应柯克的要求，负责领导米德尔塞克斯大陪审团的 Choke 法官指示人们调查那些阻止普通法院判决执行的人。但大陪审团的成员们不想卷入王座法院首席大法官和衡平大法官之间的冲突中去，因而未提出柯克想要的控告书。尽管如此，柯克仍宣称，将不再允许那些签署阻止执行普通法院判决的辩护律师在普通法院执业。

事情发展到了这一地步，对于双方来说，唯一的出路只剩下告御状，即直接向国王申诉。因此，埃尔斯米尔将案件呈送给詹姆斯一世，国王指定一个委员会调查本案。这一委员会的成员是由培根和一些杰出的律师组成的。该委员会报告说：自从亨利七世当政以来，只要普通法院未能对当事人提供救济，大法官法院都会在普通法院判决之后，干预此案，这已成了诉讼活动中一股强的潮流。在第二份报告中，他们进一步指出，爱德华三世第 27 年律令并不适用于这一案件，因为该律令的用词是"in aliena curia"，而非"in alia curia"，前者仅仅指"外国的法院"，即特指"罗马教廷的法院"。于是，詹姆斯一世据此发布命令，肯定了大法官法院的做法，这被记录在咨议会年鉴中。③

虽然大法官法院在与普通法院的冲突中取得了胜利，但签发禁制令愈加谨慎。作为埃尔斯米尔的继任者，培根大法官拒绝签发禁制令，除非遇

---

① 3 White & Tudor, 504; 13 Jac. I.

② 3 White & Tudor, 504; 13 Jac. I.

③ 3 White & Tudor, 513.

到明确需要禁制令的案件，或者需要费用担保的案件。在克拉伦登担任大法官时期，也不再发布此种禁令，除非当事人能显示衡平性干预的理由，比如存在欺诈、认知错误等情形。在查理一世时期人们对法律程序进行改进之后，衡平大法官干预普通法院案件的必要性进一步下降（新的审判依证据的特性而定），但此种干预并没有完全戒绝，人们偶尔仍诉诸衡平法院的救济。①

A Sketch of the History of the High Court of Chancery: From the Chancellorship of Wolsey to that of Lord Nottingham

William Lindsay Carne, trans. by *Huang Xin and Fan Xuejiao*, proofread by *Chen Rui*

Abstract: The times from the Chancellorship of Wolsey to That of Lord Nottingham was the golden times in the history of the High Court of Chancery. At that times, the judicial procedure of the High Court of Chancery had become more and more fixed, and chancellors had summarized some conventions and mottos, which is the symbol that the High Court of Chancery had become mature. When the jurisdictions of the High Court of Chancery had expanded very much, traditional the disputes of use and trust were universal, and the High Court of Chancery had gained some new jurisdictions about some new action forms, such as the administration of estate, Charities, separate estates of femes covert, mortgages and surety, the guardianship of infant and unsound mind people, frauds, the recovery of specific chattels, etc. The High Court of Chancery had possessed a kind of privilege of issuing injunctions, which had called into question from the judges in the Common Court, and had led to tension between the Common Court and the Equity court. A famous example is the disputes between the Lord Coke and the Lord Chancellor Ellesmere. Although the High Court of chancery had prevailed over the Common Court in the end, But some successive

---

① D. M. Kerly, *An Historical Sketch of the Equitable Jurisdiction of the Court of Chancery: History of Equity* (Cambridge: the University Press, 1890), pp. 116-117.

Chancellors（Such as the Lord Chancellor Bacon）adopted mild attitude in issuing injunctions, which closed the fissure between the Common Court and the Equity court.

Keywords: Thomas Wolsey; Heneage Finch Nottingham; Injunction; Controversy between the Common Court and the Equity Court

观念与材料之间

——读《牛津英格兰法律史》第 6 卷第 40~42 章献疑

张传玺[*]

内容摘要：*每个法律史学者常需在古今法律观念和不同类型的史料之间寻找到平衡点，以求描绘全面的法律发展图景，但实效未必如意；约翰·贝克教授撰著《牛津英格兰法律史》（第 6 卷）债法史部分第 40~42 章可谓典型。贝氏的框架与密尔松教授相近，但修正了密氏的观念基础：在第 40 章中，贝氏与密氏一样将"侵权"分为"侵害"和"个案侵害"，但回归了以令状制为普通法发展载体的梅特兰路线，其理据是，以时人著述和职业书籍为主的史料均以具体诉讼形式为讨论单位。但贝克未能回应密氏的如下说法：普通法中存有"契约""侵权"基本观念的分类，这种观念隐于史料背后，由法律自身的历史逻辑所决定。在第 41 章中，贝氏讨论了侵害诉讼的归责标准，使用了诉讼卷宗和年鉴等材料。但在对诉讼归类时，贝氏提供的足以确定诉因的案件数量少，记录完整的特别诉答程序的案件欠缺，这些材料未能展现贝氏描述的法观念。在第 42 章中，贝氏认为，个案诉讼针对的是所有的既有诉讼形式，由于诈欺是侵害，因此，个案诈欺是诈欺之一种。贝氏在多种材料中侧重使用时人著述，强调令状恰适性限制及其松动在法律史上的意义，但未能如密氏般揭示这一变化背后的实体规则意义。总体而言，贝氏平衡观念和材料的努力值得赞赏，但留有遗憾。*

关键词：贝克　密尔松　普通债法史　法律观念　牛津英格兰法律史

---

* 张传玺，法学博士，中国政法大学讲师，主要研究方向为英国法律史。

治史者一直受困于观念和材料的契合问题：以现代观念剖析史料，固然可得撰写者与阅读者的双重便利，但极易陷入"时代错误"（anachronism）陷阱，误解古人之意；若仅生硬地把时人言辞视为当时的观念，以此为据检视史料，又难免弄丢时人未明言的前提，论证愈精致，与史实差距愈大。对于术语繁多且与当代制度有直接承袭关系的法制史研究而言，此一契合问题更为突出。于是，如何在古今法律观念和材料之间求得平衡，便成了悬于法律史家头上的一大要务。在普通债法史研究中，此一要务尤为关键。在18世纪现代侵权和契约部门法著作涌现而得以系统化之前，债法史呈现出生机勃勃但琐碎的成长图景。自密尔松教授全面揭示债法领域内诉讼程序对实体规则形塑的关键影响、侵害诉讼类型多样之后，莫里斯·阿诺德、帕默尔等就一再渲染这一图景的局部细节。它给人的最大观感是，作为图景底色的史料对具体规则等细节支撑得不够，因此，整幅图景欠缺抽象原则的线条勾勒，组成图景各部分的诸诉讼形式独立地展现自身的特色，彼此间难有共同色彩。在贝克教授看来，债法史的这一特点与以制定法为框架的土地法和法庭——会馆体系内的共同学识截然不同——土地法和共同学识或许代表了普通法发展中成熟明确的规则，代表了较高程度的政治稳定性和稳定、有保障的财产权利。

因此，贝氏在撰写本卷时，念兹在兹的是，试图在分析史料的过程中，既充分享受现代法学分析工具的便利，又避免因不当而带来的时代错误；在债法史部分——本书第九部分和第十部分，贝氏的这一尝试尤为抢眼。此二部分描述的是自都铎王朝伊始至玛丽一世统治结束这段时期"侵权法"和"契约法"的发展状况。众所周知，这一时期是债法发展的重要阶段，以暴力和武器实施侵害之诉类别里的"驱逐之诉"（ejectment），个案侵害之诉类别里的"他承诺之诉"（assumpsit）和"找到和转为之诉"（trover and conversion）等开始独立出来，逐渐取代了旧式对人之诉中的大部分诉讼形式。至此，现代普通侵权法、契约法的主干已初具雏形。

在贝氏之前，学者们描绘的此一时期的债法史可能是梅特兰式的，也可能是密尔松式的。如下文所述，梅氏债法史关注的是普通法法庭，图像简洁明朗，线条寥落；密氏债法史图景中近景（普通法法庭）整体形象清晰，层次分明，色彩丰富，又留有向远景（地方法庭）延伸的未尽意境。梅氏和密氏的图景都极富魅力，但又截然不同。贝氏试图以自己的思路为线条，以多种材料为色块，重新描画当时的债法史图景。在材料方面，贝氏使用了存在或行用于当时的各类材料。从来源看，手稿、印刷出版物皆有利用；从性质看，令状登记簿、诉讼卷宗、年鉴、个人著述等均为贝氏所重。在思路方面，贝氏对债法史部分的铺排自有逻辑，本文的重点就在于理解贝氏的逻辑和思路。预先需予提出者，贝氏铺排和内在思路反映了他对密尔松氏所描画的债法史图景的反对。

贝氏图景既着力揭示此一时期债法材料的零碎、易误导性，又试图给出契合材料的框架性阐释。在贝氏笔下，时人的论述是可以（并应当）直接依赖且具有压倒性优势的材料，从中可见单一的诉讼形式是债法发展的基本单位，因此，难以在形形色色的案件类型里归纳出一般性原则或责任类型。碎片式发展是这一时期债法史的特征。在自己的框架内，贝氏的论证，对材料及其所反映的观念的平衡处理似乎是可取的。不过，观念和材料之间的固有平衡问题，在这一时期债法史研究中仍然存在，甚至与普拉克内特、密尔松、阿诺德等学者关注的此前两个世纪以来的早期债法史研究面临的问题并无二致；进而，贝氏的平衡尝试能否取得令人满意的效果，仍不无疑问。

第 40~42 章集中了贝氏对债法史的某些整体思考，因此，成了研读的核心素材。要回答前述疑问，首先可以从章节名目的排布着手。

一　早期分类观念：40 章的 trespass 和 case

贝氏按照现代概念，把两部分分别冠以"侵权法"和"契约法"之名。在"侵权法"目下，前两章标题分别是"trespass and case"和"negligence and fault"。二目之下又分十一章，先总述侵权或契约责任，之后分别按照具体诉讼形式类别排布，包括了过失（negligence）、诈欺（deceit）、妨害（nuisance）、毁誉（defamation）、转为和扣押（conversion，detinue）、诱使毁约（procuring breaches of contracts）、债务（debt）、他承诺（assumpsit）、账目（account）等具体诉讼形式。其中，第九部分的前两章较其他章更为重要，更能体现贝氏用心。

这样的标题和类别分节，似有深意。在本文看来，以如此方式导入对债法史的讨论，乃是"附会"17 世纪以来法律人的分类，同时阐明了他对梅特兰以来整体债法史图景变化的微妙态度。

梅氏《普通法上的诉讼形式》给出的债法史图景，尤其是其中对新式对人之诉简史的描述，树立了简洁明朗的典范。正如《普通法上的诉讼形式》中的图解所示，在梅氏那里，以暴力和武器的侵害之诉（trespass vi et armis）经由《威斯敏斯特Ⅱ》24章"在类似案件里"条款（clause in consimili casu）产生了基于特别案情的侵害诉讼（trespass upon the special case），后者（简称为 case）相继衍生出包括他承诺之诉、找到之诉（trover）和类案之诉（case①），从而构成了债法史的主线。②作为上述主要诉讼形式的补充，梅氏还依据菲茨赫伯特《摘录》（Abrigment）和《令状性质》（Natura Brevium）在"个案诉讼"条目提出，当时还存在其他诉讼形式，包括书面与口头诽谤，过失和诈欺。③梅特兰总结说，个案侵害之诉分化出"他承诺"之诉、"找到"之诉、"欺诈"之诉和"因言语而起的个案诉讼"后，"无论如何，普通法（非制定法）诉讼的传奇就此谢幕。王室法庭此时已经被认为可以审理任何案件，法官们必须以有限的诉讼形式就王国的所有重要民事案件作出裁判"。④

不难发现，在本卷第九、十部分的结构安排乃至节目处理上，贝氏在一定程度上回归了梅特兰。

当然，在形式上，贝氏的处理与密尔松教授的《普通法的历史基础》一书债法部分亦有相似之处。密氏在债法史部分的排布为，先是旧式对人之诉（第10章），接下来是以暴力和武器的侵害之诉和个案侵害之诉的兴起（第11章），之后是现代契约法的成长（第12章），最后是现代侵权法的成长（第13章）。侵权法和契约法的章下分节时所列举的各具体诉讼形式与贝氏排布更为相似。二者的不同之处有二：其一是结构上的，贝氏合并了密氏的第11和13章，将密氏第11章作为侵权法目下的一章，并把侵权法部分置于契约法之前；其二是实质性的，在处理契约法的发展逻辑时，密氏使用诈欺之诉作为不履行的他承诺之诉（assumpsit for nonfeasance）得以确立的中间环节，但贝氏把诈欺之诉置于侵权法部分里，而把他承诺之

---

① 此时处的 case 是事项管制范围被缩限了的个案侵害之诉简称，不过在梅氏那里，更应被理解为类案侵害之诉。

② See F. W. Maitland, *Equity also the forms of actions at common law*（Cambridge University Press, 1909），p. 348.

③ F. W. Maitland, *Equity also the forms of actions at common law*（Cambridge University Press, 1909），pp. 360-361.

④ 〔美〕梅特兰：《普通法的诉讼形式》，王云霞、马海峰、彭蕾译，商务印书馆，2009，第100页。

诉既置于"诈欺"名目下，又置于契约法之部中；① 或许可以说，二者的这种实质处理差异，反映了学者们在史料选择和阐释路线上的深刻分歧。

众所周知，密尔松得以成就英国法律史研究"异端"之名头，正源于对 trespass 和 case 二词的辨析：密氏于 1954 年发表《无行为则非侵害：对个案诉讼之边界的看法》（Not Doing Is No Trespass：a View of the Boundaries of Case），1958 年发表《从亨利三世到爱德华三世的侵害诉讼》（Trespass from Henry Ⅲ to Edward Ⅲ）。② 密氏重点指出："侵害"一词起初仅等同于侵权（不当行为），而非直接暴力性侵害；王室法庭中个案侵害之诉的出现是郡法庭诉讼得以上移的结果，而非立法创设新型诉讼形式以提供新救济的结果；个案侵害之诉的一部分形态早在 1370 年代之前就以"特别的侵害令状"的形式进入王室法庭；将 trespass 等同于直接暴力性侵害、将 case 等同于间接非暴力性侵害，赋予前者严格责任而赋予后者过错责任，都是梅特兰巨著所覆盖时期之后几百年间才发展出的法律思想或规则；在普通债法的早期阶段，不存在从"以暴力和武器的侵害之诉"到"个案侵害之诉"的法律进化史；不当履行具有侵害外观，早期的对不当履行的他承诺之诉（assumpsit for misfeasance）是以侵害诉讼的面目在王室法庭确立，但不履行不具备侵害外观，即所谓"无行为则非侵害"，不履行之他承诺之诉（assumpsit for nonfeasance）则经历了较长和有反复的确立过程；梅氏是将后世才存在的观念前置到 13 世纪。③ 出于以上认识，密氏对早期债法史尤其是侵害诉讼的梳理分类极为琐碎，《从亨利三世到爱德华三世的侵害诉讼》一文对侵害诉讼的分类基本上细化到单个诉讼的层面。上述论文以及其后的《普通法的历史基础》《普通法的自然史》等著作共同展现了密氏对早期债法史的重构，它们也确立了对此后时代债法史研究的框架。④ 法律史学的进展进而体现在了部门法学者的叙述中，如较晚近的侵权法著作在历史追

① 如此处理方式的原因或许在于，贝氏选择了 16 世纪时人们对法律诈欺的分类列举。其分类逻辑的问题下详。

② 二文均收入 1985 年的密氏研究文集，即 S. F. C. Milsom, *Studies in the History of the Common Law*（The Hambledon Press, 1985）。

③ Sir Frederick Pollock and Frederic William Maitland, *The History of English Law before the Time of Edward I*, 2nd edn（1898）（Cambridge University Press, I, Intro. ressiued 1968）, lix-lxiv.

④ 然而需注意者，前述《普通法的历史基础》中债法部分对《从亨利三世到爱德华三世的侵害诉讼》一文的细致列举模式做了修正，对以暴力和武器的侵害之诉和个案侵害之诉的历史做了简化处理。

溯中会特意提及密氏的观点；① 贝氏自己的《英国法律史导论》对早期债法史的叙述方式也效仿了密氏。②

不过密氏的辨析尚有一前提，即"令状制度的最大意义是行政性的而非法律性的"，③ 那么单个的诉讼形式所构成的诉讼形式体系就不能代表普通法的全部意义。因此密氏认为，"实体法是对事实进行思考的产物"，④ 普通法变革的整体历程是"人类思想的产物"，而不是如梅氏《普通法上的诉讼形式》中所设想的，呈现于诉讼形式之间非理性的互动。⑤ 这一点是密氏对普通法发展的总体断语，否定了长久以来，英格兰法律人的所有眼光只在独立诉讼形式之间逡巡往复的印象。

正是从在这一基本的前提判断上，贝氏就显示了与密氏的分歧。贝氏在第 40 章开头有言："如果说动产法在很大程度上被置于诉讼之法的名头下，那么可以说，在更大程度上，契约法和侵权行为法也是被置于诉讼之法的名头下。"其依据是，虽然"在这个时期'契约'和'侵权'的观念和词汇本身为时人所知"，但以布鲁克斯《大摘录》为例可见"都铎时期的法律人不会把如此分类看作是基础性的，甚或是特别有益的"。在他处（本书 323 页以下），他将令状体系视为具有根本地位的制度，将独立诉讼形式作为当时法律的基本分类；彼此对照后就能发现，其看法与梅氏对诉讼形式相互作用的强调并无差异。

然而，把 trespass 和 case 列入侵权法名目下，有着先天的疑问：14 世纪中期以后直至贝氏所描写的时代，个案侵害之诉与他承诺之诉的界限不清晰，个案侵害之诉与诈欺之诉之间的界限亦同；至少在部分事项上，他承诺之诉和诈欺之诉之间的界限同样模糊。贝氏在第 40、42 章乃至第十部分第 49 章等章节里分别提出一些例证，恰说明贝氏为这种处理正名的努力似乎不能消除疑问。其中最重要的是，如上所言，密氏认为"无行为则非侵

① 如见〔美〕理查德·爱泼斯坦《侵权法：案例与资料》，中信出版社，2003，第 96~98 页。

② J. H. Baker, *An Introduction to English Legal History* (3nd. ed), (London: Butterworths, 1990), pp. 71-75.

③ Sir Frederick Pollock and Frederic William Maitland, *The History of English Law before the Time of Edward I*, 2nd edn (1898), (Cambridge University Press, I, Intro., reissued 1968), lxiv.

④ Sir Frederick Pollock and Frederic William Maitland, *The History of English Law before the Time of Edward I*, 2nd edn (1898), (Cambridge University Press, I, Intro., reissued 1968), lxv.

⑤ S. F. C Milsom, *Historical Foundations of the Common Law* (2nd edn.) (London: Butterworths, 1981), p. 36.

害"不是对不履行之他承诺之诉在普通法上得以确立的实质性阻碍；贝氏引用密氏之说，把对不履行的他承诺之诉迟迟不能在普通法法庭确立归结为令状恰适性标准（本书，840 页）。但是，贝氏没有就令状恰适性标准本身的实质含义做出解释，也没有进一步提供支持此一说法的材料（尤其是16 世纪的材料），读者于是难以捕捉贝氏所强调的令状恰适性标准背后的观念变迁问题。[1]

更深的疑问在于，当时材料充斥"本案应使用契约之诉令状，而非他承诺了令状"之类对令状恰适与否的讨论，确实可以反复印证贝氏之说，更可以间接印证当时广为流布的法律职业书籍（如贝氏在《英国法律史导论》一书中提起的利特尔顿，又如前述布鲁克斯，或如此一时期的菲茨赫伯特）所见令状文本选择、诉讼陈述和答辩、争点总结等环节均立足于具体诉讼形式而非"侵权""契约"之类更为基础和抽象的单位，而这类更基础的单位，显然是超脱具体诉讼形式之上的法律分类观念。贝氏在平衡材料和观念的工作里所展现的，是对具体诉讼形式为基础的不加掩饰的青睐，而不是密氏对以诉讼形式为单位的反对态度。

要言之，贝氏与密氏的分歧在于，特定的时人著述中的分类观念能否作为史家笔下的当时的法律分类标准。贝氏秉持史家之风，首要标准是时人著述，因此遵循了梅氏以来对诉讼形式体系的经典叙述，下文将指出，贝氏对诈欺之诉的分类即为典型；而密氏则更为强调，在独立诉讼形式之上还存有基本观念的分类，这种观念不仅是不言自明的，而且主导了法律自身发展的历史逻辑。

那么，材料能够告诉我们的是什么呢？

二　材料不说话：41章中的"negligence"

土地法研究可以利用制定法、年鉴、王室法庭卷宗、私人地产契据、各类职业书籍、会馆讲读等多层次大体量材料，因此脉络清晰；犯罪法则因概括诉答程序的限制，诉讼材料的可利用性尚不及制定法，因此索性更为单一；唯独普通债法史的材料解读需有一定预设，因此材料的选取和解读路线就极为重要。这也构成了普通债法史探索的材料之痛。

---

[1]　对此，本文第三部分将围绕诈欺之诉展开讨论。

材料之痛首先在于分类选取的标准。在第 41 章的起首，贝氏先行把原告所主张的过失与承诺但不当履行案件相联系，之后又依据在因过失的契约不当履行案件中，原告陈述会提出被告承诺履行某事但过失地不当履行，很少会提及被告承诺专业地和专注地履行，因此"注意义务是法律默示规定的"，从而判定这类诉讼中的"责任更近于我们所说的侵权责任，而非契约责任"。这或许是贝氏把对不当履行的他承诺之诉置于侵权法之下的第 41 章的原因。

与材料分类相关，贝氏对该章的另一个处理问题是，在谈到免责事由时，他将以暴力和武器的侵害之诉和个案侵害之诉的某些案件都列入过错（fault）责任类型之下，共同讨论。这样的做法固然可以与普拉克内特氏"以暴力和武器的侵害之诉针对恶意行为"之误解相区别，而且可以同时解释以暴力和武器的侵害之诉和个案侵害之诉中意外事件、不可抗力等免责事由的效力问题；但这样的做法还是违反了贝氏自己一再亮明的宗旨，即尽量区分情境讨论归责方式。为方便计，如此做法无可厚非；尤其是相较侵权部门法学者毫不犹豫地如此统合的情形而言，贝氏尚属谨慎。

贝氏的这种分类标准无疑是"现代的"，甚至比密氏所谓"现代侵权法的成长"之"现代"还要"现代"。当然，贝氏未忘记撇清他与以今测古的"时代错误"的瓜葛，因为他批评了如下看法：以暴力和武器实施侵害之诉中未出现对过错的限定，因此该诉是严格责任，而个案侵害之诉开始讨论过错，因此该诉是过错责任。（见本书第 757 页）很显然，这是沿袭了密尔松对普拉克内特与之前学者（尤其是侵权部门法学者）的批评论调。[①] 在本文看来，对过失责任的如此归类似无实质意义，尤其是贝氏自己已指出，不同责任形式的区分标准更可能是以责任出现的各具体情境来判定，而不是根据以暴力和武器的侵害之诉和个案侵害之诉的诉讼形式种类来判定。那么，不当履行的他承诺之诉（以及接下来的运输业者和旅店店主的保管财物义务）的过失责任被置于侵权法名目下，就显得突兀了。

---

① 普氏之前学者一般认为以暴力和武器的侵害之诉适用严格责任，但普氏发现其历史的荒谬性；普氏自己提出了另一同样偏颇的解释——以暴力和武器的侵害之诉最初针对恶意侵害行为，因此不以严格责任为归责原则。密氏对普氏的评价是"确乎眼睁睁放过了法律问题"。See S. F. C. Milsom, *A Natural History of the Common Law* (New York: Columbia University Press, 2003, intro.), xx. 虽然密氏这本小册子出版于 2003 年，晚于本书，但这是密氏在 1996 年的哥伦比亚大学法学院讲座讲义集，其对普氏及之前学者的批评早于贝氏此书的成书时间。

材料之痛其次在于新诉讼形式的早期案例数量少。同样以贝氏优先处理的个案侵害之诉和他承诺之诉的责任区分争议来看，虽然早期个案侵害之诉中的大部分类型案件比较容易与他承诺之诉相区分，但从 14 世纪中叶开始到 16 世纪末，部分个案侵害之诉和他承诺之诉案件的归属一直存在疑问，而且疑问的症结相同。

在贝氏本卷涉及时段的前一个世纪——14 世纪——的近一百年间，在阿诺德为塞尔登协会编辑的《侵害案件选》中，整个 14 世纪仅有 16 则"他承诺了"之诉案例的卷宗记录入选，且在本文看来，其中至少有一则不是"他承诺了"之诉，[①] 其中"对不履行的他承诺了"之诉，似乎仅有两例，其中一例的认定还比较勉强。而在贝克和密尔松教授编辑的《1750 年之前的英国私法史史料选》中，1369 年"马夫案"被列入"对不当履行的他承诺之诉"名下。[②] 但正如下文所将指出的，对该案中"承诺"及其违反的现代认定缺乏语义支撑，其诉争点在于"过失"，因此应被视为个案侵害之诉的早期案例。

一百年后的材料同样如此。贝氏自己也指出（本书 757 页），16 世纪前半叶有约 60 件不当履行的他承诺之诉案件，且其中三分之二案件登录了回呈程序。仅凭如此数量的案件本就难以做出具有统计学意义的判断，加之这些诉讼中原告的讼争事由多有不同，每类具体案件数量更为稀少，有的已近于孤证；何况绝大多数案件中被告未到庭，诉答程序不能展开，因此案件记录首尾不全；更何况被告即使到庭，他们也倾向于使用无罪（not guilty）的概括否认，（本书 759 页）进入特别诉答程序的案件极为罕见。这些诉讼的程序特点导致今人对它们所反映的责任类型难下定语。

材料之痛最后在于难以通过诉答程序确定案件诉因。在贝氏所描写的

---

① 即"*Dunster v. Millward*"一案，载于 Morris S. Arnold, *Select Cases of Trespass in the King's Courts, 1307-1399.* vol. Ⅱ. (London Selden Society 103, 1987), p. 431. 该案虽然出现了"他承诺了"（assumpsisset）一词，但案情是作为磨坊业者的被告承诺为原告加工谷物，但从中收取了超过习惯的谷物份额。显然该案诉因行为事项并非对承诺工作内容的不当履行或不履行，尤其是被告收取的是超出习惯的份额，说明双方并未约定报酬。该案实质是对地方习惯的违反，或者如原告所称，是"错误和欺诈地"（falso et fraudulenter）"宰客"的行为。这类行为在 14 世纪上半叶王室法庭卷宗中并不鲜见。本文不将其视为"他承诺了"之诉。

② J. H. Baker and S. F. C. Milsom, *Sources of English Legal History: Private Law to* 1750 (2nd edn) (Oxford University Press, 2010), pp. 400-401.

时期，新型诉讼以特别诉答程序呈现关于损害是否出于过失的特别事实争议或关于过失法效果的法律异议的例证难以找到，尤其是清晰展现诉答争议的典型案件的年鉴记录更是凤毛麟角。

被贝氏归类为过错类案件的一般诉讼模式大体是，原告陈述中详细叙述被告如何承诺履行某事，但过失地履行因而造成某种损害，或者采用以暴力和武器的侵害之诉来控告被告如何伤害了原告，造成损害；而到庭的被告通常会做出概括否认；之后案件提交陪审团，做出概括裁定。在这一模式下，案件的事实争议与法律争点没有被分离，后世法律史家难以发现原告陈述中的承诺、过失的特别事实是否成为影响案件结果的关键性争点，也就不能据此推测案件的责任类型。

即令是在被告提出特别事实的案件里，原告的回应也可能让案件落入与概括诉答程序效果相同的结局。在本书 767 页贝氏所举的过错案件里，原告诉称受到被告以弓箭伤害；被告指出特别事实，称伤害乃是双方尚系未成年人时在玩耍间发生，本无侵害之过错；针对此一特别事实，原告回应称，伤害系"出于侵害"（de injuria）。"出于侵害"一语并不构成法律异议（demurrer），不会产生法律问题，因此总结争点时，其效果与概括否认"我无罪"无异，法律与事实同样无法剥离开来，侵害责任的类型就无从谈起。

上述困难来自材料层面。对当事人在选择诉答程序时如何权衡思考，密氏曾在早期论文和《普通法的历史基础》《普通法的自然史》等著述里给出相当缜密的推测，贝氏《英国法律史导论》也多有讨论；本书里贝氏则重点提出，过失争议在不当履行的他承诺之诉里的地位疑问，格外需要透过特别诉答程序来呈现，而特别诉答程序在此一时期中大部分时段，都较为欠缺。

贝氏提供给读者的材料确实不足。不过，若把眼光投向此前一二个世纪，在同类诉讼里，倒能够看到特别诉答程序中对"过失"争议的讨论，例如著名的 1369 年"马夫案"（the Mareschall's Case）：

　　　　1369 年王座法庭卷宗档案记录了一起令状诉讼案件，[①] 原告诉称被

---

① 年鉴记录参见 Year Books Mich. 43 Edward Ⅲ, fo. 33, pl38, （black-letter edn., 1679, Year Books photo. reprint）, The Lawbook Exchange, LTD., Clark, New Jersey, 2007. 英译文参见 J. H. Baker and S. F. C. Milsom, *Sources of English Legal History: Private Law to 1750* (2nd edn.) (Oxford University Press, 2010), pp. 400-402。

告马夫①"已接收"（manucepit②）原告的一匹病马来给予治疗，但"过失地"（negligenter）实施治疗，致使马匹死亡。被告到庭辩称，该马匹是被磨坊风车翼板所伤，被告作为马夫，为马治疗是其分内之事，他努力施治，并无原告所称过失施治、治疗疏失导致马匹死亡等情事。

在与诉讼卷宗相对应的年鉴记录中，被告律师质疑了令状的恰适性：令状提到"违反和平"，但陈述中说被告是因过失治疗致使马匹死亡，而过失行为不能被说成"违反和平"。法官们都认为若如此则令状不成立，但经宣读令状发现并未提及"违反和平"，所以令状成立。此后被告律师称，既然原告陈述说被告"已经接手"（duist aver empris）这匹病马，则原告应使用契约之诉（action de covenant）。原告律师则回应，双方未订立文书，原告无法提起契约之诉。"提起该诉讼是因为被告过失治疗导致马匹死亡，所以应认定这个反映其案情的特别令状（especial bref solonque le case）可得成立而非相反，因为我们没有其他令状可得。"被告律师反驳称："你们可以使用'侵害令状'（bref de Transgressione），用概括语句主张被告杀死了你的马。"原告律师回应："我们无法使用概括的令状，因为马匹不是'被暴力'（a force）杀死，而是'因为他的治疗疏失而死'（morust per defaut de sa cure）。"令状随即被认为成立。法官称他曾见过一个医生被举发，因为他接收了一个病人，因治疗疏失杀死了病人。被告律师提出争点，即被告是尽其所知施行治疗，若非如此，那就是应承治好病马。③ 原告胜诉。④

作为本书所涉及案件的类例，贝氏将该案作为"对不当履行的他承诺了"之诉，⑤ 似可说明贝氏在本卷本章未及言明的态度。不过，对此案如此归类，尚令人生疑——案中"基于个案案情的特别令状"之特别是针对契约之诉而言：当时只有契约之诉是以契约为基础的诉讼形式，但如原告所

---

① 卷宗上其名字被记为 Mareschall，原义为马夫，多指为王廷服务者。

② 王座法庭卷宗记录和手稿版年鉴都记做"manucepisset"。参见 J. H. Baker and S. F. C. Milsom, *Sources of English Legal History*: *Private Law to* 1750（2nd edn.）（Oxford University Press, 2010）, pp. 400-401.

③ 意即被告并未应承此事。"若非如此"（absque hoc）乃是被告常用的抗辩套语。

④ 但据 1370 年王座法庭卷宗记载，约克自由市镇执事到庭说明本案应由特许法庭审理；王座法庭判决自动失效，案件随后转入特许法庭。

⑤ See J. H. Baker and S. F. C. Milsom, *Sources of English Legal History*: *Private Law to 1750*（2nd）（Oxford University Press, 2010）, pp. 400-402.

言，不存在文书，不能提起契约之诉；原告于是以"过失地"不当履行为诉因，作为契约之诉的特别形式。本文这种理解与既有理解（即将特别令状与"以暴力和武器的"侵害之诉的令状相对）不同，而依据不仅是语言逻辑，还有辞义延伸出的证据——本案卷宗记录中 manucepit 一词一般强调的是（以手）接收的具体动作，而非较抽象的"承诺""应承"做某事，这与亨伯河摆渡案中"接收"一词相似，而非贝氏或密氏所翻译的"承诺治疗"（undertook to cure）；① 尤其是被告律师曾说"既然原告陈述说被告'已经接手'（duist empris）这匹病马，则原告应使用契约之诉（action de covenant）"。所以本文以为，此处原告令状与被告律师所说相同，而被告律师提出了一个命题，即对马匹的占有已合法转移，则契约成立。易言之，"寄托构成契约"。这种认识是真实存在的，在本卷关注的时期再过几十年后的 1628 年，*Symons v. Darknell* 是驳船所载货物受损案件，其中被告律师提出异议称，原告并未提出被告系公共驳船船长，（亦即需有明示的承诺，下文将涉及）但首席法官称："交付则构成契约（delivery fait le contract）。"② 因此本文以为，本案不是通过"承诺"表述强调性质，而是以寄托这一事实来认定契约的存在。不过契约之诉有证据限制，原告选择的诉因行为事项是被告的"过失"治疗。因此，该案争议的焦点是"过失"是否成立；被告提出了契约的存在，原告也没有否认，但责任认定的依据不是"他承诺了"之"承诺"这一事实，而是寄托。本案既不存在词汇上的明确的"承诺"，遑论对"承诺"效力的表述。所以本案甚至不能被视为"他承诺了"之诉的案件，而是典型的"个案侵害之诉"。但与案例材料本身及年鉴报道者的认识稍有相通——1679 年黑体字版年鉴的旁注就是"基于其个案的侵害之诉"（trespass action sur son case）。

本案与多数早期案例乃至贝氏本卷所处理的案例的不同之处在于，它

① J. H. Baker and S. F. C. Milsom, *Sources of English Legal History: Private Law to 1750*（2nd）（Oxford University Press, 2010）, p. 401.

② 81 Eng. Rep. 1202 1378 - 1865. 对该案的引用，亦见于 Oliver Wendell Holmes, Jr., *The Common Law*（Boston: Little, Brown and Company, 1881）, p. 191. 霍姆斯此处是为强调受寄人的安全保管义务。不过下文其他两个法官分别指出该案是因不当行为（ex malefacto）而非契约，以及铁匠、蹄铁匠、土地租户、牧羊人等对寄托财物毁损的案件之引用。值得注意的是，这些被引案件都出现在早期"他承诺了"之诉名目下。易言之，后来法官指出本案的诉因是不当行为并非是在否认前一法官的存在的事实认定，而是认为存在契约不是诉因。这是典型的早期"他承诺了"之诉中的常见语言。

明确记录了王室法庭里发生的讨论以及确定的判决结果，借此可推断出某些关键点：主张"过失"治疗应承担责任的令状被确认成立；被告称治疗已尽力，意即不存在"过失"——案件争点自然集中于被告是否存在"过失"这一事实问题，而"过失"的法律效果（归责作用）被默认了。从原告胜诉的判决可推断出，存在"过失"的事实被确认。此时大体可说，本案中"过失"是"归责原则"。

回到 41 章遗留的问题。后世学者欲在观念层面讨论某一案件中过失责任之有无及其呈现方式，就需在材料层面拥有足够数量的首尾齐全的案件记录，记录至少应包括诉答程序的全面展开和判决。[①] 贝氏处理的部分案件满足条件，但他自己也承认如此案件数量稀少，而且如上所述，在如何确定材料中"过失"确系争点、被当作其所谓"事实要素"的问题上，贝氏之说有时似乎不尽妥当。

三　材料如何说：42章的"deceit"

一般观点认为，现代契约法形成于他承诺之诉的发展和逐渐取代契约之诉、债务/扣押之诉等旧式诉讼。首先在普通法法庭得到确立的是针对不当履行的他承诺之诉，盖因其行为外观与侵害相类似，损害责任也常表现为过失、诈欺等侵害责任。但不履行契约的新式救济则迟迟未能得到普通法的承认，仅基于信赖的契约最初在英国法上不受保护，而基于事先给付或其他情事的契约纠纷通过债务之诉、契约之诉、扣押之诉或账目之诉得以解决。在他承诺之诉逐渐取代旧式诉讼形式的进程中，理论观念上自罗马教会法吸取"原因"（causa）理论或"对信赖之破坏"（laesio fidei）之处置思路，以"个案诉讼"的侵害性为载体，逐渐生成英国法上的"约因"理论，发展出独特的现代契约法。[②]

在这一描述里，诈欺之诉具有特殊意义：它关联着契约法中不履行部分的发展。诈欺被认为是表现为"行为/作为"的侵害，将契约不履行归结为诈欺、赋予其侵害性，以使之得以确立。包括密氏在内的一般学者处理

---

① 不得已而求其次，也需有法庭指令中间程序和给予陪审团指令的程序记录，以侧证案件的可能走向。

② 典型论述，如 A. K. Kiralfy, *Potter's Historical Introduction to English Law and Its Institutions* (London: Sweet and Maxwell, Ltd., 1958), pp. 450-467。

对不履行契约之他承诺之诉时，基本遵循这样的思路，并把该类型诉讼的发展按确立时间和事项线索分为土地占让契约之不履行、交易和服务契约之不履行等题目，分别讨论履行嗣后不能（disablement）和诈欺等对他承诺之诉确立的影响。① 贝氏本书第九部分"契约法"部分第49章"对不履行的他承诺之诉"部分分别介绍了违反对转让土地、承诺履行行为或服务、承诺支付金钱或其他可交换物等的承诺的场合下，他承诺之诉的确立过程和逻辑。仅就分题目排布看，与其他学者无不同，但贝氏将诈欺置于"侵权法"部分的第42章，且对诈欺案件类型做了分类描述。

对法律史学者来说，诈欺诉讼的可能归类标准或许有三：其一，诈欺是否作为诉因；其二，令状和陈述的语言格式特点；其三，时人如何分类。贝氏选择了第三种，以时人著述为据归类诈欺之诉。对此，贝氏必定是在斟酌后才做取舍。

第一标准是实质标准。这种标准本身要求诈欺被视为贝氏所谓的事实要素（factual element），展现的是恶意欺骗，在诉答程序里，诈欺因素应该具有实质意义。但在第42章贝氏列举的案件记录里，"诈欺""欺骗性地"的语例不少，功能多样，并不一定全部语例都对契约法的发展产生过影响。在第49章里，尤其是在承诺支付金钱和交换物的节目下，在对不履行的他承诺之诉的原告陈述里，"诈欺地""恶意策划"等限定性描述更是经常作为套语，而不可作为争点。（本书857~861页）此一标准未被贝氏采纳。

第二标准是形式标准。形式上诈欺之诉最为突出的特征是，在此一时期之前很久就确立的诈欺之诉起始令状中不存在以 cum 引导的部分（cum条款）。密氏早在1950年代就已指出，cum条款是为论证被告行为的不当性而附加于令状之中的。在密氏看来，侵害诉讼的起始令状一直存在"概括的令状"和"特别的令状"之形式分类。"概括的侵害令状"是指令状文本中宣称"违反（国王）和平"（contra pacem）者；"特别的侵害令状"是指令状文本通过 cum 一词引导出案情细节者。在个案侵害之诉出现之前，"特别的侵害令状"已然存在；个案侵害之诉出现后，"特别的侵害令状"就成为个案侵害之令状。在论文《自亨利三世至爱德华三世时期的侵害》中，密氏以"概括的令状"（general writs）和"特别的令状"（special writs）为

① See S. F. C Milsom, *Historical Foundations of the Common Law* (2nd edn.) (London: Butterworths, 1981), Chap. 12, especially p. 323 et seq.

子题目将"侵害"分为两类，并通篇强调令状格式的划分。① 具有概括的语言格式是"概括的令状"即"以暴力和武器的"侵害令状，其所针对的行为是那些明显的不当侵害，对这类侵害行为，无须详述其不当性；"特别的令状"针对外观不具备明显不当性的行为，对此原告需通过 cum 一词引导出详细的事实描述，以说明被告行为如何不当。② 密氏认为，"概括的侵害令状"还有另一限制，即其文本在"说明为何"（ostensurus quare）表述后直接描述被告对原告的侵害行为，而无 cum 条款，因此即使令状除 cum 之外还有"以暴力和武器"和"违反和平"，也是"特别的令状"。

但就诈欺之诉来说，以语言格式为归类的单一标准可能不恰当，盖因在贝氏分类下的诈欺诉讼形式混杂，难以用"概括"或"特别"之令状区分方法来框套。贝氏自己面临这一质疑：他直接将诈欺令状视为个案侵害之诉前王室法庭中侵害令状之一种，其理由是诈欺行为触及国王利益，即国王正义之完整性。③ 在形式上贝氏则提出，诈欺之诉的起始令状不存在 cum 条款，曾是侵害诉讼的特别形式；但之后以个案诉讼（actions on the case）为管道，诈欺之诉也出现了"个案诈欺之诉"。贝氏将它们都列为第 42 章的诈欺诉讼。

正是在这里，贝氏所使用材料和观念之间的平衡疑问再次升起：第 42 章处理诈欺之诉的性质和涵盖案件类型时，就引用了法律职业书籍、诉讼卷宗标记等较权威材料，还引用了时人对诈欺之诉的归类方式。但这些材料之间存在差异：如菲茨赫伯特《令状的性质》把所有诈欺诉讼列入"诈欺令状"目下，同时代的诉讼卷宗有时却登录有些案件为"个案诈欺之诉"。（本书 769 页注 2，770 页注 9）随后（本书 770 页以下）贝氏借用了一份 1535 年手稿对世俗法中"法律诈欺"的分类，把司法诈欺、伪造契据和交易诈欺与违反承诺并列。与前文相似的疑问由此而起：贝氏选择了第三标准，材料所载时人的分类框架能否全面真实地反映法制面目？

---

① 密氏的这种基本分类，固然有本文所涉及的 14 世纪中后期史料的支撑，但似也受迪克斯的《个案侵害之诉的起源》一文的影响，并对迪克斯直接做出"概括侵害"与"特别侵害"的做法进行矫正。

② See S. F. C. Milsom, "Trespass from Henry Ⅲ to Edward Ⅲ", in *Studies in the History of the Common Law* (London: The Hambledon Press, 1985), p. 3.

③ See J. H. Baker, *An Introduction to English Legal History* (3nd edn.) (London: Butterworths, 1990), p. 72.

这个疑问涉及两个层面。其一是上述"法律诈欺"分类显然是以诈欺要素所存在的事项范畴为据，在这一事项归类层面，不同类型诈欺之诉是否成立，常有不同命运：原告陈述选择违反明示质量担保或交易物品缺陷的诉由，有时意味着不同的诉讼结局。但以事项区分并不完全可靠，交易诈欺与最后一项"违反承诺"即他承诺之诉之间难以彻底划清界限，尤其是在交易诈欺里经常出现的质量担保陈述和他承诺之诉中不当履行存在近似性，有时二者只是表述不同。

第二个层面更为根本。贝氏触及了债法史发展的核心问题："个案诉讼"和"个案侵害之诉"的关系。贝氏在本书中数次使用"个案诉讼"表述，区别于第 40 章的个案侵害之诉。这种区隔是有意为之，如本书 324 页的专门说明，又如 855 页以下。他显然认为，"个案诉讼"是"个案侵害之诉"的上位概念，各既有诉讼形式都可能有自己的"个案诉讼"。在第 42 章，一些材料将被他列入"侵权法"和"契约法"部分的诉讼形式置于"个案诉讼"（actions on the case）名下，有时还会使用"个案诈欺之诉"这样针对本已是特别侵害诉讼的个案诉讼。如上所述，贝氏认为诈欺是侵害之一种，个案诈欺之诉又是诈欺之一种。[①]

贝氏明确把个案诉讼视为针对所有既有诉讼形式（本书 324 页）。既有诉讼形式是一般诉讼，其令状已经成为常规令状而被登记在 16 世纪最常见的令状簿册上；个案诉讼就是针对其特别案情的个案诉讼。因此不仅以暴力和武器的侵害之诉有个案侵害之诉，而且其他侵害如诈欺也有个案诈欺之诉，甚或契约之诉、债务/扣押之诉等旧式诉讼也有自己的个案诉讼。在这一点上，他与密氏再现分歧。在密氏看来，侵害观念是宽泛的，因此容纳了以"个案"理由出现的新型诉讼，这些新的个案诉讼应被归类为个案侵害之诉，"基于个案的某某之诉"独立于个案侵害之诉的观点不成立。[②]克拉尔菲教授《个案诉讼》一书曾单就侵害诉讼，自形式方面提出"作为侵害（诉讼）之一种形式的个案诉讼，是侵害（诉讼）的'特别'的形式，以别于三四种'概括的'形式"。[③]由此读者又一次看到，二者的根本

---

① 但贝氏所举个案诈欺之诉下的二个实例的真正重点却似乎是过失。

② S. F. C. Milsom, "Not Doing Is No Trespass: a View of the Boundaries of Case", in *Studies in the History of Common Law* (The Hambledon Press, 1985), p. 93.

③ A. K. Kiralfy, *The Action on the Case* (London: Sweet and Maxwell, Ltd. 1951), p. 94. 但参见下引克氏《波特所著英国法及其机制的历史导论》一书说法。

差异：贝氏仍是从各具体诉讼形式出发来看待个案诉讼；密氏却是从基本的法律分类观念出发，来看基本观念如何体现于具体诉讼形式。

贝氏的看法其依据如下。

首先，如前所述，诈欺常被视为久已确立的侵害之诉，个案侵害之诉则是添加 cum 条款的新的诈欺之诉。这一与其他个案侵害之诉的不同之处似乎支持着贝氏遵循上引时人"法律诈欺"分类，把他承诺之诉列入违反契约之诈欺，而与其他个案诈欺之诉并列。

其次，某些诉讼卷宗和时人著述也常使用"个案诉讼"而非"个案侵害之诉"的标题。当时职业书籍中常有直观展现"个案诉讼"条目所指之处，如密氏就曾更早地指出，成书于 1530 年前后的菲茨赫伯特《令状的性质》（*Fitzherbert's Natura Brevium*）将一件单纯不履行的案例归到"个案诉讼"名下，又置于"契约"之诉名下分析。[①] 这说明在"个案诉讼"名目与其他诉讼形式名目之间的关系上，有部分重合情形。诸如《令状的性质》这类职业书籍属于条理相对清晰、理论叙述和分析已经有一定形态的作品；在 16 世纪时出现的菲茨赫伯特的《大节录》和布鲁克斯的《大节录》都是在诉讼形式名目下汇集年鉴中的案例，稍作摘编说明而形成的作品。这些作品更直观地展现出个案诉讼的所指、范围与界限的不确定。如首版于 1514 年的菲氏《大节录》中，归为"个案诉讼"（accion sur le case）的早期案例并非后世个案侵害之诉，而是某一既有诉讼形式者所见多有，如其摘录的一个爱德华二世十一年（1318 年）的案例是封臣针对未召集其法庭的领主（领主怠于主持法庭）而提起，应属于公正之诉的范围，但被归为"个案诉讼"；[②] 稍后出现的布鲁克斯《大节录》中同样存在这一问题，如一件"以暴力和武器"抽税的案例被归为"个案诉讼"。[③] 不仅在案件与诉讼形式间的匹配和归类上有此问题，"个案"一词也并非为"个案侵害之诉"术语所独有，在一些材料中，有些诉讼被冠以"个案"契约之诉

---

① 参见 S. F. C Milsom, *Historical Foundations of the Common Law*（2nd edn.）（London：Butterworths，1981），p. 334 et note3. 此处密尔松教授是为说明已有部分预先支付的单纯不履行案件，在性质分类上的认识问题。

② 参见 Anthony Fitzherbert, La Graunde Abridgement, 1577, fo. 12. 迪克斯也曾提及此例以说明"个案诉讼"并非"类案诉讼"之理。参见 Elizabeth Jean Dix, "The Origins of the Action of Trespass on the Case", *Yale Law Journal*（1937，46），p. 1158。

③ Robert Brooke, La Graunde Abridgement, 1573, fo. 4.

（covenant on the case）的名称。①

再次，先行学者研究可提供参考。克氏《波特所著英国法及其机制的历史导论》一书中认为，个案诉讼最初是作为"一种特别形式的诉讼，用于已被承认的法律权利受到侵损但没有其他适当诉讼形式的情形"，因此它有 1285 年《威斯敏斯特第二法》第 24 章"在类似案件中"的授权意味——"不要忘了，……第 24 章能够被视为创制新令状的一般性许可，而非创制任一特别令状的特定授权"，意即该条款是创制所有新令状的共同成文法授权。个案诉讼的这种发展同样表现在地方法庭。②

最后，贝氏所引此一时期材料中，没有侵害诉讼之外的明确提及"基于个案"理由的案例，但众所周知，诉讼卷宗标题难以确定所登录案件的讨论重点。其实，对于侵害诉讼之外的其他诉讼甚至是不常见的旧式诉讼形式来说，有时也会出现以相应的"基于个案"理由来寻求修正后的令状在普通法法庭得以确立的案例，而且这类案例早在 14 世纪甚至更早就出现过。如 1310～1311 年的一个案件中，原告使用的"没收令状"（writ of escheat）文本基本如下："指令 A 正当地和不迟延地将某地产交给 J 及其妻 R，以及 R 的姊妹 M 和 F。该地产是 A 保有自 R、M 和 F 三姊妹的父亲，而 A 因其侵害行为而被剥夺继承权，因而该地产应作为复归物而回复至 J、R、M 和 F 手中。"被告律师质疑该令状是否成立，盖因 J 仅是拥有复归权的 R 的丈夫，其自身并无复归权，而令状却说地产"应回复至 J"。原告律师辩称，不提及丈夫姓名，则令状无效（妇女不能独立作为诉讼当事人出庭），意即原告将不能获得救济。而风趣的法官宣称：我赌一桶酒，如果你去文秘署，你得不到其他令状，我们不会废除该令状，因为文秘署里找不到其他令状。被告律师又质疑道，该令状不是"正确格式"的令状，因为所有没收令状都有特定的原因（如血统玷污、重罪），判决已经执行（如绞刑、逐出法外等），并应按照王国法律规定的其他许多程序。③ 而在令状登记簿中，无论是依据普通法，还是依据新近的成文法，都找不到本案这样的令状。不过法官最终判定该令状成立。④ 又如上引 1369 年"马夫"案，密氏

---

① See Morris S. Arnold, "Fourteenth-Century Promises", *Cambridge Law Journal*（1976），p. 333.

② A. K. Kiralfy, *Potter's Historical Introduction to English Law and Its Institutions*（London：Sweet and Maxwell, Ltd., 1958），p. 304.

③ 此即"没收"或曰"褫夺"的主要适用情形。

④ G. J. Turner ed., *Year Books* 4 *Edward* Ⅱ.（London：Selden Society, vol. 26, 1911），pp. 44-45.

必然认为该案是"个案侵害之诉"的早期之例;① 但是该案中出现的"个案"理由却并非是针对"概括的侵害令状",而是"契约"之诉的令状。

出现"个案"理由的早期案例中确实包含一部分没有讨论侵害因素的既有诉讼形式。不过,这类"个案诉讼"是否成立似乎颇具随机性,即法官态度、当事人及其律师的发挥都会影响其结果。如打算以此类案例为据来说明个案诉讼可能针对所有既有诉讼形式而存在,还缺乏更多例证,这在贝氏所呈现的都铎时期材料中几无所见。更重要的是,在这一时期,个案侵害之诉几乎已经涵盖了新诉讼形式,而因旧诉讼形式的程序不便和低效,诉讼者已经殊少有动力去寻求"基于个案"理由来使用旧诉讼形式了。因此,贝氏的推测是无法证实的。

但是他的推测对他的框架来说又是必需的,盖因贝氏需要说明,把对不履行的他承诺之诉置于"契约法"名目下的合理性,尤其是密氏是直接通过诈欺之诉的媒介作用赋予对不履行的他承诺之诉的侵害性质,贝氏对此需要有所区隔。他的区隔方法是,强调针对不履行契约的他承诺之诉之所以长期不确立,不是出于密氏所主张的"无行为则无侵害",缺乏不当性,而是不履行契约应使用旧式的契约之诉。通过这种区隔,贝氏把不当履行契约置于"侵权法"部分,把不履行契约置于"契约法"部分,而不同于密氏把不履行也置于"契约法"名目之下。

因此,贝氏以各具体诉讼形式为基本单位,采取时人之说作为归类这些诉讼形式的标准,未把"侵害"作为基本法律分类观念。由此导致的最后疑问就是,诉讼材料到底呈现了怎样的债法进化形态?

债法进化形态首先是形式上的,中心问题是令状恰适性的认可;其次是实质性的,是新的法律规则的确立及其所反映的法律观念的进步。贝氏没有彻底否定后者,但在本卷一直在强调前者,如在讨论诈欺和对不履行的"他承诺之诉"时他指出,陈述格式的发展所暴露出来的,是诉讼人力求让自己的案件建立在某一诉因之上,而不是单纯的未履行契约之上,"诈欺"指控不会产生法律异议,如果它不会成为事实争点,诉讼人当然乐于以此为诉因。但原告更稳妥的做法是,做出与契约之诉不同的陈述,详细

---

① 密尔松曾提及该案,认为该案反映了早期法律人在面对"职业过失"案件划分到"契约"还是"(以暴力和武器的)侵害"的选择问题时的"真实疑虑"。S. F. C Milsom, *Historical Foundations of the Common Law* (2nd edn.) (London: Butterworths, 1981), p. 319.

说明被告违反了双方承诺，未在约定时间履约，以致造成损失，而契约之诉不能为此提供救济。这就是对令状恰适性的常见讨论，其核心在于，原告力图说明个案相对于既有诉讼形式的特别之处，而被告质疑原告的"个案"理由不成立，应使用既有令状。[①] 贝氏提出，对对不履行的他承诺之诉而言，强调年鉴等诉讼材料中的令状恰适性讨论，还应延伸到契约不履行本身的程序难题：仅有口头承诺而无书面证据，陪审团难以认定契约的存在。这是单纯的未履行契约比不当履行、先予部分履行或嗣后履行不能乃至诈欺的案件更难和更晚被法庭及陪审团接受的现实原因。

对不履行的他承诺之诉的进化，很大程度上确实表现为令状恰适性限制上的逐步松动，但疑问在于，松动是否反映了实体规则或曰法律观念的变迁？贝氏并未追问令状恰适性争议背后的观念或规则问题。如前所述，对质疑不履行之他承诺之诉成立的"无行为则无侵害"之说，他提出："真正的原则不是无行为则无侵害，而是在登记簿里已经规定了更古老或更'概括的'令状的场合下，个案诉讼（actions on the case）就不得适用。"

强调令状恰适性限制、削弱诈欺因素在不履行之他承诺之诉里的实质意义，体现了贝氏与密氏在处理契约法发展方面的思路差异。依密氏"侵害不过是不当/不法之意"之说，新型个案诉讼都是个案侵害之诉，都是追求损害赔偿救济，追求高效的强制被告到庭和陪审制，以规避旧式诉讼证据要求的缺陷。因此，对对不履行的他承诺之诉而言，诈欺仍是论证侵害成立的必要工具，而其外在表现就是质量担保、预先履行、嗣后履行不能等，或有着可与它们相类比的不法性的因素。这是强调不履行的不当性如何得到普通法确认的思路，在这一思路下，债法史的进化发生在观念或实体规则层面。虽然对不履行之他承诺之诉中实体规则进化是极为确定之事，材料也展现了确立过程的反复（包括文秘署与普通法法庭之间的态度差异），但贝氏没有提供足够例证来讨论时人对实体规则之进化的态度，

---

① 贝氏的此一主张来自密氏。1981 年密氏在《普通法发展中的理性》（Reason in the Development of the Common Law）一文中已经提出这一思路。该文后收入密氏研究文集。See S. F. C. Milsom, *Studies in the History of the Common Law*（The Hambledon Press, 1985）, p. 163. 此外需指出者，以"个案"为理由寻求救济的诉讼，通常仅是对令状瑕疵或主体适格与否来加以讨论，不涉及救济本身是否成立；这是形式创新和观念进化的不同层面的问题，与贝氏提出的诉讼形式之间的选择尚有不同。

读者也就难以判定其进化形态。但可资比照的是，对不当履行的他承诺之诉的"过失"是否得以成为诉因，王室法庭曾经历明确的从非到是的观念改变。

1329～1330 年的诺丁汉郡巡回审法庭受理了一起诉讼，[①] 原告诉称被告"承诺了"（had undertaken）以草药等治疗其眼睛，但被告毁损其眼睛致其失明。被告律师称：原告自承主动寻医求药、将自己投入医疗里（submit himself to his medicines and his care），因此不能指明被告方构成侵害；即使原告方得提起诉讼，诉讼也应是"基于违反契约"（en covenant enfreint）。法官称："以前与同僚法官曾见到某地的一个人因另一人之死而受讯问，问其被举发的原因，说是他治疗了这人，结果这人在四天内死掉。我看到这个人是专业干这一行的（a man of that profession），而且在这件事上他不是'犯罪地'（feloniously）（实施治疗），（结果）也违背其意愿，所以将他开释了。而假设一个专业的蹄铁匠拿钉子伤害了你的马，结果你失去了那匹马，你无法从他那里求偿。本案同理。"原告自己撤诉了事。

该案有如下要点值得注意。首先，法官态度明确。他暗示原告将会败诉，原告因而撤诉。其次，被告律师提出"寄托"抗辩理由，而此理由背后的逻辑是原告需自担风险。"寄托"理由的提出，在客观效果上部分是对被告行为出于"过失"的预先抗辩。再次，被告律师认为原告提起的是侵害控诉，但被告方并无侵害，案件与契约有关。由此提出了令状恰适性问题。不过正如前文所提到的，此处被告律师对"违反契约"的强调，只是对原告诉因行为事项是否成立的质疑，并不意味着赞同或支持原告（只能）提起契约之诉；而法官也最终暗示原告得不到救济的理由也并非其诉因行为事项选择有误，而是被告的行为在法官看来不具有法律上的可惩罚性——法官正是通过真实的"刑事先例"[②] 来论证本案的。最后，法官提出公共职业事故的责任归属，以真实和假设案例（医生、蹄铁匠）来说明某些公共职业者的责任确认。此处法官提到医疗致死案中的医生并非出于犯罪故意，且有违其意愿。

该案反映了 1320 年代法律人对不当履行的他承诺之诉中"过失"及其

---

① J. H. Baker and S. F. C. Milsom, *Sources of English Legal History: Private Law to* 1750 (2nd edn.) (Oxford University Press, 2010), p.381.

② 应注意者，法官提及的另一个医生医疗致死案是一起"刑事案件"，以举发控诉方式（indictment）进入当时的巡回法庭。

"无过失"抗辩理由的认识，这无疑是对归责及免责之实体法律规则的讨论。仅过了半世纪，实体规则就改变了，法官作为反例提出的外科医生和蹄铁匠的案件都得到普通法的认可。

因此，对贝氏在处理第 42 章和第 49 章时的逻辑稍作对比后，读者可能反而会对贝氏不曾着力的债法规则的进化形态感到好奇。这种好奇，可能一方面来自贝氏展示给读者的材料，另一方面来自贝氏未明言的、他对法律观念进化的认识。也许后者就构成了让法律史家头疼不已的密氏所谓之"历史预设"吧。

四　结语

在贝氏之前，梅氏和密氏对法律观念存在形态的判断截然相反：梅氏把各具体诉讼形式视为法律观念寄寓其中的基本单位，因此诉讼形式的新旧兴替代表了法律观念的进步。他又以关键性诉讼形式为线条，勾勒出清晰的债法史图景。密氏则试图说明，英国普通法的基本观念遵从的是人类思维的基本规律，在法律分类观念上并无不同，因此诉讼形式的兴替给读者带来的普通法发展颇有枝蔓之感，要么是源于时人对基本观念的滥用，要么是源于我们遗漏了被遮蔽的时人的基本观念预设。因此，密氏对债法史图景的描画围绕的是"侵权"和"契约"这样的基本观念是如何被管辖权限、诉答程序、证明模式和强制手段等程序因素所扭曲，其图景更多地呈现多重逻辑和层次的重叠悠远之感。

不论是法律分类的基本观念根本不存在，还是虽有此类基本观念但被滥用或被遮蔽，给后来研究者造成的现实困难就是，如何求得材料和观念之间的平衡，让材料自己为自己说话。贝氏平衡材料和法律观念的努力颇值得赞赏，但留给读者的也不无疑虑。贝氏在材料层面上倚重时人著述，在观念层面上回归梅氏、区隔密氏，在外在结构上对密氏借鉴颇多，但在诉讼形式的基本关系认识上，又力图清除密氏的影响。他为读者所描画的债法史图景，遍布着个别案件所呈现的细碎可疑的色块。在贝氏的图景里，读者看不到梅氏的确定性，也看不到密氏的逻辑感和余味。但是读者必须把贝氏图景纳入脑海，除非读者占有了比贝氏更丰富的材料和更好的分析路线。

Between the Concepts and Materials: Some Disscussions about Chapter 40−42 in Vol. 6 of *Oxford Legal History of England*

Zhang Chuanxi

Abstract: A legal historian often meets the difficulty that for drawing a full view picture of legal history she must balance legal conceptions, from both past and present, and various types of evidences; and her solution may not be satisfactory. Professor John Baker, in his *The Oxford History of the Laws of England*, 1483−1558, when discussing the history of obligational laws in chapters 40, 41 and 42, makes a useful example. The framework Baker takes is similar to professor Milsom's, but he revises Milsom's basic concepts: in chapter 40, Baker divides "tort law" into two parts, namely *trespass* and *case*; whilst he retakes the traditional model created by F. W. Maitland which looks the system of writs as the basis of the common law's development. His reason is that evidences including works and professional books of that time show that legal discussions were upon one writ or another. But he fails to refute Milsom's thesis that there exist fundamental concepts like *contract* and *tort*, provided by laws' own historical logic, but they hide behand materials. In chapter 41, Baker discusses upon the criteria of principles in trespass actions, using plea rolls and yearbooks. But cases contain unambiguous causes of action he gives are rare, in which cases contain whole special pleadings are even rarer, so Baker fails to demonstrate his legal concepts. In chapter 42, Baker develops that actions on the case are aimed to all existing forms of actions, and *deceit* belongs to *trespass*, then *deceit on the case* is one kind of deceit actions. Baker chooses works of that time as his main evidences, emphasizes the historical significance of the strict limit, that one cannot use a writ on the case when there has already existed a writ of course, and its being loosened gradually; but not like Milsom, he fails to demonstrate the substantive significance of that change. In conclusion, Baker deserves our admiration for his trying to balance concepts and evidences, but he leaves questions unsolved yet.

Keywords: Baker; Milsom; Obligational Laws at Common Law; Legal Concepts; *The Oxford History of the Laws of England*

"道出于二"下的自改革运动

——论清末修律立法的盈缩转化

文　扬[*]

内容摘要：清末修律开启了中国法律的近代化进程。作为修律的领导者和组织者，沈家本提出了"熔铸古今、会通中西"的修律主张。在修订法律馆成立前，修律处于筹备阶段，此时的主要工作是不断译介西方各国成法。为此，沈家本倡导"观古会通"，以此作为中西会通之前提。观古，即"深究中律之本原而考其得失"。修订法律馆成立后，沈家本确立了先修订旧律、后推行新法的方案。修旧律，则废酷刑、恤刑狱、禁刑讯；行新法，则以日为师，翻译日本成法、派员赴日调查。为挽回法权、改变地方官吏身兼司法权与行政权，沈家本领衔起草了《刑事民事诉讼法》，然而，这份草案却遭到了各地督抚的反对。其中，张之洞的反对意见最具代表性。张氏认为，草案违背中法本原、未察中国情势、不合法律原理。该草案引发的争议表明，沈家本的修律实践突破了张之洞的"中体西用"藩篱。在新刑律草案中，沈家本以立宪主义为宗旨，主张权力分立，改变地方督抚身兼司法的陈规；同时主张罪刑法定，废除比附援引，改变司法官兼有立法权的做法。通过对《大清新刑律草案》的考察发现，无论是体例结构，还是具体条文，沈家本都是以"齐一法制"为目标，鉴采日本、武踵泰西。由此遭到了"礼教派"的强烈反对。清末修律迄今已逾百年，如何处理法律的因袭与移植，如何在中国法律传统与西方法律传统中寻求改革资源，依然是法律人必须面对的问题。

关键词：沈家本　清末修律　观古会通　中西会通　法律近代化

---

* 文扬，中国政法大学法律史学研究中心博士后研究人员，主要研究方向为中国近现代法律史。

一 修律资源的共识与分歧

1902 年 5 月 9 日，清廷下谕："现在通商交涉事益繁多，著派沈家本、伍廷芳将一切现行律例，按照交涉情形，参酌各国法律，悉心考订，妥为拟议，务期中外通行，有裨治理。"[①] 经过近三年的筹备工作，1905 年 4 月 17 日，沈家本、伍廷芳向清廷提出了效法日本的修律方案："近日日本明治维新，亦以改律为基础，新律未颁，即将磔罪、枭首、籍没、墨刑先后废止，卒至民风丕变，国势骎骎日盛，今且为东亚之强国矣。中日两国，政教同，文字同，风俗习尚同，借鉴而观，正可毋庸疑虑也。"[②] 这一方案得到了清廷的认可。

（一）修律应效法日本

效法日本并非修律大臣首次提出。早在 1887 年，第一任驻日公使黄遵宪就将撰写的《日本国志》书稿呈送张之洞。该书共 40 卷，分 12 志：国统志、邻交志、天文志、地理志、职官志、食货志、兵志、刑法志、学术志、礼俗志、物产志、工艺志。除国统志、职官志、邻交志、学术志对日本古代略加评述外，其余各志均以日本明治维新史为中心内容。张之洞阅览后评价说："《日本国志》条例精详，纲目备举，寄意深远，致功甚勤，且于外洋各国风俗、政事，具能会通参考，具见究心时务。"[③] 1895 年甲午战争惨败后，朝野上下都将日本的胜利归因于对西方近代文明的学习，如何处理中西之学成为中国学人最为关注的问题。康有为认为，由于日本和中国同洲同文，中国应"以日本明治之政为政法"。[④] 1898 年春，康有为刊行《日本书目志》，该书涵盖日本图书种类逾七千，他在自序中强调，日本步武泰西，变法骤强，"吾今取之至近之日本，察其变法之条理先后。则吾

---

① 沈家本：《寄簃文存》，商务印书馆，2015，第 1 页。
② 沈家本：《寄簃文存》，商务印书馆，2015，第 5 页。
③ 黄遵宪：《日本国志》，上海古籍出版社，2001，第 434 页。
④ 康有为：《上清帝第五书》，姜义华、张荣华编校《康有为全集》（第四集），中国人民大学出版社，2007，第 6 页。

之治效可三年而成，尤为捷疾也"。① 同一年，张之洞刊行的《劝学篇》，也强调："至游学之国，西洋不如东洋……中、东情势，风俗相近，易仿行，事半功倍，无过于此。"② 康有为和张之洞经术与政论均不相同，但在学习日本变法改制上都抱有乐观态度。康有为领导的戊戌变法失败后，清廷在庚子事变后宣布推行新政，张之洞主稿的《江楚会奏变法三折》成为新政的施行方案。③ 在第三折中，张之洞提出访求国外律师来华帮助修律，④ 且因日本与中国时令、土宜、国势、民风相近，东文东语易通晓，应该敕令出使日本大臣努力翻译日本政术、学术之书。⑤

正是在这样的环境下，修律要参酌各国成法，翻译非常重要。相较其他国家的法律，日本法律的翻译最受重视。在《删除律例内重法折》中，沈、伍统计了自修订法律馆开办以来翻译的外国法律，译作涉及德、俄、日、法四国 12 种法律，其中，日本法律的译作有 7 种。在修律实践中，修律大臣采取先修订旧律、后颁行新律的具体步骤，在光绪三十一年三月十三日（1905 年 4 月 17 日）到光绪三十二年四月二日（1906 年 4 月 25 日）的一年中，修律大臣先后上呈了 13 道奏折：①请派员拨款折；②奏请先将律例内应删各条分次开单进呈折；③删除律例内重法折（附片：请在京师设法律学堂附片；请在各省添造讲堂附片）；④议覆江督奏恤刑狱折；⑤变通窃盗条款折（附片：宽免徒流加杖片）；⑥议覆刘彭年复刑讯折；⑦变通妇女犯罪收赎银数折；⑧申明新章禁刑讯折；⑨派员赴日考察折；⑩虚拟死罪改为徒流折；⑪伪造外国货币拟请设立专条折；⑫进呈诉讼律拟请先行试办折；⑬进呈破产律奏稿。在这些奏折中，明确提出效法日本的包括③⑨⑫，以日本为参考推进变法的有⑤⑩⑪，④建议设立警察制度，⑥ ⑤认

---

① 康有为：《日本书目志》，姜义华、张荣华编校《康有为全集》（第三集），中国人民大学出版社，2007，第 264 页。

② 张之洞：《劝学篇》，北京师范大学出版社，2014，第 57 页。

③ 新政上谕强调，"不易者三纲五常，昭然如日月之照世；而可变者令甲令乙，不妨如琴瑟之改弦。"据此，张之洞与刘坤一、袁世凯连衔上奏《变通政治人才为先遵旨筹议折》《遵旨筹议变法谨拟整顿中法十二条折》《遵旨筹议变法谨拟采用西法十一条折》以及《请专筹巨款举行要政片》，提出兴学育才、整顿中法、采用西法的改制建议。《江楚会奏变法三折》内容涉及吏治、经济、文化教育、军事等方面，是一个比较全面系统的改革方案。这一方案得到了清廷的认可，成为新政的具体实施纲领。

④ 怀效锋主编《清末法制变革史料》（上卷），中国政法大学出版社，2010，第 27 页。

⑤ 怀效锋主编《清末法制变革史料》（上卷），中国政法大学出版社，2010，第 31 页。

⑥ 李贵连：《沈家本年谱长编》，山东人民出版社，2010，第 122 页。

为修订应该先订立刑法及刑事诉讼法，再纂订民法及民事诉讼法，[①] ⑦针对部分妇女犯罪，建议收入习艺所工作，[②] ⑧认为"废身体之刑，合中外而相通，尤应切实推行，以一政令"。[③] 从这些奏折中可以看出，在修律进入实际阶段的最初这一年，效法日本修订法律得以践行。

最初，对现行刑律进行修改时，修律大臣既强调以日为师，又强调"以仁政为宗旨"，[④] 对枭首、刺字、戮尸、缘坐加以删除，这既是效法日本的需要，也是仁政的要求。然而，对现有法律完成修改后，修订法律馆开始起草新的法律，大家对于修律方案开始发生分歧。

（二）修律不得违背祖制

1906 年 4 月 25 日，修律大臣拟请先行试办《刑事民事诉讼法》，建议依循各国通例，设陪审员制度和律师制度。修律大臣详述了制定该法的目的。首先，有助于法权的挽回。以日本为例，"日本旧行中律，维新而后，踔武泰西，于明治二十三年间先后颁行民事、刑事诉讼法，卒使各国侨民归其钤束，借以挽回法权。推其原因，未始不由于裁判、诉讼咸得其宜"。[⑤] 其次，在日益繁多的华洋讼案中树立司法公信。最后，改变"外省州县，以一身兼行政司法之权"。然而，这份草案遭到了各地督抚激烈的反对，张之洞在《遵旨核议新编刑事民事诉讼法折》的批判尤具代表性。

张之洞认为，《刑事民事诉讼法》草案"大率采用西法，于中法本原似有乖违，于中国情形亦未尽合，诚恐难挽法权，转滋狱讼"，[⑥] 所谓中法本原，"实与经术相表里，其最著者为亲亲之义，男女之别，天经地义，万古不刊"。[⑦] 他认为，《刑事民事诉讼法》使得父子异财、兄弟析产、夫妇分资，"袭西俗财产之制，坏中国名教之防，启男女平等之风，悖圣贤修齐之教，纲沦法斁，隐患实深"。[⑧]《刑事民事诉讼法》因为张之洞等人的激烈反

---

① 李贵连：《沈家本年谱长编》，山东人民出版社，2010，第 128 页。
② 李贵连：《沈家本年谱长编》，山东人民出版社，2010，第 130 页。
③ 李贵连：《沈家本年谱长编》，山东人民出版社，2010，第 131 页。
④ 沈家本：《寄簃文存》，商务印书馆，2015，第 4 页。
⑤ 怀效锋主编《清末法制变革史料》（上卷），中国政法大学出版社，2010，第 386 页。
⑥ 怀效锋主编《清末法制变革史料》（上卷），中国政法大学出版社，2010，第 400 页。
⑦ 怀效锋主编《清末法制变革史料》（上卷），中国政法大学出版社，2010，第 400 页。
⑧ 李贵连：《沈家本年谱长编》，山东人民出版社，2010，第 143 页。

对而未能颁行，这是修律大臣在法律改革中遭遇的首次挫败。①那么，张之洞的反对是否有理有据呢？这需要对诉讼法草案的内容进行考察。《刑事民事诉讼法》共五章260条，另附颁行例3条。五章分别为总纲、刑事规则、民事规则、刑事民事通用规则和中外交涉案件。结合袁世凯、张之洞的反对意见，择取草案的如下条款进行分析。

> 草案第二十四条：如有殷实之人，指控道路之人犯罪，巡捕不持拘票，即将所指之人逮送公堂审讯。
>
> 草案第二十五条：如在道路犯违警罪或情节较轻之罪，且犯罪者似系殷实之人，即不得将该犯捕拿，只须问明刑名、住址、事业，请公堂发票，传令听审。

袁世凯认为，这两个条款中的"殷实"二字范围太广。"舆台走卒，裳衣华于士夫，羁旅孤寒，枯槁同于下贱"，应该依据情罪的轻重决定是否逮捕。② 张之洞认为，"外国法令周密，警察灵通，其人殷实与否，巡捕一览而知"，而中国人贫富一向无籍可查，以服饰观察将导民为伪，就算真的殷实，也有为富不仁之徒。③

> 草案第七十六条：凡裁判均须遵照定律。若律无正条，不论何项行为，不得判为有罪。

修律大臣在该条下加入按语，"此条系指新定刑律。若新律未颁行以前，仍照旧律办理"。④ 袁世凯认为这一条款语义欠完密，"人情变化无穷，故律载断罪无正条者，比附定拟。盖以科条所载，决不能包括无遗"。⑤ 张之洞对此也详加驳斥，他引述"《春秋》比事不废属辞，折狱引经备传往

---

① 预备立宪阶段，沈家本主持编纂《大清新刑律》草案，张之洞又以草案败坏礼教为由进行了严厉批驳。此后，围绕新刑律的修订宗旨和具体内容，以沈家本为代表的法理派与以劳乃宣为代表的礼教派展开了一场激烈的争论。
② 怀效锋主编《清末法制变革史料》（上卷），中国政法大学出版社，2010，第387页。
③ 怀效锋主编《清末法制变革史料》（上卷），中国政法大学出版社，2010，第402页。
④ 怀效锋主编《清末法制变革史料》（上卷），中国政法大学出版社，2010，第441页。
⑤ 怀效锋主编《清末法制变革史料》（上卷），中国政法大学出版社，2010，第388页。

哲",认为情伪无穷而科条不及，比附定拟可以堤防刁徒趋避之端。① 在后来制定的新刑律草案中，沈家本确立了罪刑法定原则，规定"法律无正条者，不问何种行为，不为罪"。② 这一条款也引发了地方督抚的不满，结合"此条系指新刑律"可见，废除比附援引制度而力行严格的法律规则主义已成为沈家本的立法意向。然而，罪刑法定主义的推行无碍，除了新刑律法无正条不为罪的规定外，还需要精密的诉讼机制加以保障，这对立法、司法都是巨大的考验。

> 草案第一百三十条：凡下列各项，不在查封备抵之列：一、本人妻所有之物；二、本人父母兄弟姊妹及各亲属家人之物；三、本人子孙所自得之物。③

袁世凯认为，泰西夫妇、父子别室异财，中国则凡统属于家长者，大都同居而财。且民法未颁，此条实无根据。所列三项，适启窝藏寄顿之私。若扞格不行，则法未虚设。④ 张之洞认为，此法万不可行。中国立教首重亲亲，定律祖父母、父母在，子孙别立户籍，分异财产者，有罚且列诸十恶内不孝一项之小注，而卑幼私擅用财又复定为专律。⑤

二 修律方案：观古会通与中西会通

在宣统建元（1909 年）六月，沈家本对此前七年的修律工作总结道："余奉命修律，采用西法互证参稽，同异相半。然不深究夫中律之本原而考其得失，而遽以西律杂糅之，正如枘凿之不相入，安望其会通哉？是中律讲读之功，仍不可废也。"⑥ 讲读中律，深究中律本原是为了考其得失，从而与西法互证参稽达到中西会通的目的。在这里，沈家本将考察中律的

① 怀效锋主编《清末法制变革史料》（上卷），中国政法大学出版社，2010，第 404 页。
② 怀效锋主编《清末法制变革史料》（下卷），中国政法大学出版社，2010，第 76 页。
③ 怀效锋主编《清末法制变革史料》（上卷），中国政法大学出版社，2010，第 444 页。
④ 怀效锋主编《清末法制变革史料》（上卷），中国政法大学出版社，2010，第 388 页。
⑤ 怀效锋主编《清末法制变革史料》（上卷），中国政法大学出版社，2010，第 405 页。
⑥ 《大清律例讲义序》，载徐世虹主编《沈家本全集》（第 4 卷），中国政法大学出版社，2010，第 750 页。

本原以明得失作为中西会通的前提和基础。自戊戌变法至清末新政，中西会通就不断被改制者提及，① 1896 年 6 月 30 日，康有为在代宋伯鲁作的奏折中说："中国人才衰弱之由，皆缘中西两学不能会通之故"，建言将经济岁举归并正科，并饬各省生童岁科试迅即改试策论，以此"泯中西之界限，化新旧之门户。"② 1898 年，张之洞所著《劝学篇》刊行，该书"大抵会通中西，权衡新旧"，③ 张之洞所言会通中西，即"中学为内学，西学为外学；中学治身心，西学应世事。不必尽索之于经文，而必无悖于经义"。④在《劝学篇·会通》中，张之洞认为新学旧学相互攻讦是由于没有会通的缘故。因为不观中西会通，所以自欺、自塞、自满。《劝学篇》因其持论平正通达，深受光绪皇帝赞许而很快流布朝野，其中学为体，西学为用的改制思路在《江楚会奏变法三折》中得以具体化，并在新政初期得以践行。会通即是沈家本对待中西之学的方法，又是沈家本修律改制的目标。

---

① "会通"是传统史学用以观察历史的一种哲学理念和研究方法。司马迁将"原始察终，见盛观衰"的会通思想付诸《史记》的撰述。会通古今以此引古筹今，从而裨益社会，这种史学经世的精神深受士人认可。"会通中西"始于明末科学领域，1631 年，徐光启上奏《历书总目表》，提出"欲求超胜，必须会通；会通之前，先需翻译"。至于会通方法，他主张"镕彼方之材质，入《大统》之型模。"见（明）徐光启：《徐光启集》，上海古籍出版社，1984，第 374~375 页。徐光启也被认为是"中西文化会通的第一人"，见宋浩杰主编《中西文化会通第一人——徐光启学术研讨会论文集》，上海古籍出版社，2006。此后，明末清初天文学家薛凤祚继承了徐光启"翻译——会通——超胜"的"会通思想"，提出"熔各方之材质，入吾学之型范。"他也被称为"中西文化会通的先驱"。见马来平主编《中西文化会通的先驱——"全国首届薛凤祚学术思想研讨会"论文集》，齐鲁书社，2011。

② 康有为：《请将经济岁举归并正科并饬各省生童岁科试迅即遵旨改试策论折》，姜义华、张荣华编校《康有为全集》（第四集），中国人民大学出版社，2007，第 306 页。早在1888 年前后撰写的《实理公法全书》中，康有为就提出"公法会通"的主张，至于推行之法，康有为认为，身在其国，则讲求万身公法之人，其行事不得违彼某国的律例；而为了避免"骤变而多伤"，执政者知公法之美而欲变法，也应该循序渐进，步步为营。至于推行公法所遇到的问题，康有为有着清晰的考虑。他期望世人不应为一己之私而阻碍他人"乐用新法"，君主若能推行公法一二，则"其功已不朽于天壤"，议员应"举公法而议之，职能奏事，则取公法而陈之，此皆可钦尚者"。见康有为《公法会通》，姜义华、张荣华编校《康有为全集》（第一集），中国人民大学出版社，2007，第 161 页。

③ 《抱冰堂弟子记》。宛书义、孙华峰、李秉新主编《张之洞全集》（第 298 卷），河北人民出版社，1998，第 10621 页。

④ 张之洞：《劝学篇·会通》，北京师范大学出版社，2014，第 87 页。

（一） 观古会通以考中律本原

在受命修律之初，沈家本刊行已故刑部尚书薛允升①的《读例存疑》，认为该书"凡例之彼此抵牾，前后歧义，或应增应减，或畸轻畸重，或分析而未明，或罪名之杂出者，俱一一疏正而会通，博引前人之说，参以持平之论，考厥源流，期归画一，诚钜制也"。② 那么，沈家本眼中的名法专家薛允升在律学研究中如何融会贯通呢？作为"清末提出修改法律的第一人"，③ 薛允升认为：

> 萧何之律，本自李悝。汉晋法家，传之有绪。……自晋沿唐，有革有治。文句大体，实相祖述。捃拾碎遗，研其由趣。斯也足以观古会通，察世轻重者矣。④

观古会通，即考察古代法律的变化，比较刑罚轻重宽严，探本穷源以融会贯通。其目的在于依据古律的良法美意和社会时势需求改革现行法律。薛允升的观古会通包含两个方面的内容。一是秉持先礼后刑，礼刑相辅的法律观。薛允升认为，礼教的功用胜于法律。"惩之于已然，何如禁之于未然。专事刑法，何如崇尚礼教。"⑤ 因此，"一准乎礼，得古今之平"的《唐律》就备受薛允升的推崇。二是谙熟历代法律的变迁以及法律与条例之间的损益。"历代之律，皆以汉《九章》为宗"，⑥ 薛允升对汉代的法律进行了辑佚、整理，认为汉律上承古法、下启唐明。在《唐明律合编》中，薛允升对《唐律》和《明律》进行了悉心研究，他一方面称颂唐律重礼、

---

① 薛允升（1820~1901），字云阶，又字克猷，陕西长安人，清代著名的律学家，陕派律学的代表人物。他在1856年中进士，授刑部主事，1880年召为刑部右侍郎，成为刑部当家堂官。后又先后任职礼、兵、工三部，并于1893年升任刑部尚书。此后薛允升虽宦海沉浮，但1899年被重新启用，于1901年病卒于刑部尚书任上。著有《汉律辑存》《汉律决事比》《唐明律合编》《服制备考》《读例存疑》等。

② 刑部奏底·进呈薛尚书遗书折，转引自李贵连《沈家本传》，法律出版社，2000，第150~151页。

③ 华友根：《薛允升的古律研究与改革》，上海社会科学出版社，1999，第428页。

④ 《汉律辑存凡例》，载《学海月刊》第1卷第5期，1944年11月。转引自华友根《薛允升的古律研究与改革》，上海社会科学出版社，1999，第371页。

⑤ 《唐明律合编卷十·讲读律令》。

⑥ 《明史·刑法志》。

符礼，刑罚宽严适中，认为"上稽历代之制，其节目备具，足以沿波而讨源者，要惟《唐律》为最善，甚可贵也"。[1] 另一方面，又对因袭于唐的明律甚为不满，认为它删修过多，失却古义。

沈家本与薛允升共事多年，私交甚好，其修律主张也深受薛氏影响。一方面，他承袭了薛允升观古会通的修律思想，另一方面，他又依据新的社会情势，提出修律应中西会通。担任修律大臣后，如何参酌各国法律修订当前的律例，也即如何处理中西法律之间的关系，就成为修律者时时面临的考验。沈家本提出了会通中西的修律方法，即"参考古今，博辑中外"，[2] 在他看来，中西会通必须以"深究中律之本原而考其得失"[3] 为前提，因此他推崇薛允升"观古会通"的律学研究理念和成果。在修律筹备工作进入尾声的 1904 年，沈家本将薛允升的《读例存疑》刊印，他认为，薛允升所编纂的《汉律辑存》《唐明律合刻》《读例存疑》《服制备考》等书都应被读律者奉为圭臬。[4] 而在历代刑律中，沈家本赞颂唐律，"自宋已后，修律莫不奉为圭臬，此盖承隋氏变革之后而集其成也。后之定律者，或于其重者轻之，轻者重之，往往有畸轻畸重之失，细心推究，方知《唐律》之轻重得其中也"。[5] 沈家本的中律本原正是"准乎礼"的唐律所体现的"轻重得其中"，是沈家本所念兹在兹的三代先王之遗意，是秦之苛法所忽略的仁义不施。

（二） 中西会通以期推行尽利

宣统三年（1911 年），在《法学名著序》一文中，已经卸任修律之职的沈家本对中国法学兴衰的历史，以及处理中西之学的态度与方法进行了总结。他主张善法治国，[6] 认为议法者要想明了事理，探究精意，就应当迫

---

① 《唐明律合编·例言》。

② 沈家本：《寄簃文存》，商务印书馆，2015，第 180 页。

③ 沈家本：《寄簃文存》，商务印书馆，2015，第 203 页。

④ 沈家本：《寄簃文存》，商务印书馆，2015，第 192 页。

⑤ 沈家本：《历代刑法考》，商务印书馆，2011，第 137 页。沈家本对唐律的推崇还包括唐律对死刑的制度变化，他认为，废止死刑之说实胚胎于唐，虽未全废而存者已少矣。今日西国废止死刑之说，学者日扬其波而不能遂废者，气运犹未至也。见沈家本《历代刑法考》，商务印书馆，2011，第 158 页。

⑥ 《管子》曰："不法法则事毋常，法不法则令不行。"沈家本据此认为，国家不能没有法律，有法律但不是善法，那么和没有法律一样。

切地修习研究法学。沈家本称颂孔稚珪"于国学置律学助教",诚挚恳切地讲求法学。① 自李悝编订《法经》,萧何作律九章,叔孙通制《旁章》,张汤定《越宫律》,赵禹作《朝律》进行补充,"咸明于法,其法即其学也"。迨叔孙宣、郭令卿、马融、郑玄诸儒,各为章句,凡十有余家,家数十万言。凡断罪所当由用者,合二万六千二百七十二条,七百七十三万二千二百余言。② 法学之兴,于斯为盛。郑玄既集两汉经学之大成,"为一代儒宗",非常注重法学,可见当时法学影响之大,意义之广。曹魏卫觊请置律博士,转相教授。③ 自此以后,到唐、宋都有律博士这一专门从事法律教育的机构,因此通晓法学之人不绝于世。自元代,律博士被废除,明清也没有重新设立此官,法学由此衰落了。沈家本指出,纪昀"以刑为盛世所不尚",在编纂《四库全书》时将法令之书摈弃,天下士子自然也不再用心讲求法学,因此法学的衰落也就不足为怪了。在《法学会杂志序》中,沈家本将近世欧洲法学风行与中国寂然无闻作比,认为中国法学的萌芽始自他从事修律、创设法律学堂。④修律立法,为中西会通创造了必要的条件。

沈家本认为:"泰西政事,纯以法治,三权分立,互相维持。其学说之嬗衍,推明法理,专而能精,流风余韵,东渐三岛,何其省也。"⑤ 而日本之所以法学名流辈出,在于游学欧洲,能通欧洲文字、穷泰西之学,辩其流派,会其渊源。沈家本反对浅尝猎取泰西之学,强调博观约取,详其论说,极深研几,罄其精蕴。尽管法治之说已经洋溢四表,并且朝廷也设置修订法律馆改弦更张,但不能分新旧之门户。自成法系的旧学不可弁髦等视不复研求。旧学新学,区别于法理疏密,但都以"情理"二字为大要。旧学和新学都不能舍弃情理。保守经常,革除弊俗,旧不俱废,新亦当参,但期推行尽利,正未可持门户之见也。沈家本还特别指出法治之学与申、韩法治之学的不同,前者即泰西之学,以保护治安为宗旨,人人享有自由,

---

① 在这里,沈家本所说的法学取广义,即一切法律之学。在《法学名著序》中,孔稚珪"于国学置律学助教"的律学是法学,而"纯以法治,三权分立,互相维持"的泰西各国法学,各自为书,浩若烟海。见《法学名著序》。

② 沈家本此言引自《晋书·刑法志》。见群众出版社编辑部编《历代刑法志》,群众出版社,1988,第46页。

③ 卫觊奏曰:刑法者,国家之所贵重,而私议之所轻贱;狱吏者,百姓之所悬命,而选用者之所卑下。王政之弊,未必不由此也。请置律博士,转相教授。见《晋书·刑法志》。

④ 沈家本:《寄簃文存》,商务印书馆,2015,第214页。

⑤ 沈家本:《寄簃文存》,商务印书馆,2015,第209页。

但又不得逾越法律的范围。而申、韩、法治之学则以刻核为宗旨，恃威相劫，实专制之尤。由于宗旨不同，不能以申、韩之学非议泰西之学。沈家本反对申韩之专制，认为"今宪政推行，新法令将次第颁布"，因此法学的盛正在于讲求法学。

在另一篇文章《王穆伯佑新注无冤录序》中，沈家本不满西学深诋《洗冤录》之无用，认为"大抵中说多出于经验，西学多本于学理。不明学理，则经验者无以会其通，不习经验，则学理亦无从证其是，经验与学理，正两相需也"。[①] 旧学与新学的差异在于法理的疏密，而中说与西学的差异在于以经验为本还是以学理为本。它们的共同性则是法理。新学是旧学的推演，二者都贯穿着以情理为大要的法理。何谓法理？沈家本在这篇文章中没有解释。而在此前与礼教派围绕新刑律的内容进行争辩时，沈家本在《论杀死奸夫》一文中对"法理"进行了解释。他认为，法理即与义、序、礼、情相合的法律之原理。何谓义、序、礼、情？沈家本通过分析杀死奸夫的罪行条款予以阐述。和奸罪，据唐元明律的规定，或者徒刑或者杖刑，并不当杀。不当杀而杀，这违背了法律的规定。有罪则按罪处之，是为义。而对罪人拘捕而擅不杀、狱卒虐囚至死、死囚令人自杀、杀死奸夫等罪的刑罚进行比较后，沈家本认为"轻重相衡，失其序矣"。按照礼的规定，妇人淫佚按礼当出，这在《户律》中已有规定，并且在唐明律中也没有处死的规定，如果处死则违背了礼，这也就违背了法理。[②] 而和奸将骨肉之亲，床第之爱惨相屠戮，于情不安，这也就违背了情，不合乎法理。在沈家本看来，"悖乎义""失其序""违乎礼""乖乎情"都是不合乎法理的，而法理又以情理为要，"无论新学旧学，不能舍情理而别为法也。所贵融会而贯通之"，[③] 沈家本借助情理融会中西，尤其强调违背礼则违背了法理，在这篇文章中，或者处于论辩的策略，或者是内心的确证，他视儒家情理之学为一种中西法律普遍遵循的精义。另外，对于方兴未艾的泰西法治之说，沈家本又表现得十分乐观。他认为泰西法治与申韩之学判然各别。前者以刻核为宗旨，恃威相劫，实专制之尤。而后者以保护治安为宗旨，人人有自由之便利，仍人人不得稍越法律之范围。显然，沈家本已然接受了"宪

---

① 沈家本：《寄簃文存》，商务印书馆，2015，第187页。
② 沈家本：《寄簃文存》，商务印书馆，2015，第61页。
③ 沈家本：《寄簃文存》，商务印书馆，2015，第210页。

政推行，新法令将次第颁布"的法治时代。①

三　立法实践：踵武泰西与齐一法制

甲辰（1904 年）前后，由于康有为、梁启超等立宪派的不断鼓吹，孙中山所领导的革命运动的刺激以及日俄战争所带来的启示，社会上掀起了立宪运动，地方督抚也为之响应。此外，推行五年的新政改革因自身发展需要，要求借立宪以推进改革。内外因素交互作用，最终促使清廷在 1906 年 7 月宣布预备立宪。预备立宪时期，沈家本积极倡导司法改革。一方面，沈家本受命大理院，效法日本，确立了"四级三审"的司法审判组织制度；"四级三审"制的确立，为地方官制改革提出了要求，也即剥夺地方行政官的司法审判权，完成司法与行政的分离。这一方案遭到了以张之洞为首的地方督抚的激烈反对。另一方面，沈家本又与法部展开一场关于司法行政权与司法审判权的争论。这一时期的修律主要包括编定全国性审判章程、拟订《看守所规制》、实行改良监狱、酌拟法院编制法等，具体则以感化教育为宗旨，以日本为仿行对象，改建新式监狱、培养监狱官吏、颁布监狱规制以及编辑监狱统计。

（一）起草新刑律草案的动因与宗旨

光绪三十三年八月二十六日，沈家本上奏《刑律草案告成分期缮单呈览并陈修订大旨折》。该折对刑律修订的进展、原因和内容梗概条理分明地进行了说明。沈家本考察泰西 19 世纪的法制发展，认识到这一法典革新时代有法、德、英三派法系，日本法律折中了法国与我国刑律，并进而模仿德国，认为在这种国际竞争环境下，中国万难守旧，必须革故鼎新。中国介于列强之间，迫于交通之势，刑律不得不改。具体而言，包括三个原因：首先，各国借口我国司法制度未能完善，借领事裁判权，损害我国的司法主权，"主权日削，后患方长，此惩于时局不能不改"；其次，各国政治跻身于大同，成立了保和会、红十字会等组织，我国也遣使入会，但这些组织"以我国法律不同故，抑居三等，敦槃减色，大体攸关。此鉴于国际不能不改者也"；最后，各地教案四起，为祸剧烈，"无非因外国刑律之轻重

---

① 沈家本：《寄簃文存》，商务印书馆，2015，第 210 页。

失宜，有以酿之。此又惩于教案而不能不改"。①

在《为刑律分则草案告成缮单呈览折》中，沈家本认为，新刑法"是编修订大旨，折衷各国大同之良规，兼采近世最新之学说，而仍不戾乎我国历世相沿之礼教民情"。② 然而，学部对此却不以为然，认为"国其所定各条，皆能符合此旨，臣等尚复何言"。③ 大学堂总督刘廷琛更是视新律草案与纲常名教势不两立，直斥修订法律馆阴破纲常，擅违谕旨。④那么，沈家本的编订大旨是否在草案中得到体现呢？

（二）新刑律草案的内容

从新刑律的体例结构上看，新刑律草案分为总则、分则两编。总则十七章，计 87 条；分则三十六章，计 300 条。总分则供四十三章，共 387 条。沈氏认为，总则"略与名例相似"，"是编以刑名、法例之外，凡一切通则，悉宜赅载。若仍用名例，其义过狭，故仿欧美及日本各国刑法之例，定名曰总则"。⑤ 而传统的大清律例则与大明律相同，分名例、礼、户、礼、兵、刑、工七篇，三十门，律文 436 条，律后附例。在沈家本修纂的《大清现行刑律》中，前两卷仍规定名例上与名例下，五刑、十恶与八议等仍列于名律开篇处。然而，《大清现行刑律》并非沈家本的修律目标。他认为："此次编定体例，虽隐寓循序渐进之义，仍严遵旧日之范围，如为筹备宪政，模范列强，实非博采东西大同之良法，难收其效。"⑥如何理解"博采东西大同之良法"，沈家本的以下文字给出了答案："考日本未行新刑法以前，折衷我国刑律，颁行新律纲领，一洗幕府武健严酷之风。继复酌采欧制，颁行改定律例三百余条，以补纲领所未备。维持于新旧之间，成效昭著"。正基于此，沈家本在光绪三十四年（1908 年）拟请聘用日本法学专家志田钾太郎、冈田朝太郎等分纂刑、民、诉讼法。而大清新刑律的草案也是日本法学博士冈田朝太郎"帮同考订""易稿数四"的

---

① 怀效锋主编《清末法制变革史料》（下卷），中国政法大学出版社，2010，第 70 页。
② 怀效锋主编《清末法制变革史料》（下卷），中国政法大学出版社，2010，第 449 页。
③ 李贵连：《沈家本年谱长编》，山东人民出版社，2010，第 220~221 页。
④ 怀效锋主编《清末法制变革史料》（下卷），中国政法大学出版社，2010，第 68 页。
⑤ 怀效锋主编《清末法制变革史料》（下卷），中国政法大学出版社，2010，第 72 页。
⑥ 怀效锋主编《清末法制变革史料》（下卷），中国政法大学出版社，2010，第 257 页。

成果。①

在具体条文上，新旧刑律也有了巨大的差异。例如，刑律草案的第 10 条规定："凡律例无正条者，不论何种行为，不得为罪。"沈家本认为："本条所以示一切犯罪须有正条，乃为成立，即刑律不准比附援引之大原则也。"② 比附之弊前人早有论述，但是比附援引作为制度一直存在于司法实践之中。沈家本一方面引进罪刑法定主义作为定罪量刑依据，一方面痛陈比附援引之弊端。虽然在传统法制的"断罪引律令"中有罪刑法定的思想，但是并没有形成一种制度。究其原因，传统法制"断罪引律令"所体现的"罪刑法定"不过是集权对司法实践的操控，其目的是维护以皇权为中心的统治秩序，这与近代西方的"罪刑法定"有着天壤之别。从比附援引到罪刑法定，从传统法制中的断罪引律令到西方法制中的法无明文规定不为罪，所体现的是司法依附于集权向司法独立的转变，是为方便统治秩序向保障人权的转变。又如子孙违犯教令，清律因袭明律，规定凡子孙违犯祖父母、父母教令，及奉养有缺者，杖一百。相较唐律，将刑罚徒二年改为杖一百。《大清律集解附例》云："此立法以教孝也。亲训不可轻违，亲养不可或缺，犯者皆于孝道有亏，故并坐满杖。然须祖父母、父母亲告乃坐。"③ 面对祖父母、父母的教令，子孙在可以遵从的情形下必须遵从，否则在祖父母、父母亲告官府之后，法律代行国家意志对违犯教令的子孙进行惩罚。然而，新刑律草案并未列入这一相沿已久的规定。不仅如此，在刑律草案的第 14、15 条规定的正当防卫并没有就基于"父为子纲"的名教思想而对正当防卫的适用对象进行任何限制。这无疑表明，按照刑律草案，子孙在受到尊亲属的不法侵害时，可以实施正当防卫。虽然在倡导废除"子孙违犯教令"的主张中，以沈家本为首的法理派引证违犯教令的律文表述不明、量刑参差、律例分布不一等问题，④ 但其家国分离、伦理与法律分离的思想已经显露无遗。实际上，这一思想也是顺应立宪之潮流的必然反映。

---

① 怀效锋主编：《清末法制变革史料》（下卷），中国政法大学出版社，2010，第 447 页。
② 怀效锋主编：《清末法制变革史料》（下卷），中国政法大学出版社，2010，第 77 页。
③ 官修《大清律集解附例》卷二十二，刑律诉讼，子孙违犯教令，雍正朝刻本。转引自孙家红《关于"子孙违反教令"的历史考察》，社会科学文献出版社，2013，第 131 页。
④ 这些立法技术问题却也是子孙违犯教令不在入律的重要原因，对此瞿同祖先生以《刑案汇览》为例，指出法司不会对违犯教令进行认定，有的殴死违犯教令之子的案件，咨文上根本不曾说明原因，只有因子违犯教令将子殴死的字样。见瞿同祖《中国法律与中国社会》，商务印书馆，2010，第 11 页。

概而言之，新刑律草案的（总则）与此后的分则改变了相沿已久的刑律体例，采取从新主义的刑法适用原则（第1条），在对人的效力上则采取属地主义与属人主义相结合的折中主义（第2至8条）。草案确立了罪刑法定原则，采取严格的法律规则主义，废止比附援引制度（第10条）。在刑事责任年龄的认定上，草案舍辨别心之旧说，以能受感化之年龄为主，确立十六岁以下无责任之主义（第11条）。草案规定了正当防卫制度，规定基于正当业务之行为或者不违背公序良俗之行为不为罪，同时又对防卫过当进行了规定（第14~16条）。在对未遂罪、累犯罪、俱法罪、共犯罪进行过规定后，草案确立了死刑、徒刑、拘留、罚金为主刑、褫夺公权和没收为辅刑的刑罚制度。其中，死刑则绞于狱内执行，废止斩刑并坚持秘密执行（第38条）。关于刑罚之减轻，则分宥恕、自首、酌量三章（第八、九、十章），并专章对刑罚加重减轻的次序和分量进行规定（第十一章），缓刑和假释也分章而设，并基于立宪主义确立恩赦制度。为保障权利、义务，取得时效和免责时效这一泰西制度也被移植过来（第十五章），并对罚金数额（第44、45条）、时期计算（第77~80条）等技术性问题进行了规定。光绪三十三年十一月二十六日，沈氏又进呈刑律分则共三十六章。奏折中对古今刑律沿革进行梳理，强调刑律应随世运递迁而进行损益变革。具体而言，改变此前民商、诉讼均规定于刑律中的体例，使刑律专属于刑事，而民商及诉讼应该分别编纂。

（三）礼教派的攻讦

张之洞严守中体西用的改制观，认为"我国以立纲为教，故无礼于君父者罪罚至重。西国以平等为教，故父子可以同罪，叛逆可以不死。此各因其政教习俗而异，万不能以强合者也"。[①] 新刑律草案背弃了君臣、父子、夫妇之伦、男女之别以及尊卑长幼之序。针对沈家本以收回法权作为齐一法制之动因，张之洞认为，外国之所以深诋中国法律，在于刑讯无辜、非刑惨酷、拘传过多、问官武断、监羁凌虐、拖累破家数事。如果对这些方面的积弊进行改革，并且国力日益强盛，那么治外法权自然能够收回。

---

① 李贵连：《沈家本年谱长编》，山东人民出版社，2010，第221页。

表 1　学部（张之洞）尊纲常而斥新律草案之原因

	旧律	新律草案
制刑以明君臣之伦	谋反、谋大逆不问首从，凌迟处死	颠覆政府、僭窃土地者，虽为魁首或不处以死刑。凡侵入太庙、宫殿等处射箭、放弹者，或科以一百圆以上至罚金
制刑以明父子之伦	殴祖父母、父母者死，殴杀子孙者杖	凡伤害尊亲属，因而致死或笃疾者，或不科以死刑，是视父母与路人无异
制刑以明夫妇之伦	妻殴夫者杖，夫殴妻者非折伤勿论；妻殴杀夫者斩，夫殴杀妻者绞。而条例中妇人有犯，罪坐夫男者独多	无妻妾殴夫之条，等之于凡人之例
制刑以明男女之别	犯奸者杖，行强者死	亲属相奸与平人无别
制刑以明尊卑长幼之序	凡殴尊长者，加凡人一等或数等；殴杀卑幼者，减凡人一等或数等。"干犯名义"诸条，立法尤为严密	无尊长殴杀卑幼之条，等之于凡人之例

关于新刑律草案更定刑名，张之洞认为，流刑虽然可除，但是笞杖不能尽废，而罚金也不能尽行。此外，张之洞还对草案中酌减死刑、死刑唯一、删除比附一一批判，对惩治教育悉之年限也建言重新酌定。针对草案以收回治外法权为目的，张之洞以日本改例以收回法权为例，初采法国，继而改用德国，而英、法、德也各用其国法律，对法权也没有损害。据此，中国重纲常而改律，即使与各国不同，也不会影响法权收回。由于张之洞以及其他地方督抚的反对，新刑律草案得到修正，在草案后加入了附带礼教条款的《暂行章程》。侵犯皇室罪、内乱罪、外患罪以及对尊亲属的杀伤罪加重了量刑，在定罪上，恢复了对无夫奸治罪和对尊亲属不适用正当防卫的规定。此后，劳乃宣再次对修订的新刑律发难，认为将礼教条款以附则形式置于分则之后是本末倒置，在"无夫奸"和"子孙违犯教令"上更是相持不下。

就礼法之争而言，如果说礼教派是维伦纪而保治安的维护者，那么沈家本和宪政编查馆则强调法律应该在立宪精神的指导下的"去礼教"。如果说礼法合一的旧律可以视为法律道德化，那么沈家本所主张的新律则明显转向了宪政精神指导下的法律与道德相分离。《大清新刑律（草案）》为沈家本领衔起草，这份草案是沈家本以日为师、践行宪政的集中体现。

四 结语

若惊道术多迁变，请向兴亡事里寻。在内忧外患之下，传统儒学丧失了治国平天下的能力，1905 年科举制度的废停，书院被学堂取代，考试的内容也发生了巨大的变化，与"有用"的西学相比，经史之学从长期独尊的地位逐步走向末路。其后，清廷又仿行宪政改革官制，法制变革自然跟进。这一时期，日本对中国产生了广泛而深远的影响。留学游历的选择、教习顾问的聘请都为学习日本奠定了良好的基础，在明治维新中取得巨大成功的日本，其知识系统和制度体系也自然被引入中国，修律中以日为师正是这一大环境下的产物。效法日本是清廷的共识。然而，修律大臣仿照日本编订的《形式民事诉讼法》，却遭到了张之洞在内的督抚大臣的反对。究其原因，修律大臣的立法实践已经越出了张之洞"中体西用"的改革指导思想。

张之洞并不否定诉讼法的制定，他认为编纂法律应该先体后用，应该像西洋各国和日本一样，先制定刑法、民法，再制定刑事、民事诉讼法。张之洞的言行在晚清士大夫中极具代表性，在因袭传统与学习西方的关系上，或革故鼎新或固守成法，内容与制度、条文与精神，人们认识不同家异其说。就民事刑事诉讼法草案的内容而言，除了对清廷奉为万古不易之常经的纲常名教带来冲击外，其对西方法律制度的移植需要吏治、经济、文教的配合，而在当时的社会情势下，法律文本的变革的确很难奏效。张之洞的批评，除了法律本原之争外，他着力强调中国不具备施行西方法律的社会条件，这些反对理由并不能以落后保守而一概抹杀。修律大臣提出将观古会通作为中西会通的前提，以期收回法权，有裨治理。然而，观古会通强调儒家经义对律学的指导，这与中西会通的去礼教化有着尖锐的矛盾。尽管沈家本表现出对自成法系的中国旧律的赞美，但在预备立宪时期的立法实践中，他仿效日本以齐一法制，以此收回法权。

修律距今已逾百年，当时许多争论不休的问题已经熄止在历史的尘埃里。然而，当我们回头审视这段历史，这些问题背后所反映的议题与思想至今仍然值得思考与回应。例如，道德（主义）与法律（主义）之争、家族主义与国家主义之争、自然主义与理性主义之争，这些争议都围绕着如何处理传统法律文化与西方近代法律文化的关系这一议题。清末修律历时十年，过程反复而艰深，这既与当时日趋日急的社会情势相关，也受制于立法群体中思想与观念的歧出与矛盾，这些问题既是历时的，也是共时的，既是特殊的，也是普遍的。

Legal Reform Movement under the Guidance of "Unifying the Ancient and Modern, Conbining Sino-Western Tradition" —On the Changes and Transforms in the Amendments to Law in Late Qing Dynasty

Wen Yang

Abstract: The amendments to law in late Qing Dynasty opened the modernization of Chinese law. As a leader and organizer of amending legislation, Shen Jiaben put forward the idea of "dissolving the ancient and modern ideas, the combining Chinese and the western elements". Before the establishment of Revised Law Office, the law amending was still in the preparatory stage, and western laws were being continuously translated into Chinese. At this point, Shen Jiaben advocated the concept of ancient learning, as a prerequisite for the combination. Ancient learning, "learning the roots of the Chinese laws and investigating the disadvantages", through the investigation of criminal law in the past dynasties, Shen Jiaben's principle of law was the "weighing concept" reflected in Tang law, which was the "unfulfilled wish of the previous three deceased emperors" by Shen Jiaben. After the establishment of the Revised Law Office, Shen Jiaben established the program of first amendment to the old law, then implementation of the new law. Amendment to the old law, where, dismembering, behead, chop up body, punished for being related, tattoo and other tortures were abandoned; while implementation of the new law, where, taking Japan as a teacher, translating the Japanese laws, and sending personnel to investigate in Japan. In order to restore the right, and change the judicial power and administrative power of local officials, Shen Jiaben led the drafting of *the* *criminal civil procedure law*, however, the draft had been governors opposition. The most representative of the opposition was Zhang Zhidong, he believed that the draft violated the original text of Chinese law, China situation, and non legal principle. Shen Jiaben's combination reform had obviously broken through the barriers of Zhang Zhidong's theory. Through the study of style and structure of the new criminal law of Qing Dynasty and the specific provisions of the draft, Shen Jiaben advocated learning from Japan and Europe, doctrine of a legally prescribed punishment for a specified crime, Probation, parole, prescription systems were set up, all belonged to a transplant of Western law. The new criminal law was strongly opposed by the feudal code of ethics, specific performed in whether "widow adultery" and "the sons violating the law" should enter the law. It has been over 100 years since the law revision in the late Qing Dynasty. How to deal with the following and transplantation of law, How to seek reform resources in Chinese legal tradition and western legal tradition are still problems that the legal workers must face.

Keywords: Shen Jiaben; the Amendment of Laws in Late Qing Dynasty; Integrating Ancient and Modern Legal Thought; Unifying Chinese Legal Tradition and Western Legal Tradition; Modernization of the Law

重塑与建构：民国农业融资法制化探究

——以南京国民政府时期为中心

毕凌雪[*]

内容摘要： 20 世纪 30 年代，中国农村经济在西方商品经济的入侵和国内战乱的双重冲击下，已濒临破产。农业经济的颓败使国民政府政治、经济风险日益加剧。尽快恢复和发展农业生产成为国民政府的一项要务，为此，南京国民政府积极采取各类措施，恢复农业生产，复兴农村经济，以法制化手段促进农业融资制度的落实。一方面，整顿民间借贷市场，重塑传统农业融资方式，将民间借贷行为纳入国家法律监管之下；另一方面，在法制引领下创新农业融资制度，依法设立农村合作社、成立中国农民银行，共同担负起农业融资的重担，同时采取法制的办法引导商业性银行支农助农。在重塑与建构中，南京国民政府多方位的农业融资制度得以有效实施，这对当时农村经济的复苏、社会的稳定和抗战胜利产生了深远影响。中国是农业大国，农业对于国家的稳定、经济的发展都起着至关重要的作用，民国农业融资法制化或许在今天仍有一定的启示意义。

关键词： 法制化　农业融资　南京国民政府

南京国民政府初期，中国农村经济在西方商品经济的入侵和国内战乱的双重冲击下，濒临破产。农业经济的颓败使国民政府政治、经济风险日益加剧。尽快恢复和发展农业生产成为国民政府的一项要务。"盖农村之开

---

　*　毕凌雪，法学博士，山东农业大学公共管理学院讲师，主要研究方向为中国法制史。

发与其它（他）企业之经营无异，皆以资金之集中与融通为其条件。"[①] 如何促进社会资金向农业领域流动，成为当时亟待解决的问题。目前学界对此问题的研究多集中在经济史方面，[②] 以历史的考据为主，缺少法律层面的剖析。本文拟从法律的视角，探讨南京国民政府如何利用法制手段推动农业融资政策的建立与落实，取得了怎样的效果，于今日我国加快农村金融制度创新有何启示？这正是本文所要探究之处。

一 南京国民政府初期农村经济颓败之状

近代以来，帝国主义携资本主义商品与大炮俱来，强行打开了中国的国门。其势力沿海顺江河而入内陆，把整个农村作为商品倾销的市场，很快动摇了中国农村自给自足的小农经济。例如，在中国市场被打开前，百姓所用灯油，以农人自产的菜油为主。农民生产的菜油不仅可以自足，还可销至市集，吸收现金，调剂余缺，活跃农村经济。自帝国主义经济入侵以来，内地城市及乡村中用以照明的灯油逐步被外来的煤油所替代，"故农村方面，不仅不能再藉（借）植物油以吸收现金，且农村本身所需灯油，亦不能不仰给外国进口之煤油，一出一入之间，又相去甚远"。[③] 除灯油之外，当时其他的农产品也受此影响极大。"中国最主要农产品，如米、麦、棉、丝、茶等，无不因国际资本帝国主义的经济侵略而衰落，其余农村中日常生活之必需品，以前均能自给自足者，自国际帝国主义入侵以后，几

---

① 白方策：《农业金融问题之研究》，载《农行月刊》（1937）第 2 期，民国二十六年。

② 著作类有徐唐龄的《中国农村金融史略》、詹玉荣的《中国农村金融史》、姚遂的《中国金融思想史》、石国强的《中国金融史话》《中国近代金融史》等。这些著作大都为专门史或金融方面的通史，对民国时期的农村金融状况和金融政策有一定的介绍和研究，但因为其内容庞大繁多，反而对农业融资的研究倾注较少。论文类有邹晓昇的《论中国农民银行的农贷运行机制》、宫玉松的《30 年代农村金融危机论述》、李自典的《行政院农村复兴委员会初探》、陈都学的《民国时期江苏省农业仓库建设研究》、姚会元的《国民政府"改进农村金融"的措施和结局》、张丽的《关于中国近代农村经济的探析》、邱松庆的《简评南京国民政府初建时期的农业政策》、伍福莲的《试论南京国民政府的农村合作运动》、赵林凤的《民国时期江苏农村金融变动的探析》、刘征的《民国时期甘宁青农村高利贷研究》等。以上科研成果对民国时期农村金融问题有一定的涉及，但从论文题目和出版的杂志可以看出，这些科研成果多出于近代历史学专业、经济史专业的研究人员之手，对农业融资或农业金融问题的研究偏重历史、经济或金融的角度，缺少对当时相关法律制度的关注和研究。

③ 朱其华：《中国农村经济的透视》，中国研究书店，民国二十五年（1936），第 207 页。

乎无一不依赖外国商品之供给。"[①] 与此同时，国内连年战争加速了农村经济的破产。一方面，战争频发使得兵力不足，各军阀争相抓丁扩军，农业劳动力流失严重。同时，未被征兵的农民，却又不得不忍受战火的摧残，无心农事，"甲子战事，正值秋收之时，农民于隆隆炮声中，实不能安心于田亩间，因之收获失时，损失岂可数计"。[②] 另一方面，各地军阀因连年的征战难以按时筹措军粮，只得掳掠农户的粮食、家畜，使得原本就勉强度日的农民，生活愈发艰难，农业生产难以为继。兵灾之下，接连不断的自然灾害又使得农村经济雪上加霜。据 1929 年 2 月国民政府赈务处的调查报告所载录，1928 年"全国受灾区域达二十一个省，一千零九十三个县，灾民的数目，除湖南、湖北、江苏、贵州、四川、福建、热河、江西八省未有报告，陕西、广东两省报告不全外，已有六五六二二五〇〇人"。[③] 到了1929 年灾情不但未有减轻，反而愈加严重。以上种种，无一不说明南京国民政府初期，中国的农村经济，外受帝国主义经济之侵略，内受军阀混战之蹂躏，加上连年灾荒不断，可谓已到崩溃的边缘。

在这种崩溃的态势下，农村经济却又失去自身"造血"功能，同时缺少其他领域向农业"输血"的路径，致使当时整个中国农村处于"贫血"状态。表 1 是根据 1933 年中央农业试验所对当时 22 个省份农民现金借款来源的调查数据统计。

表 1　1933 年全国 22 省农户现款借贷状况[④]

省名	调查的县数（个）	借贷的家数（户）	借款来源（%）							年利率（%）
			合作社	亲友	地主	富农	商家	钱局	其他	
察哈尔	7	79	/	8.3	8.3	41.7	33.4	/	8.3	3.2
绥远	11	48	/	8.3	16.7	37.5	12.5	12.5	12.5	3.2
宁夏	6	51	/	/	7.1	50.0	35.7	/	7.2	3.7
青海	6	56	/	7.2	7.2	35.7	35.7	/	14.2	2.7

---

① 朱其华：《中国农村经济的透视》，中国研究书店，民国二十五年（1936），第 204 页。
② 徐方干、汪茂遂：《宜兴之农民状况》，载《东方杂志》24 卷 16 号。
③ 朱其华：《中国农村经济的透视》，中国研究书店，民国二十五年（1936），第 5 页。
④ 中央银行经济研究处编《中国农业金融概要》，商务印书馆，民国二十五年（1936），第 9~10 页。

省名	调查的县数（个）	借贷的家数（户）	借款来源（%）							年利率（%）
			合作社	亲友	地主	富农	商家	钱局	其他	
甘肃	21	63	/	/	3.2	43.6	17.8	4.8	30.6	5.3
陕西	45	66	0.8	3.0	5.2	41.0	40.2	1.6	8.2	5.1
山西	71	61	0.4	3.0	1.1	48.1	26.9	14.5	6.0	4.6
河北	109	51	10.5	5.8	1.2	34.8	20.2	19.7	7.8	2.9
山东	82	46	2.2	7.0	2.7	41.6	15.0	27.0	4.5	3.4
江苏	50	62	2.5	10.1	6.5	40.3	8.3	26.2	6.1	3.5
安徽	32	63	2.3	10.2	7.0	50.0	6.3	5.4	18.8	4.1
河南	63	41	/	9.0	10.6	41.2	13.5	9.0	16.7	3.5
湖北	22	46	3.7	11.1	11.1	46.2	14.8	3.8	9.2	2.9
四川	56	56	/	19.5	20.5	32.5	12.0	8.0	7.5	3.8
云南	25	46	1.9	17.0	9.4	43.4	11.3	5.7	11.3	3.5
贵州	25	45	/	4.2	10.4	64.6	6.2	4.2	10.4	3.6
湖南	37	52	2.3	12.5	19.5	46.9	8.6	2.4	7.8	3.3
江西	27	57	1.2	7.6	8.9	53.2	14.9	2.5	12.7	2.5
浙江	42	67	1.5	15.4	6.1	43.5	7.6	19.8	6.2	2.0
福建	26	55	/	8.9	12.5	51.8	16.1	5.4	5.3	2.1
广东	49	60	0.6	10.2	5.8	52.9	16.6	5.7	8.2	2.7
广西	38	51	/	3.8	16.2	52.3	7.7	16.9	3.1	3.4
平均	85	56	1.3	8.3	9.0	45.1	17.3	8.9	10.1	3.4

从表1可以看出：当时农民现金借贷主要对象是富农、商家、亲友、地主、钱局、合作社等。这些借贷大都属于民间性质的借贷，无论是向个人借贷还是向钱庄等机构借贷，都是农村资金的内部流动，是小农经济长期运行中在乡村自发形成的资金链条，无论资金流速如何，在这个内循环过程中，资金总量并没有增加，融资渠道相对封闭。借款来源的"其他"部分，可以看作外部资金输入，但该部分只占农民现金借贷的10%，农业增量资金显然不能满足当时农村经济的恢复与发展。

面对严峻的农村经济问题，20世纪30年代，社会各界普遍认识到恢复和振兴农村经济必须大力融通农业资金，拓宽农业融资渠道，解决农业资金短缺问题。各种利于恢复农村资本流通的建议、提案纷纷涌向国民政府。1930年"农业金融讨论会"① 向行政院提交了"农业金融规程草案四件，分期实施方案一件"。② 同年，国民党第四次全国代表大会上，孔祥熙所提的《训政时期国民生计建设实施方案》中，指出要"改善农民金融制度"。③ 1932年中国合作学社的王志华等执行委员向国民党中央执行委员会提交《以合作方式繁荣农村方案》。同年，农业金融讨论会提出尽快筹备设立中央农业银行相关办事机构，尽快在全国范围内设立农业仓库并制定配套的法律制度。1933年"农村复兴委员会"④ 在行政院第一○三次会议上提交《设立中央农业银行并确定资金案说明》。以上有关组织和个人的呼吁，反复强调建设农业融资平台和融资制度的重要性，推动了南京国民政府农业融资法制化的进程。

二 民间农业融资行为的法律重塑

（一）依法规范民间借贷行为

南京国民政府成立之前，中国农村经济衰落，资金外流，农民受高利贷盘剥苦不堪言。由于民间高息借贷多属私下交易，法律难以对此行为进行约束监督，致使其成为久攻不克的顽疾。

面对此等问题，早在北伐战争时，国民政府即"通令各机关限制民间

---

① 南京国民政府的农矿部与实业部聘请农业经济专家并指派部员为委员，率先组织，作为厘定农业金融法规、设计农业金融制度的一个专门组织。

② 姚公振：《中国农业金融史》，中国文化服务社出版，民国三十六年（1937），第206页。

③ 孔祥熙：《中国国民党第四次代表大会提案》，第2页。中国国家数字图书馆，民国图书，参见 http：//mylib.nlc.gov.cn/web/guest/search/minguotushu/medaDataDisplay? metaData.id =1410799&metaData.lId=1413734&IdLib=40283415347ed8bd0134834eef150010，最后访问日期：2019年1月14日。

④ 民国二十一年，在行政院第九十六次会议上，行政院院长汪精卫提出"救济农村"一案，经决议，在行政院内部成立"农村救济委员会"，以"农业金融、农业技术、粮食调节、水利"四方面为工作主要重心，该委员会由行政院院长及各部部长，以及对外聘请若干工商界人士，共同组成，并将该委员会更名为农村复兴委员会。会后，由行政院政务处起草了《农村救济委员会章程》，报行政院第九十七次会议审核通过。

贷款最高利率不得超过百分之二十"。① 1929 年颁布的《中华民国民法》对借贷利率进行了严格规范，全国统一施行"国定利率"，具体条款内容如表 2。

表 2　《中华民国民法》中有关民间借贷的规定

《民法》条目	内容
第 203 条	应付利息之债务，其利率未经约定，亦无法律可据者，周年利率为百分之五
第 205 条	约定利率超过周年百分之二十者，债权人对于超过部分之利息无请求权
第 206 条	债权人除前条限定之利息外，不得以折扣或其他方法巧取利息
第 207 条	利息不得滚入原本再生利息。但当事人以书面约定，利息迟付逾一年后，经催告而不偿时，债权人得将迟付之利息滚入原本者，依其约定

通过表 2 所列条款可以知晓，《中华民国民法》不支持高息借贷行为。一是规定了未约定情形下合理范围内的借贷利率，如此是为防止高利贷者事先不约定利率，事后"狮子大开口"，随意设定利率；二是对于有约定的利率，《中华民国民法》中设定以年利率百分之二十为上限，如若超过此限度，债权人无请求权，这样就以法律的形式将民间借贷利率控制在百分之二十以下；三是为防止民间高利贷者的各种狡猾伎俩，《中华民国民法》又规定放贷者不可巧立各种名目升息，对民间最常见的"利滚利"行为也予以禁止。同时，出于保护放贷者的利益，防止有刁民钻法律漏洞，借款后故意拖欠不还，在第 207 条内加入一个但书，即在借贷人逾期一年且经催告之后仍不还贷者，法律允许放贷者将迟付的利息计入本金内。

《中华民国民法》对民间高息放贷行为起到了一定的控制作用，但在实际执行中有些地区仍然有突破法律规定的高息放贷行为，对此国民政府三令五申，要求地方政府严格依国家利率标准管控高利贷者。1931 年 7 月行政院就调令江苏省和安徽省政府限制当地的高利贷行为，颁布"行政院训令第三四六九号"，规定"宿迁、唯宁、泗阳等处，连年迭受匪患，又遭水患，人民困苦，自不待言。乃各该地富户，竟敢贪放重利，趁机盘剥，自非从严查禁，无以救济灾黎。合亟令仰该省政府迅令上开灾区各县地方官布告各当地民众，嗣后凡关于商民借贷，所订利息，无论缴纳现金或折缴

---

① 王志莘、吴敬敷编著《农业金融经营论》，商务印书馆，民国二十五年（1936），第275页。

租谷，均应一律遵照国府颁定利率，年利不得超过二分，以示限制。至其他不属灾区范围以内之各县，亦应通令一体遵照办理，俾惠贫民而维通案"。[1] 由此可以看出，国民政府对高利放贷行为不断地用法律、政令进行约束和规范，经过一段时间的法律实施，确实取得了良好的效果。如 20 世纪 30 年代初，铁道部在对渝柳线、川黔线的经济进行调查时发现，重庆市、巴县、綦江诸地农民粮食借贷利率极高，"米息最高利率为百分之五十，最低为百分之二十，普通为百分之三十"。[2] 垫江地区亦甚，"垫江乡间金融困难，贷息自然奇高。大宗放款，概是以田作抵，由放债者收租，名为谷利。这是有田地的人借贷的办法，其利息约合三分。短期的小借款，最普通的利息是五分上下"。[3] 随着法律对民间高息借贷行为的不断施压，乡村中的高息借贷行为有所收敛，借贷利息逐步降低，相对减轻了农民的借贷负担。1940 年中国农民银行四川省农村经济调查委员会对四川 16 个县 216 户农家的调查显示："农民在调查周年期内所举借款，平均每家为三四〇元，其在周年以前举借之旧债，平均为七七元，故每家之借款总额计为四一七元。此等借债大都源自商人、富农、地主及农村中其他有产阶级……向商人借款，平均需付月息二分四毫，农人为二分六厘三毫，地主为二分三厘五毫，其他为二分六厘二毫……此外乡村农民更有以谷物纳息者，二十九年以前平均每百元每年缴纳谷息二·五四市石，调查周年内降至一·〇八市石。"[4] 从以上两例可以看出，同是四川地区，"国定利率"颁布之初，民间借贷利率平均三分以上，最高达五分左右，后来降至三分以下，虽然没有达到二分的国定利率，但对农民而言，已经减轻了借贷利率的负担。

（二）依法规范典当行为

典当经营方式灵活，贴近百姓生活，因而一直是民间融通资金的主要途径之一，在乡村也不例外。20 世纪 30 年代初，浙江大学农学院对海宁等四县典当的放款用途做了详细调查，农民"为购买蚕种、肥料、种子、农具、家畜，而典当者，占典当放款总额的百分之四二·八"，[5] 这一项统计

---

[1] 王志莘、吴敬敷：《农业金融经营论》，商务印书馆，民国二十五年（1936），第 256 页。
[2] 朱其华：《中国农村经济的透视》，中国研究书店，民国二十五年（1936），第 207 页
[3] 朱其华：《中国农村经济的透视》，中国研究书店，民国二十五年（1936），第 421 页。
[4] 潘鸿声：《四川省农村经济调查总报告》，中农印刷所，民国三十年（1941），第 29 页。
[5] 林和成：《中国农业金融》，中华书局，民国二十五年（1936），第 437 页。

虽然仅取样浙江四县，但不难推测出在当时农民通过典当的方式进行融资，至少有近半数是为了发展农业生产。为此，南京国民政府对典当业的发展十分重视，各省都加强了对该行业的法制化管理。

典当虽然便民，但在民国前期典商重利盘剥当户，百姓苦不堪言。"国定利率"的出台，不仅遏制了民间高利贷行为，同时也约束着典当业。各地方政府依据《中华民国民法》制定或修改典当业内部规则，规范典当利率。

表3　南京国民政府初期部分省市典当规则①

时间	省市	法规名称
1928 年	广西省	《修正广西当押营业捐章程》
1929 年	安徽省	《安徽省押店营业规则》《修正安徽省质业章程》
1930 年	上海市	《修正上海市典当营业规则》
1930 年	湖南省	《湖南当帖章程及其施行细则》
1930 年	北平市	《北平市当商营业暂行规则》
1931 年	浙江省	《浙江省典当营业暂行规则》
1931 年	江苏省	《江苏省典当营业规则》
1932 年	陕西省	《陕西省会公安局管理当铺规则》
1932 年	河北省	《天津市华界当商减息办法》

查阅当时各省典当业规则，大都规定当物利率无论当价大小均以常年20%为标准，个别地区会因季节变化而降低利率，如河北省就规定"冬季减息为一分八厘"。② 但在实际执行中，有些地方的规定还是高出了国家标准，如《安徽省押店营业规则》就明确规定，"押物利率每月不得过二分五厘"。③ 这也再一次表明地方政府和典当机构在利率的博弈中难分伯仲，"国定利率"的推行难度甚大。除了对典当业限定利率外，各省对典当手续费等也做出了规定。具体的收费标准应呈请省建设厅核准，典当行不能恣意收取。如《浙江省典当营业暂行规则》规定"于利息外并得就当地情形呈请建设厅核准酌收管理手续费"。④ 以上利率和手续费的规定，是对此前典

---

① 宓公干：《典当论》，商务印书馆，民国二十五年（1936），第491~492页。
② 宓公干：《典当论》，商务印书馆，民国二十五年（1936），第502页。
③ 宓公干：《典当论》，商务印书馆，民国二十五年（1936），第496页。
④ 宓公干：《典当论》，商务印书馆，民国二十五年（1936），第495页。

当行业高利盘剥当户最直接有效的法律管制，在一定程度上限制了典当高利行为，保护了典当农户的利益，变相增加了其持有的资金，为恢复发展农业提供了物质支持。

三 新型农业融资平台的法制建构

南京国民政府时期，农业资金流通面临的最大困境在于缺乏外部资金注入。为此，国民政府统筹规划，不断加强融资渠道建设，依法设立了各类新型农业融资平台，形成了以农村合作社为依托，以中国农民银行为主体，以商业银行为补充的现代农业融资体系，这个体系的形成也就是农业融资法制化的过程。

（一）合作社法激活了农业合作社的农业融资功能

南京国民政府初期，农民融通资金主要依赖典当、合会、私人借贷等传统方式。1933年中央农业试验所对二十二省农村借贷的抽样调查报告中，只有陕西、山西、河北、山东等十二省农户有向合作社借款的记录，且此类借款在当时农村借贷总额中所占比重的平均值仅为1.3%。其余如四川等十省在抽样调查中并未有此类借贷记录。由此项调查可以看出，1933年农村合作社在诸多地区尚未建立起来，其功用并未得到真正的发挥。1934年《中华民国合作社法》颁行，中国的合作社事业在得到法律认可后有了迅猛发展。

结合图1可以看出，农村合作社早在民初就已有雏形，但在南京国民政府时期，尤其是1934年之后爆炸式猛增，并且由沿海各省迅速向内陆推进。如此变化离不开《中华民国合作社法》的颁布，该法明确了合作社的法律地位，极大提高了合作社的信用度：合作社的成立必须由政府审核批准。根据《中华民国合作社法》的规定，合作社由一名"创立人"发起，有七人参与就可设立，进行登记。登记时一并向主管机关①报送"创立会决议录、章程及社员名册"。② 主管机关"接到呈请后，应于十五日内为准否之批示"，并"应呈请省主管厅备案并汇报实业部，在隶属行政院之市由社会

---

① 此处的主管机关根据《合作社法施行细则》的规定主要是：主管机关在县为县政府，在市为市政府，在隶属行政院之市为社会局。
② 第二历史档案馆编《中华民国史档案资料汇编》第五辑·第一编·财政经济（七），凤凰出版社，1991，第327页。

局汇报实业部"。① 得到批准后，由主管机关向合作社颁发合作社成立登记证，至此合作社才正式在法律上得到确认。由此可以看出，合作社设立程序严格，由国家统一进行宏观监督，自始至终处于政府机关的管理之下。同时，农村合作社的设立门槛较低，极大促进了合作社的蓬勃发展。合作社法制元素的渗透，提高了它的信用程度，国民政府和金融合作社制度的法律化使得农业资金借贷关系发生了明显变化，由此前以私人间借贷为主，转向社员向农村合作社借贷为主，机构更加倾向放贷给农村合作社而非农民个人。如《中国农民银行农村合作社放款章程》第 1 条规定放贷的对象主要为："（一）农村信用及兼营合作社；（二）农村运销合作

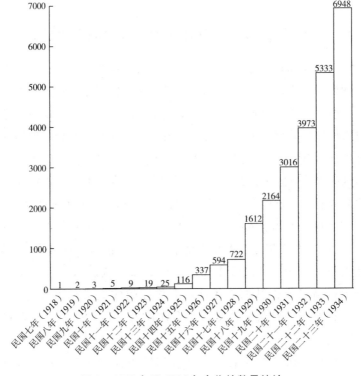

图 1　1918 年至 1934 年合作社数量统计

① 第二历史档案馆编《中华民国史档案资料汇编》第五辑·第一编·财政经济（七），凤凰出版社，1991，第 328 页。

社；（三）农村利用合作社；（四）农村供给合作社。"①《中国银行农村放款办法》第 2 条规定："本行农村放款，暂限于依法组织之农民合作社及类似合作社之农民团体。"② 由此也就使得合作社成为当时社会资金向农业流动的重要枢纽，尤其是农村信用合作社，更是农村合作社作为资金融通枢纽的典型。

同时也减轻了农民的借款负担。以四川省为例，1933 年四川省受访的 56 县均无农户向合作社借贷，而 1940 年《四川省农村经济调查报告》中载有：受访的 16 个县 216 户农家中，农民向合作社借款占农民借款总次数的 48%，向朋友借款占 26%，向亲戚借款占 21%，其余的 5% 是向家族、邻里等借款。从借款次数所占的比重上就可以看出合作社在农村资金流通中的地位已较 1933 年有了极大提高。之所以发生如此变化，是因为合作社的借款利率在农村的各类融资方式中是最低的，"调查周年期内……农民借款利率，依款项来源不同，常呈高下之别。其中以合作社为最低，平均月息一分二厘一毫，其余均在二分至三分之间"。③ 农民融资通常是为解决生活或生产两方面资金困难的问题，私人借贷通常是为了生活应急，而向合作社借款则主要是为了发展农业生产。如《四川省农村经济调查报告》中指出："农民借款用途，可分为生产与非生产两类，其向合作社借得者，约百分之八十系作生产用途，百分之二十作非生产用途，其向商人、农人、地主借得者，生产用途约占百分之二五至三九。据此可知，目前之合作社，对于限制大部分贷款作为生产之用，似已获得相当成功。"④

通过以上一系列的示例对比可以得知，国民政府时期农村合作社在法律的推动下，一方面吸纳金融机构、个人的资金，另一方面向内部社员进行资金转贷，逐渐打造成为农业资金融通中独一无二的枢纽。

（二）农民银行条例确立了中国农民银行⑤农业融资的主导地位

1935 年，国民政府设立了中国农民银行，颁布《中国农民银行条例》。

---

① 王志莘、吴敬敷：《农业金融经营论》，商务印书馆，民国二十五年（1936），第 445 页。
② 王志莘、吴敬敷：《农业金融经营论》，商务印书馆，民国二十五年（1936），第 474 页。
③ 潘鸿声：《四川省农村经济调查总报告》，中农印刷所，民国三十年（1941），第 29 页。
④ 潘鸿声：《四川省农村经济调查总报告》，中农印刷所，民国三十年（1941），第 29 页。
⑤ 南京国民政府设立的中国农民银行是专门支持农业的"政策性"银行，业务范围主要是融通农业资金，与商业性银行有所区别。

中国农民银行的主旨是"供给农民资金，复兴农村经济，促进农业生产之改良进步"，① 其分支机构逐步向各省农村拓展，到抗战时期已达到87处。②

中国农民银行作为当时以开展农村、农业贷款为主的中央银行，从中央立法到机构内的规章制度，无不渗透着以农为本，复兴农村经济的思想。《中国农民银行条例》第10条规定，农行的"农业放款，不得少于放款总额百分之六十"，并规定了配套的监管措施，要求每年年终银行结算时，农业类放款必须"于资产负债表上以适当之科目表现之"。③ 在农业放贷用途上，又细分为"一、购买耕牛、籽种、肥料、畜种及各种农业原料。二、购买或修理农业应用器械。三、农业品之运输及囤积。四、修造农业应用房屋及场所"，以及与"农产品制造"和"农业改良"有关的内容，可谓涉及的方面细致而又全面。此外，针对当时的土地状况和农民耕作水平，财政部和中国农民银行还下发了一系列改良土地、扶持自耕农的放款政策，如《中国农民银行土地债券法》《中国农民银行经营土地抵押放款及农村放款办法》《中国农民银行兼办土地金融业务条例》《中国农民银行土地金融处土地改良放款规则》《中国农民银行扶持自耕农放款规则》等。在一系列国家立法的支持下，中国农民银行在农业融资中的地位和作用步步攀升，成为当时农业资金流通的主渠道。从图2中可以看出中国农民银行向农村合作社放贷的区域和总额呈逐年上升趋势。

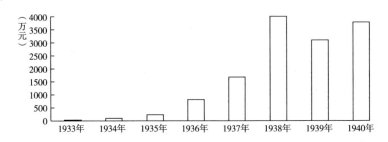

图2 中国农民银行农村合作社放款比较（1933~1940年）

---

① 中国人民银行金融研究所编《中国农民银行》，中国财政经济出版社，1980，第330页。

② 上海市地方志办公室：《上海金融志》（第三篇解放后金融机构·第一章中国农民银行）http://www.shtong.gov.cn/node2/node2245/node75491/node75498/node75567/node75593/userobject1ai92389.html，最后访问日期2019年1月14日。

③ 第二历史档案馆编《中华民国史档案资料汇编》第五辑·第一编·财政经济（四），凤凰出版社，1994，第527页。

　　抗日战争时期为了更好地协调全国农业金融，国民政府下令将各金融机构的农贷业务交由中国农民银行统一办理，至此全国农贷业务实现了专业化管理。根据《中国农民银行三十二年度业务报告书》中所称，自 1942年下半年专业化之后，中国农民银行便"集中力量推行农贷……所有一切放款均秉承四联总处办理，本年度放款额计达二十一亿九千万元，计比上年增达二倍以上。其中农业贷款占十五亿元，计比上年增百分之七十。各类农贷仍以农业生产贷款为最大宗，计共五亿八千八百万元，约占总额百分之三十九"。① 抗战结束后，除大后方之外的全国其他省份都受到不同程度的经济重创，中国农民银行的农贷资金虽面向全国各地，但由于各地农村经济实情的不同，对利率的设置也做了弹性的调整。"各项农贷利率，由本行斟酌各地情形，随时规定其最高额及最低额"，② 因此战后中国农民银行的农贷利率不再是全国统一标准。此外，"对于合作社或农会之放款"各地分支行处应加收月息一厘作为合作指导事业或农会指导事业辅助费，但利率和辅助费之和以不超过当地的一般利率为原则。

　　1945 年《中国农民银行办理农贷办法纲要》出台后，中国农民银行的农贷业务全面发展，农业融资成效显著，如下表所示。

表 4　1945 年至 1947 年农贷结余额按贷款用途分类统计表③

单位：千万元，%

种类		1945 年		1946 年		1947 年	
		余额	百分比	余额	百分比	余额	百分比
农业放款	生产	1221973	23.8	10316844	20.8	223465479	25.5
	运销	368820	7.2	19462769	39.3	115063786	13.2
	大型水利	2603430	50.8	6277305	12.7	23783031	2.9
	小型水利	187330	3.7	1924064	3.9	16614997	2.1
	推广	227324	4.4	3063129	6.2	92986906	10.6

① 中国农民银行总管理处编《中国农民银行三十二年度业务报告书》，中国农民银行总管理处印，民国三十二年（1943），第6~7页。

② 《中国农民银行办理农贷办法纲要》，中国国家数字图书馆·民国法律 http：//mylib.nlc.gov.cn/web/guest/search/minguofalv/medaDataDisplay? metaData.id = 433509&metaData.lId=437990&IdLib=402834c3361f55da01361f5dfbe4001e，最后访问日期：2019年1月14日。

③ 中国人民银行金融研究所编《中国农民银行》，中国财政经济出版社，1980，第162页。

续表

种类		1945 年		1946 年		1947 年	
		余额	百分比	余额	百分比	余额	百分比
农业放款	副业	163554	3.2	3410262	6.9	24270836	3.0
	收复区	21267	0.4	21487	—	24449	—
	战区	120555	2.4	57853	0.1	38840	—
	边区	9503	0.2	30089	0.1	198024	—
	小本	—	—	—	—	15214098	1.8

（三）银行业法律法规引导商业性银行①成为支农融资的重要补充

近代中国的商业性银行发端较早，因受利益的驱使，早期这类银行鲜少向农业领域流通资金，加之又缺乏国家政策和法律的引导，在农业融资一事中作用并不突出，如中国银行在 1930 年时尚无农贷业务。1934 年《储蓄银行法》颁布，规定储蓄银行必须向农村合作社开办质押放款业务和向农户开办农产品质押放款业务，并且放款数额不得少于存款总额的 1/5，②自此国家立法对商业性银行的农贷业务有了强制性规定。此后，国民政府又陆续颁布了一系列法律政令进一步规范商业性银行的支农业务。如《省银行条例》，规定省银行业务，"以贷予省内农、林、渔、牧、工、矿等生产事业及公用事业为原则"。③各省银行在制定银行业章程时，纷纷照此原则把开展农业放款业务纳入其中。《县银行法》，对县一级银行的农贷业务也作出专门规定。县银行是由县政府以县乡镇的公款与人民依法合资设立的地区性金融机构，其放款范围包括"农业生产之放款"和"农田水利之放款"。

在法律的引导下，商业性银行支农助农的作用日渐突出。1935 年中国银行的年度营业报告中指出："年终农业放款余额达二千五百十六万一千元，其

---

① 在南京国民政府时期，设立的各类银行较多，有办理国际汇兑业务的中国银行，有专注实业投资的交通银行，以及专门办理储蓄业务的邮政储金汇业局，还有各地方政府设立的地方银行，这些银行的业务范围都包括存款、放款、贴现、汇兑等，在经营性质上都是以营利为目的，本文将其统称为"商业性银行"。

② 浙江地方银行总行编《金融法规辑要》，浙江地方银行总行发行，民国三十年（1941），第47页。

③ 熊光前编《金融法规》，大东书局，民国三十四（1945），第27页。

中贷与小农者计五十一万元。全年贷与农村合作社之款约四百四十九万元，超出廿三年一倍以上……放款区域达九省八十县，内计廿六处合作社联合会，二千八百十四处合作社，十二万六千余家农民。"[1] "北四行"之一的金城银行，在1934年的营业报告中就专门列出对农业的两项专款贷放情况。其一，扶持华北农产研究改进社，在资金上支持该社对华北地区的棉花品种进行改良，同时在"定赵、蠡晋等处举办生产放款，设立仓库，办理押款，指导组织合作社等事"，[2] 使得棉农能以稍高的价格出售棉花，直接提高棉农收入，"约计每包多获利自二元至四元不等，为数虽微，然以此类推，其范围渐广，似于农村经济等不无裨补"。[3] 其二，组织陕西、河南、山西三省棉花生产运销合作社的联合贷款。金城银行联合其他五家商业性银行共同向陕、豫、晋三省的农村合作社开办"利用贷款、生产贷款、运销贷款"[4] 三类农贷业务，支持当地的棉花生产和运销，并对关系农产品运销的打包轧花厂，给予一定的资金支持或由该行附属经营。以上示例可以看出，以营利为目的的商业性银行之所以在南京国民政府时期愿意贷放大量的资金于农业助其发展，离不开国家法律政令的引导和扶持。

四 结语

中国是农业大国，农业对于国家的稳定、经济的发展都起着至关重要的作用。中央连续11年的一号文件都是有关"三农"工作的部署，但对于农业融资的关注则是在2014年才正式提出。中国四十年的改革开放使农业生产发生巨大变化，目前已经迈入农业现代化初期，要实现中国农业跨越式发展，必须加快农业现代化进程。目前，资金缺乏已经成为制约我国发展农业现代化的"瓶颈"，因此从中央到地方要形成合力，实行"工业反哺农业""城市反哺农村"战略，以强有力的行政推动增加对三农的投入，以促进中国农业现代化进程，保障国家粮食安全。在这方面，国民政府时期的许多制度值得我们借鉴和反思。一方面，要以法制手段管控农业融资行

---

① 中国银行总管理处编印《中国银行民国二十四年年度营业报告》，民国二十五年（1936），第10~11页。
② 《金城银行营业报告》，金城银行编印，民国二十四年（1935），第62页。
③ 《金城银行营业报告》，金城银行编印，民国二十四年（1935），第62页。
④ 《金城银行营业报告》，金城银行编印，民国二十四年（1935），第63页。

为，确保中央支农助农政策的落实。我国目前并无直接的农业融资立法，大都是以文件、政策的形式出现，而且是处在要求、引导阶段，强制力较弱。这也是当前我国农业融资过程中存在的最大问题——缺乏强有力的法律规范。随着农业资金重要性日益凸显，全国人大、国务院以及具有立法权的机关，在依法治国的今天应当尽快制定符合我国农村经济实情的融资法律制度，如可以制定《农村土地承包经营权贷款抵押办法》《农民房屋所有权贷款抵押担保办法》《农民动产贷款抵押办法》《林地经营权和水域使用权抵押贷款办法》等。只有法制先行，才能够真正推动社会资金向农业领域流动，真正为农业发展注入活力。另一方面，要用法治手段引导各类资金流入"三农"领域。农业投资收益低、见效慢，导致市场中的货币资金不愿向农业领域流动，鉴于此，发展农业融资事业，必须以强有力的国家行政手段为引导，以法律强制力作保障，用政策和法律制度促使商业银行等金融机构积极地支农助农，实现我国农业发展的新飞跃。

Remodeling and Constructing: An Investigation to Agricultural Finance Legislation
—Taking Nanking National Government Times as a Center

Bi Lingxue

Abstract: In the 1930s, At the dual impact of the invasion of western commodity economy and civil war, Chinese rural economy was on the verge of bankruptcy. The decline of rural economy had increasingly aggrevated the political and economic risk of National Government. The most urgent matter is resuming and developing agricultural industry as soon as possible. So Nanking National Government had taken all kinds of positive measures to recover agricultural production and resume rural economy, and accelerate the agricultural finance institution workable by the meas of legislation. On the one hand, the government started to reorganize the private lending market, and remodel traditional ways of rural financing, and bring private lending affairs under the country's legal supervision and management. On the other hand, under the guidance of legal system, the government innovated agricultural financing system, and set up rural cooperatives and established Farmers Bank Of China, which bore jointly the heavy burden of agricultural financing. At the same time, the government took legal measures to guide the commercial banks to help the farmers. In the process of remodeling and reconstructing, Nanking National Government had implemented multi-directional rural financing institutions, Which had come into being far-reaching influence to the recoveryof rural economy and social stability. China is a great agricultural country, and the agriculture plays a fundamental role in maintaining country's stability and the development of economy. Agricultural financing legislation in the Republicof China willwill shed substantial light on today's agriculture development.

Keywords：Legislation；Agricultural Financing；Nanking National Government

《重庆大学法律评论》 稿约格式体例

1. 题名。中文题名一般不超过 20 个汉字，必要时可加副标题。论文应有英文题名。

2. 作者单位。包括单位全称、所在省市名称及邮政编码，单位全称与省市名称之间应以逗号"，"分隔，整个数据项用圆括号"（）"括起，且要有相应的英文。

3. 文稿必须附有 200～300 字的中文和英文内容摘要，摘要应具有独立性和自含性，应是文章主要观点的浓缩。不能出现评论性的语言，如"本文（文章）和作者认为……""本文（文章）分析了……""本文（文章）论述了……"等。

4. 关键词。关键词是反映文章主要内容的术语，对文献检索有重要作用。一般每篇文章可选 3～8 个关键词，多个中文关键词之间以空格隔开；并附英文关键词，多个英文关键词之间用分号"；"隔开。

5. 作者简介。可按以下顺序标出简介：姓名（出生年—　），性别（男可省略），民族（汉族可省略），籍贯（具体到省市县），职称，学位，研究方向。其他简历可视情略述。

6. 基金项目。获得基金资助的论文应以"基金项目："标明基金项目名称，并在圆括号"（）"内注明其项目编号。

7. 文内标题。力求简短、明确，题末不用标点符号（问号、叹号、省略号除外）。层次不宜超过 5 级。层次序号可采用一、（一）、1、（1）、1），不宜用①，以与注释号区别。

8. 附表应有表序、表题，一般采用三线表；插图应有图序和图题。序号用阿拉伯数字标注。

9. 引用原文必须核对准确，注明准确出处。

10. 注释一律采用脚注的形式，用①②等表示。

注释的格式如下：

（1）专著、论文集、学位论文、报告

格式：［序号］主要责任者：文献题名，出版者，出版年，页码。

示例：①徐祥民、田其云：《环境权——环境法学的基础研究》，北京大学出版社，1957，第120页。

（2）期刊文章

格式：［序号］主要责任者：文献题名，刊名，年卷（期）。

示例：①王泽农：《一项不该收取的费用何来减免?》，《中国水产》2007年第1期。

（3）论文集中的析出文献

格式：［序号］析出文献主要责任者：析出文献题名，原文献主要责任者：原文献题名，出版者，出版年，析出文献起止页码。

示例：①刘长兴：《环境法上的押金制度探析》，载《环境资源法论丛》第2卷，北京法律出版社，2002，第123页。

（4）报纸文章

格式：［序号］主要责任者：文献题名，报纸名，出版日期（版次）。

示例：①阳妍：《明确海陆分界线重点保护七类海域》，《中国海洋报》2007年2月12日，第2版。

（5）电子文献

格式：［序号］作者：电子文献题名，电子文献的出处或可获得地址，发表或更新日期/引用日期（任选）。

示例：①张颖：《道德与法律的嬗变》，http://www.queshao.com/news/200708/17992.shtml，最后访问日期：2003年7月20日。

11. 引用马克思主义经典著作，请用人民出版社最新权威版本。

图书在版编目（CIP）数据

重庆大学法律评论. 第二辑 / 陈锐主编. -- 北京：
社会科学文献出版社，2019.3
ISBN 978-7-5201-4584-8

Ⅰ.①重… Ⅱ.①陈… Ⅲ.①法学-文集 Ⅳ.
①D90-53

中国版本图书馆 CIP 数据核字（2019）第 054863 号

重庆大学法律评论（第二辑）

主　　编／陈　锐

出 版 人／谢寿光
责任编辑／李　晨
文稿编辑／刘小云

出　　版／社会科学文献出版社·社会政法分社（010）59367156
　　　　　　地址：北京市北三环中路甲 29 号院华龙大厦　邮编：100029
　　　　　　网址：www.ssap.com.cn
发　　行／市场营销中心（010）59367081　59367083
印　　装／三河市尚艺印装有限公司

规　　格／开　本：787mm×1092mm　1/16
　　　　　　印　张：19　字　数：315 千字
版　　次／2019 年 3 月第 1 版　2019 年 3 月第 1 次印刷
书　　号／ISBN 978-7-5201-4584-8
定　　价／79.00 元

本书如有印装质量问题，请与读者服务中心（010-59367028）联系

▲ 版权所有 翻印必究